エロイーズとアベラールの最もよく知られた《肖像画》．14世紀の細密画．ジャン・ド・マン『薔薇物語』の写本より．(シャンティイ，コンデ博物館，Photo Service, Gruppo Editoriale Fabbri)

サン・ドニ大聖堂内のステンドグラスに描かれたシュジェール院長．12世紀前半に修道院を大聖堂へと改築した．（聖母マリア礼拝堂のステンドグラス）

細密画『サン・ドニの生涯』に描かれたパリ．パリの初代司教であり，町の守護聖人でもあるサン・ドニに捧げる修道院が，ボーヴェへと至る道沿いに建設された．後の修道院長シュジェールのおかげで，建築としても新たな輝きを放つことになった．（『サン・ドニの生涯』，パリ，国立図書館）

クレルヴォーのベルナールにとって，神の真実とは「鏡をとおしておぼろげに映る」姿でしか掬いあげることはできない．したがって，アベラールの神学にまつわる著作は，彼には受け入れがたいものであった．（ブリュッセル王立図書館，Photo Service, Gruppo Editoriale Fabbri）

聖母マリアの前で祈りを捧げる尊者ピエール．修道生活に関して，ベルナールとは異なる見解を示した．（パリ，国立図書館）

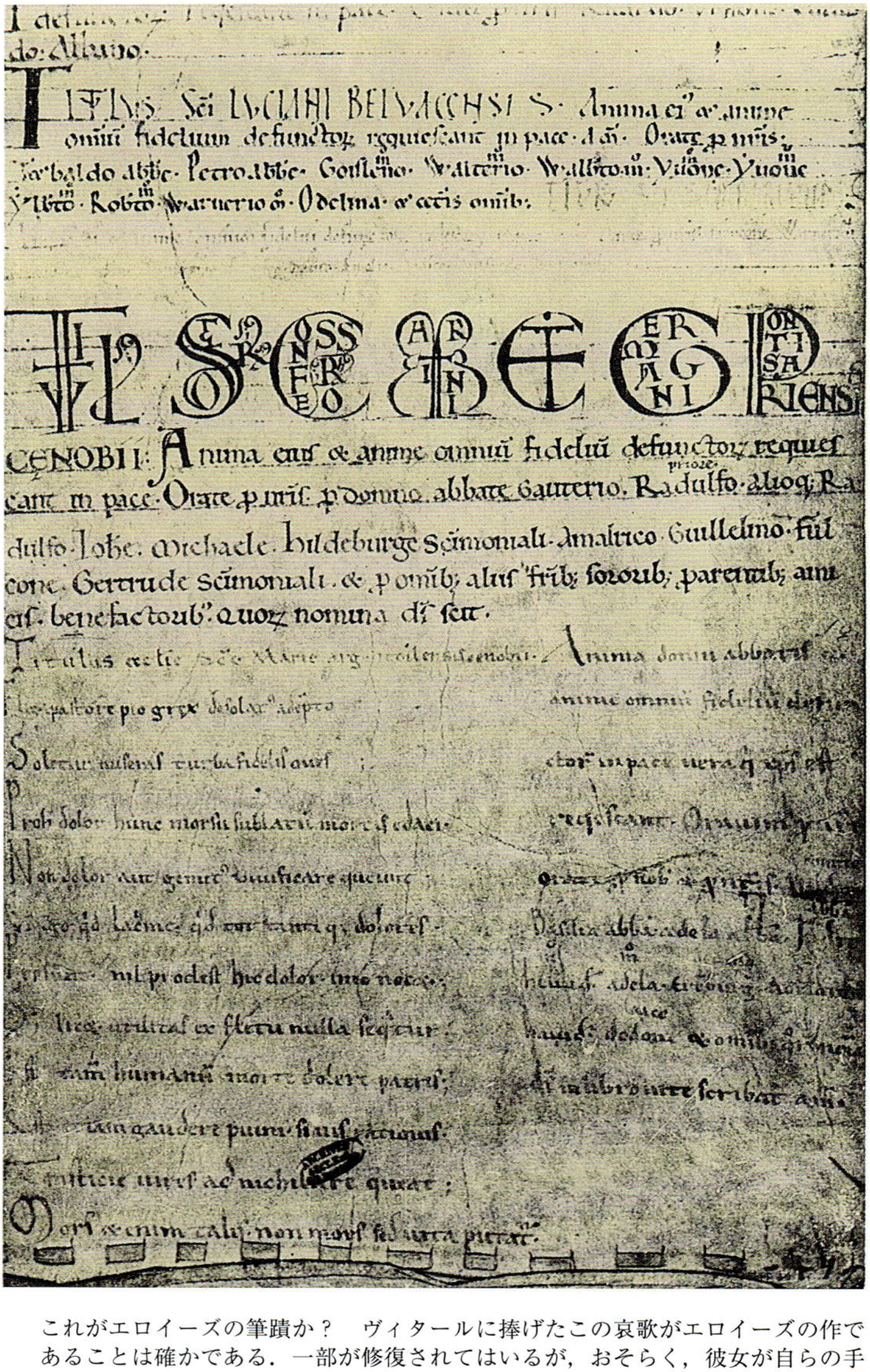

これがエロイーズの筆蹟か？　ヴィタールに捧げたこの哀歌がエロイーズの作であることは確かである．一部が修復されてはいるが，おそらく，彼女が自らの手でここに記したものであろう．（パリ，国立図書館）

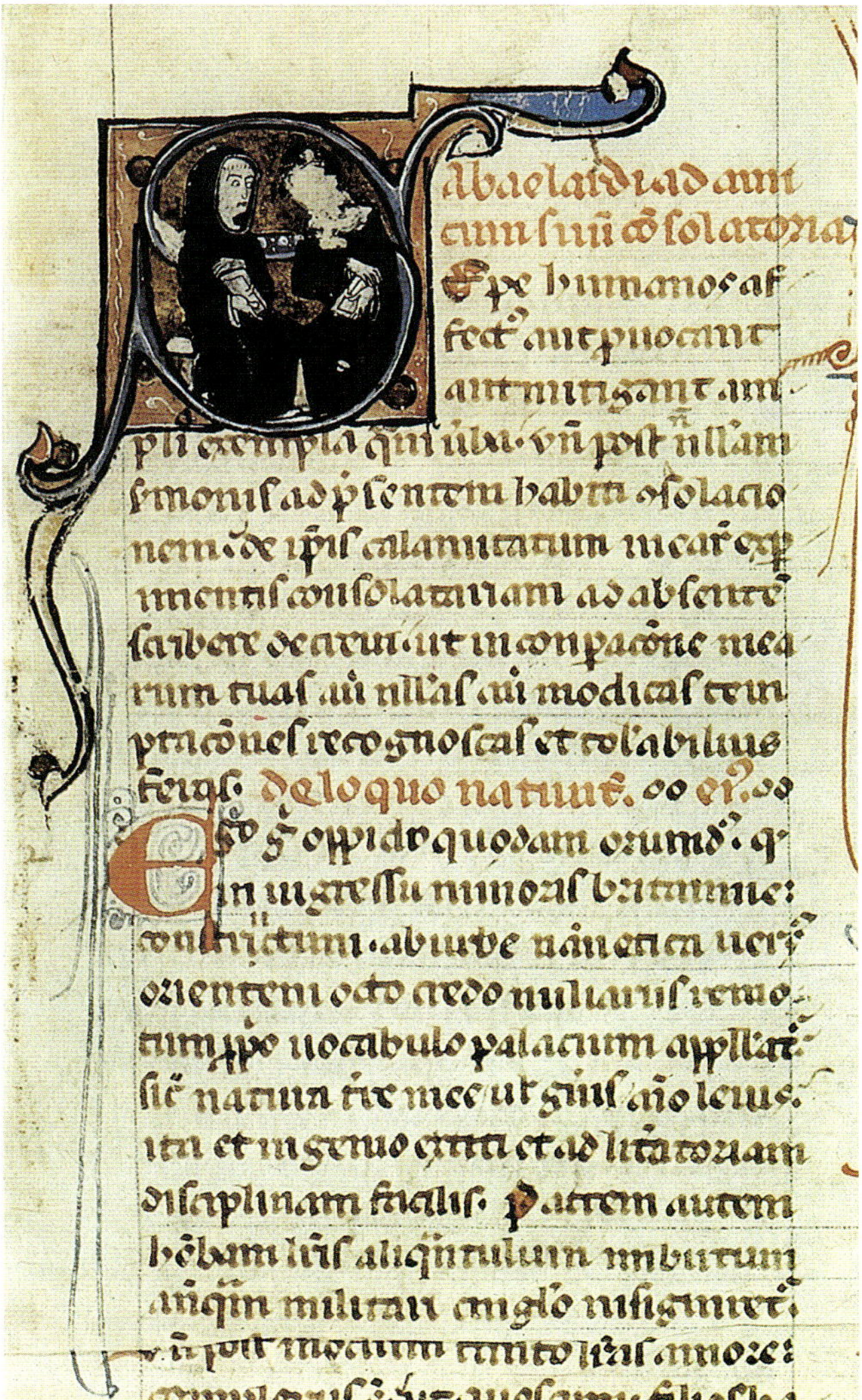

『書簡集』写本の最初のページ．ふたりの恋人の肖像画があり，欄外にはペトラルカの書き込みが見られる．（パリ，国立図書館）

サン･ドニ大聖堂内，聖母マリア礼拝堂．12世紀当時のままに残されている．
ステンドグラスは1140年から1145年にかけて制作された．

聖歌を歌う修道女たち．エロイーズもきっとこのような服装をしていたのだろう．
（ロンドン，英国図書館）

（モンペリエ大学医学部図書館，Photo Service, Gruppo Editoriale Fabbri）

ふたつの矛盾．次元は異なるが，どちらもエロイーズは認識していた．まず，ふたりの恋人に象徴される「愛」（上）と，宮廷社会につきものの儀式としての「結婚」（下）の矛盾．そして，「結婚および愛」と「哲学」（次頁）の，こちらも根源的な矛盾．後者は聖俗を問わず，多くの文学作品の主題となっている．（ナポリ国立図書館，Photo Service, Gruppo Editoriale Fabbri）

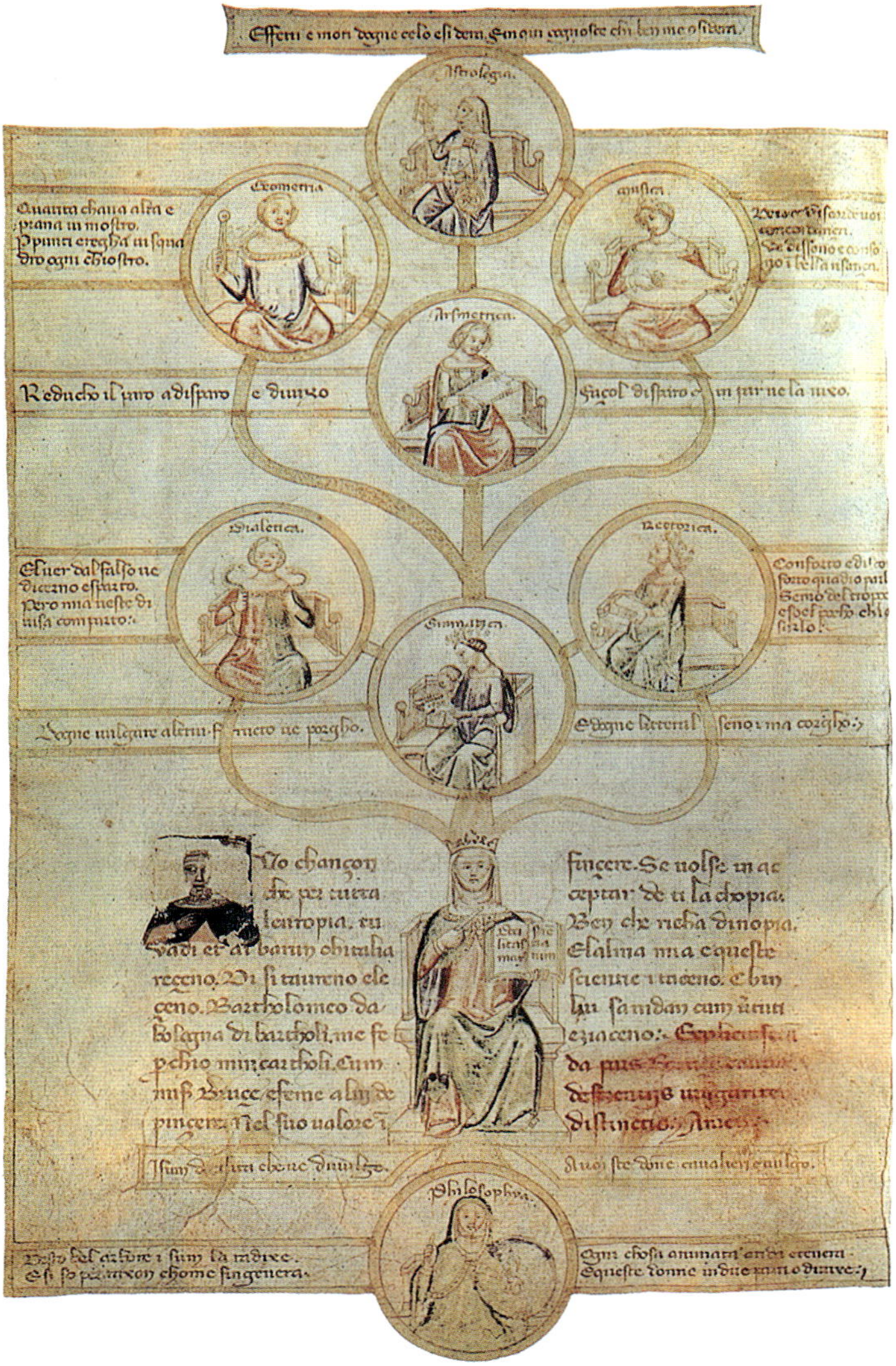

「哲学は神と人間についての科学である．すなわち，哲学とは，芸術のなかの芸術である」（カシオドルス）哲学と自由７科目を描いた14世紀の細密画．
（シャンティイ，コンデ博物館，Photo Service, Gruppo Editoriale Fabbri）

（パリ，国立図書館）

(ランス大聖堂西側壁)

シャトル大聖堂　王の扉口

キリスト教社会は，祈る者，戦う者，労働する者の三者によって構成される，とは，11世紀のアダルベロンの言葉である．ここに掲げた三つの図版に，キリスト教社会を構成する三者が描かれている．パリ近郊サン・ヴィクトール修道院の僧侶（右），敬虔な姿勢の戦士（左），羊の群を導く農民たち（下）．12世紀から13世紀の間に創られたこれらの図像から，当時の服装の一端をうかがうことができる．

（モンペリエ大学医学部図書館，Photo Service, Gruppo Editoriale Fabbri）（上図）

（モンペリエ大学医学部図書館，Photo Service, Gruppo Editoriale Fabbri）（次頁上図）

ボエティウスと哲学．『哲学の慰め』より「時間を超えた尊敬すべき女性」の挿絵（上図）．一方，左頁は俗界にかかわる図．本書の登場人物たちとも類似性を持つ宮廷社会を示す．愛の根源であり糧ともなる「嫉妬の城」（上）．「世界一すぐれた哲学者」ともなりうるはずの音楽家．腕のよい音楽家たるアベラール（下）．
（パリ，国立図書館，Photo Service, Gruppo Editoriale Fabbri）（次頁下図）

先生と生徒．生徒は先生に「名声」のシンボルである王冠を差し出している．名声とは《慣習と法に結びついた，権威にふさわしいもの》と，ここでは定義される．（ロンドン，英国図書館，Photo Service, Gruppo Editoriale Fabbri）

叢書・ウニベルシタス　630

エロイーズとアベラール

ものではなく言葉を

マリアテレーザ・フマガッリ＝ベオニオ＝ブロッキエーリ
白崎容子／石岡ひろみ／伊藤博明 訳

法政大学出版局

Mariateresa Fumagalli Beonio Brocchieri
ELOISA E ABELARDO

This book is published in Japan by arrangement
with Arnoldo Mondadori Editore, Milano
through le Bureau des Copyrights Français, Tokyo.

エロイーズとアベラール／目次

＊本文中12点のイラストは、いずれもオドゥル訳『アベラールとエロイーズの書簡集』（パリ、一八三九年）より、ジグ（Gigoux）の作品。（写真＝オテッロ・マニャーニ、ミラノ、ブレラ図書館）

年譜

一〇七九年　アベラール、ブルターニュ地方、ナントの近郊ル・パレに生まれる。

一一〇〇年　エロイーズ、おそらくパリに生まれる。

一一〇二〜一一一二年　アベラール、パリでシャンポーのギョームの学校に通う。

アベラール、論理学の最初の著作『字義的注解』執筆。

エロイーズ、アルジャントゥイユ修道院で教育を受ける。

一一一二年　アベラール、パリ近郊セーヌ左岸、サント・ジュヌヴィエーヴの丘に学校を設立。

一一一三年　アベラール、アンセルムスのもとで神学を学ぶためランに赴く。

一一一四年　アベラール、パリで「かねてより彼のために用意されていた」講座に立つ。講義は大成功をおさめる。

一一一七年　エロイーズとアベラールの出会い。ふたりの恋。

一一一八年　息子アストロラブ誕生。エロイーズとアベラール、ひそかに結婚。エロイーズの親族の苛烈な復讐。アベラール、刺客におそわれ去勢される。エロイーズ、アルジャントゥイユ修道院に入る。

一一二〇年　アベラール、僧籍に入り、サン・ドニ修道院に身を寄せる。『三位一体論』『神学』の主要部分を執筆。

一一二一年　ソワッソン公会議。アベラールの著書、焼却される。

一一二二年　アベラール、サン・ドニの修道士たちとはげしい論争。シャンパーニュ地方にパラクレ礼拝所を作る。講義を再開。『然りと否』執筆。

一一二八年　アベラール、ブルターニュ地方、サン・ジルダ・ド・リュイスの修道院長となる。

一一二九年　エロイーズ、修道女たちとともにアルジャントゥイユを追われる。アベラールによりパラクレに迎えられ、そこの長となる。

一一三三〜三四年　アベラール、おそらく自伝『不幸の物語』と『倫理学——汝自身を知れ』の構想を練る。

一一三四〜三五？年　エロイーズ、アベラール宛の書簡と『問題集』執筆。

一一三五、六？年　アベラール、パリにもどりサント・ジュヌヴィエーヴで教壇に立つ。弟子のなかにソールスベリのジョン、ブレッシャのアルナルドがいる。

一一三八年　アベラールの神学および倫理学の著作のあるものに、サン・ティエリのギョームが最初の警告を発する。聖ベルナール（ベルナルドゥス）もこれに加担。

一一四〇年　サンス公会議。アベラールの著作、糾弾される。
アベラール、これに抗議するためローマ教皇庁めざして出発。旅の途で病にたおれ、クリュニー修道院に身を寄せる。ここで生涯最後のときを過ごす。『哲学者、ユダヤ人、キリスト教徒の対話』執筆。

一一四〇〜四一年　アベラールに対する糾弾を教皇が裁可。

一一四二年　アベラール、シャロン・シュル・ソーヌにあるクリュニー修道院のサン・マルセル隠遁所で死去。遺体は院長ピエール師（ペトルス・ヴェネラビリス）によりひそかにパラクレに移送され、そこに埋葬される。

一一六四？年　エロイーズ、死去。パラクレに埋葬される。

プロローグ

一一一八年、アルジャントゥイユ。その田園風景は美しかったにちがいない。

今ではそこに住む人もだれとは知れず、あの修道院もみすぼらしい廃墟と化している。南西の空を見はるかすと、昼には灰色の点がみえる。夜には明かりが扇形に広がる。その下にあるのはパリの町並みだ。澱みつつ、眼下をゆっくりと流れるセーヌの河は、印象派画家のキャンバスにびっしりと描きこまれたようなきらめくさざ波を思い起こさせてくれさえする。都会の近郊にふさわしい貧弱なわずかな木々は、一八七六年冬の心地よいある朝にモネが描いた、家並みよりも高く聳える樹木を思い出させもする。

しかし、こうしたイメージも、遠く時間をさかのぼってあの一一一八年のころを想うと、ことごとく崩れてしまう。

当時は、樫、榛、シデ、樺、黒松、そしてブナの木の生い茂る暗黒の果てしない森、狼など野生の動物が隠れ棲む広大な森がフランスのほぼ全土を覆いつくしてパリにまで及んでいたのだ。

すでに四〇〇年の歴史のあったアルジャントゥイユの修道院がそのころふたたび権威を取りもどし、重要な意味を持つようになっていたことも知られている。十世紀にノルマン人によって開けられた壁の穴にもすでにほぼ補修が施されていた。菜園のところどころにはブドウ畑があり、鎌を入れたあとのある草地が低い木造の家々や納屋や水車小屋のあいだに広がっていた。

その年、一一一八年に、この修道院の礼拝堂でキリスト教による儀式がしめやかに行われた。古代異教の詩が詠まれたことによって、それはいっそう厳かさを増す儀式となったのである。

まだ二〇歳にもならないパリの娘エロイーズは尼僧のヴェールを被っていた。まわりを、家族や友人、同年配の娘たちが囲み、俗世にとどまるよう、若さを無駄にしないようにと涙ながらに説得している。

彼女に修道院入りを勧めたのは夫アベラールであった。何年も後になって、彼はこのときエロイーズが「情熱にかられた信念を持って」祭壇に歩み寄り、ヴェールを司教の手からすばやく受け取ったときの落ち着きはらった様子を回想している。それによれば彼女は、一〇〇〇年も昔に生きた異教の詩人ルカヌスの詩を口ずさみ、彼女の運命に似た悲劇にこと寄せて書かれた悲哀に満ちた一節を繰り返しながら、秘めたる苦悩を伝えようとしていたという。［訳注：古代ローマの詩人マルクス・アンナエウス・ルカヌス（三九―六五）の全一〇巻からなる叙事詩『内乱記』（ファルサリア）の第八巻九四行目以下。「おお、強きわが夫よ、このような妻にはあなたは偉大でありすぎました。運命がこれほどの力をふるったことがこれまでにあったでしょうか。あなたに悲しみをもたらすことになるのなら、なぜ私はあなたの妻になるという罪を犯してしまったのでしょう。私は喜んでその罪を償いましょう――この償いを受けてください……」］

キリスト教の祈りを唱えて許しを乞うたり加護を求めたりすることをせず、彼女は足早に祭壇に進み寄った。われわれのまえにあるのは、この鮮明な情景のうちに封印されたエロイーズの絶望の深さである。

厳かで風格のあるこのイメージは、おそらくアベラールが妻へのオマージュとして、彼女の教養にふさわしからんと、それからおよそ二〇年の歳月を経て作り上げたものなのかもしれない。それにしても、その特異な振る舞いはこの女性そのもの、彼女の心の深層にほかならず、いかにも自然な行為であったのではあるまいか。

この情景のなかにふたりの恋人の暗号が隠されているのは確かである。愛を語るのに、十二世紀の知識人たちはオウィディウス、ウェルギリウス、ルカヌスの言葉を借りたものであった。ちょうど今日われわれが、ミラー、ブコフスキー、アプダイクを引用するように。現代を生きるわれわれは、エロイーズの絶望の真の姿と彼女が口にした詩のあいだに落差を感じるが、一一一八年には、アルジャントゥイユのその若き娘にとって落差ははるかに小さなもの、あるいはなきに等しいものであったのだろう。

第一章

いかに永く生きようとも、人生の半分以上を占めるのは
はじめの二〇年なのだ……

R・サウジー

エロイーズが美貌であったのかどうか、われわれには知る術もない。どうでもよいと言えばどうでもよいことだ。ペール・ラシェーズ墓地にわずかに残されたきわめて貴重な遺物を手掛かりに、ロマン派の文学は、背の高いすらりとした姿と釣り合うまとまりのある顔立ち、知性をたたえた額、といった美化された女性像を繰り返し作り上げてきた。十九世紀フランスの詩人ラマルチーヌの作品には「こめかみの上でわずかに狭まる卵形の顔……、つき出た清らかな額には、知性がなにものにも阻まれることなく、まるで大理石の表面にとどくひと筋の光線のように広がる。きりりとした三日月形の目、そら色の瞳、かすかに上向き加減の小さな鼻……口元では真っ白な歯のあいだから心の笑みとやさしさがこぼれる」という一節がある。

彼女のイメージがこうして少しずつ浮かび上がってくる。エロイーズがブロンドで色白であったというのは、想像の産物であるにせよともかく決定的であるようだ。『薔薇物語』には次の一節がある。

髪は黒でも褐色でもなく
月のごとく明るい色をしていた……

十七世紀には、アベラールがその作者であり、したがってここに描かれた女性のモデルはエロイーズである、と信じられていたこともあった。

彼女はイゾルデと同じように色白でブロンド、そして額はつき出ている、エロイーズを想ったことのある者ならだれしもそうであるよう夢見た。これこそがその時代の美の理想であったのだ。クレチヤン・ド・トロワの詩句やうたものがたりをはじめ、当時の物語からそれを知ることができる。

アベラールは彼女の容姿について「美貌の点で最高というわけではなかった」とのみ述べ、すぐさま彼女の学識の賞讃へと話題を変えている。容貌についてこれ以上のことはわからない。彼がこれを書いたのは、愛の出会いから何年も経たのちのことだから、顔立ちの記憶は朧だったのかもしれない。それとも、己の不運と転向について述べた書簡のなかで、彼の関心はひたすら精神的な側面へと傾いていたのだろうか。あるいは、未来の女子修道院長の外貌にはこれという特徴もなかった、彼女のなかで印象的なのはもっぱらその知性と類まれなる精神の魅力であった、ということなのかもしれない。

エロイーズの容貌について語るべきことがほかにまだあるのかどうか。のちにパラクレ女子修道院長となったエロイーズは、パリの女性たちが皆、年齢を問わず、アベラールにいかに憧れていたかをまたとない鮮やかさで描写している。美貌のアベラールは若いうえに名声があり、哲学者でありながら愛の歌も書いた。「彼女の臥所は」あらゆる女性の「羨望の的」であった。これほど素晴らしい哲学者を恋のとりこにした知的な娘とは、よほど好感のもてる女性であったにちがいない。

ノートルダム寺院の北側，クロワトル＝ノートルダム通りを進み，左折してシャノワネス通りに入ると，まもなくシャントル通りと交差，これを直進すればセーヌ河畔，花の河岸通りに出る。19世紀半ばまで，このあたりに参事会員フュルベールのものとされる家があった。今では，エロイーズとアベラールの名を彫った石板が残されている。

エロイーズを理解するためにはあまり本質的なことではないのだが、彼女の家柄にまつわる話題をめぐっても、これまで多くのことが取り沙汰されてきた。

出会い、恋、別離を軸に展開し、恋愛小説に必要な筋書をすっかりととのえているがゆえに、ふたりのこの長大な物語は、十八・十九世紀に人気を博した。「家柄」もたしかに欠かせない素材のひとつではある。家柄は、当の本人も意識せずほとんどの人には知られていないものであっても立ち居振る舞いに自然と滲み出るものであるから、重要な要素である。エロイーズの場合、その高貴で個性的な言動は、モンモランシ家の出というにじゅうぶんふさわしいものであったろう。

アベラールの自伝『不幸の物語』では、彼女の家柄について二つのことがほのめかされている。エロイーズがフュルベールの姪であること、アベラールが「彼女と彼女の一族《ゲンス》を高めた」とエロイーズが証言している、ということである。ラテン語の〈ゲンス〉という語彙には「一族」のほかに「性」の意味もある。家族《ファミリー》という言葉は使われていないのだ。となればこの〈ゲンス〉を「女性一般」の意味に解することもできる。そう解釈するほうが、この素晴らしい書簡の文脈にはいっそうふさわしいとも思われる。

ここでエロイーズのある書簡の一節にも触れておきたい。「貴族やそして高貴な血筋の女性の誰ひとりとして、わたくしのしあわせを、凌いだどころか、味わった人、少なくともわたくしと同じ程度にしあわせであったと言える人はいないはずです。」エロイーズ自身も貴族の女性であったと仮定すれば、この一言がいっそう理解しやすいものとなるのではないか。あるいは「貴族やそして高貴な血筋の女性のなかにすら……」と解釈するほうが彼女のわが身との比較が生きてくるかもしれない。これについての明確な史料はない。エロイーズの母方の叔父フュルベールが貴族であったと指摘したのは、アベラールの師にして論敵であったロスケリヌス［一〇五〇―一一二〇］であるが、この指摘そのものが曖昧なのだ。ともかく、生まれは別にしても、魂が気高いということはじゅうぶんにありうる。

パラクレ修道院の死没者名簿に「われらが修道院長エロイーズの母」としてエルザンドの名が残されている。記録としては確かなものであるが、しかし、この記録から解明される新事実はほとんどない。

さまざまな想像がほしいままにされてきたのは、父親の名前がどこにも残されていないためである。父親の名がわからない。エロイーズは庶子だったのか。あるいは、たとえば父親が高貴な身分の重要人物であったというような理由からその名を秘しておく必要があったのか。しかし、そうした発想は「中世的」とは言えない。

父親についての記録が欠如しているからこそ、伝説も生まれてこようというものである。エロイーズが、かの名家モンモランシ一族の出であるというのはいかにもありそうなことだ。この伝説は、一六〇〇年にアベラールの著作を最初に出版したダンボワーズによって生み出され、後世にも受け継がれた。しかし研究が進むにつれて、これが空想の産物であることがはっきりしてきた。伝説の根拠はエロイーズの母親の名前エルザンドがサントマリ・オ・ボワ修道院長の名前と同じであるという、きわめて脆いひとつの事象にあった。サントマリ修道院長がモンモランシ家のある男の愛人であったかもしれないという想像から生まれた仮説がその根拠だったのである。

『不幸の物語』にデータとして残され、パラクレ修道院の死没者名簿からも裏付けられるのは、何年であるかは不詳だが一二月二六日に没したという記録の残るフュルベールが、エロイーズの母方の叔父だったということのみである。

実は、これが重要な点である。十二世紀、そしてさらにその後の時代になっても、母方の家は父方の家とほとんど同等の重みを持っていた。たとえば妻と幼い子らを遺して夫が若死にした場合、家長が永いこ

フュルベール。容貌といい服装といい真実味に乏しい。この後に続く図版同様，これはオドゥル編集の書簡集出版(1839年)に際して，ジグーが創った銅版画シリーズのなかの1枚。想像をたくましくして生まれたイメージは，中世に寄せるある種ロマンティックな期待に応えようとするものだ。

と家を空けた場合、父方の祖先の名声が母方のそれに比べて劣る場合などには、母方の家系がより大きな意味を持った。こうして母方が優位に立つと、戸籍には母方の友人や親族の名前が記載された。若い娘と結婚して岳父の姓を名乗る男もあり、父親の代理を務める「母方の叔父《アヴンクルス》」の制度もあった。

今から見ていくとおり、フュルベールはきわめて熱心に叔父としての役割を果たすことになる。これはその当時、伝統・習慣によって、また法によっても認められたことであった。

フュルベールはパリの司教座参事会員であった。のちに登場するドゥイユのフークによれば、パリに「司教座参事会員は吐いて捨てるほどいた」という。ところで、この「司教座参事会員」という語彙は、分析と議論の対象となってきている。意味するところが時代によって揺れ動いてきたことを考えても、かなり漠然とした言葉である。司教座のある教会で、なんであれ仕事をしていた聖職者、それも必ずしも使命感からでなく生きる糧としてこれを選んだ者を意味していた、と結論することができよう。それにしてもこの職名には特権的な響きがある。フュルベールは、当時アベラールが教職にあった学校にほど近いノートルダムの宿坊に起居していた。名高いアベラールを家庭教師として雇うことができたのをみると、相当豊かな暮らしをしていたにちがいない。一一一六年にはエロイーズもここに暮らしていた。一六歳であったはずだ。

エロイーズは、のちにふたたびもどることになるあのアルジャントゥイユの修道院で学業を終えていた。しかし彼女の類をみない優れた「学識」がそこで育まれたとは考えにくい。

中世の女性には学問がなかったのかどうかをめぐる最近の熱のこもった論議のなかから、尼僧や王宮の女性たち、写筆に携わったり詩を書いた女性など、「読み書きをした」女性たちの名前が明るみに出てきた。これら学識豊かな女性たちの名がしばしば登場するようになるのは、まさしく十二世紀以降のことである。祈りのための詩を書いた王宮の女性には、たとえば、スコットランドのマーガレット、トスカーナのマティルデ、エルサレムのメリザンド、フランスのブランシュ、そしてアベラールの時代にブルターニュ地方を治めていた伯爵の夫人、アンジューのエルマンガルドなどがいる。さらに女子修道院長たちが残した書物から、女性たちのグループが定期的に読書会を開いていたことがわかる。そうしたなかにあって、修道院という大きな企業体にも匹敵する組織を管理する立場にある女性が、読み書きや計算はさることながら、古典もしくは同時代の書物から、自らの論理の体系を作り上げていったとして、なんの不思議があるだろう。そのまた一方で、文学に通じる女性が、名家の出であるか、あるいは修道院をとりしきる立場の者に限られていたとなればその数も多くはなかった。そのなかでも実際的な事がらの次元を超えて先人の思想や聖職者たちの教義にまで積極的にきめ細かな知的好奇心を寄せ、教養を高めようとする女性となると、さらにその数は少なかったというのもまた事実である。少なくとも、エロイーズに好意的なふたりの証人、アベラールと尊者ピエール（ペトルス・ヴェネラビリス）の言葉からは、そうであったと思われる。

「教養は女性には珍しいものであり、フランスではエロイーズがぬきんでていた」と、アベラールは述べている。

クリュニー修道院長尊者ピエールも、のちに同じようなことを書き残す。「知的好奇心や文学への関心は女性には稀有な資質である。女性はむしろそうしたものをまったく拒否しようとするものだ。しかし若きエロイーズは、その驚くべき学識と自らの知の体系によってすでに名を知られていた」そしてそれはとりわけ「彼女が教養を愛した」ためである、と。

たしかに、ふたりともある特定の文脈のなかで、このように書かざるをえなかったという事情もあるだろう。アベラールは恋人であり弟子でもあった女性について述べるのだから、彼女の名声を高めたい一心であったにちがいない。尊者ピエールがこの一文を書いたのは、アベラールが世を去って間もなく、まだ悲しみにうちひしがれていたときであり、アベラールを悼む想いのゆえに、ある程度の真実らしさはそなえたレトリックを用いて、ふたりの恋人のありようにひとつのイメージを与えようとしたのかもしれない。

しかし、誰よりも重要な証人は、アベラールに手紙を書き送ったエロイーズ本人であろう。彼女の文章は表現力豊かで、あふれんばかりの教養をにじませている。たとえば僧籍に入る自らの姿を、思わず後ろを振り返ったロトの妻と比較するなど、聖書のエピソードをはじめとする引用もきわめて的確かつ自然になされており、読む者の感動を誘う。後ろを振り返ること、俗世に少しでも未練を残すことはアベラールによって堅く禁じられていた。当のアベラールは、エロイーズが自分より先に僧籍入りすることを望んだのであるが。このほかにも彼女は、聖パウロ、聖ヒエロニムスをはじめとして、友情を讃えたセネカ、私欲にとらわれない真の愛を教えられたというキケロ、災禍を予感する心の苦悩を生き生きと描き出したルカヌス、「涙なしの」冷たい苦悩をほのめかすホラティウスなどの言葉を、すっかり慣れ親しんだ台詞のように援用している。オウィディウスからは『愛の技《アルス・アマトリア》』の、燃え上がる愛欲についての長い詩句を引用している。となると、意地悪く指摘されたとおり、皮肉にもこれは彼女の愛読書であったにちがいない。聖書の、ひいてはセム語族的な想像の世界をラテン語文学に導入することにより、イメージと表現の新しい形態を彼女は作りあげた。これほど巧みに作りあげることができたのは、おそらくアウグスティヌスやシャルトルの幾人かの聖職者など、ごく少数であろう。実体のある新鮮なファンタジーが素っ気ない簡潔なレトリックの布地に織り込まれているような文体である。ユーモラスともいえる飛躍、切迫した問い掛け、頑迷な断言が、明晰な論理、ストイックで落ち着きはらった言葉、キケロばりの慎重な分析のあやのなかに組み入れられている。エロイーズは、というよりむしろ彼女の手紙は、「言葉が情熱の記号であること」を、さまざまな引用を通して思い起こさせる。言葉は、書物のなかに見いだし、読みこんだページのなかに探し求めることのできる暗号なのだ。

史料に裏付けられた事実は、そこから明快な単一の概念を引き出そうとすれば、ふと両義性を見せるものだ。最近の研究の結果、十二世紀の女性像は、中世の他の時代に比べて特異なものとして浮かびあがってくるようになった。

アベラールは現世的愛の対象となりうる世俗の女性を、貴族の女性、庶民の女性、娼婦の三種類に分類した。神に仕える女性たちはこれらを超えたところに位置していたのである。

十二世紀の文化の復興のなかにあって、見逃せないばかりか、自立し実力も蓄えて傑出した女性は、二つのグループに分けられる。ひとつは貴族や王族の宮廷に入った女性たち、もうひとつは修道院を支える聖職の女性たちである。たしかにいつの時代にも、権力者の側近たる女性たちは陰の力となって動く可能性を秘めているが、古代および中世初期にあっては、そうした力も、誘惑、寵愛、情事といった古典的手段に訴えてはじめて発揮されるのを常とした。聖職についた女性たちにも、実力を活かす余地はなかった。ベネディクト派の規範が尼僧院にも適用されていたが、これは粗雑で欠陥に満ち満ちており、彼女たちの統率力を阻止すべく働いていた。

十二世紀を迎えて聖俗双方の世界に刷新の兆しが広く一般的な現象として現れたことは、一部の歴史家にとってはたいした意味を持たないにせよ、ともかく認めざるをえまい。裕福な家庭に生まれた女子は一二歳で法的に独立した人格と見なされた。貧困な家庭については史料がない。女子は、結婚後も、持参した財産の所有権は維持し続けるが、管理は夫に任せてもよい。そして、夫と離別ののちも夫の財産を買い取り、自らのものとして保持することができた。しだいに顕著になりつつあった当時の風潮を象徴するのは宮廷の恋愛に生きた女性である。この種の恋愛は決して遊びではなく、その背後には現実的かつ歴史的な意味を持つ、複雑で緻密な筋書きが隠されていた。折から、財産、特権、家族が意味を持つ領主制の時代である。領主たちのまわりには財産分与の恩恵に浴することができずに金に窮して苛立ち（財産分与をしたのでは領主の富は維持できない）、自らの家を築こうと野心に燃えた次男・三男たちがひしめいていた。社会の中枢を占める領主おかかえの女性たちは、彼らのまたとない欲望の対象、掟を破るスリルに満ちた目標であった。同時に、これはすばらしいことだが、新しい愛のかたち、ほかならぬ宮廷の恋愛の素地をなすものでもあった。若い男たちが忠実に職務を果たしたことへの報酬として正当化され約束される道ならぬ恋は、一族の緊張関係のバランスを保つ機能を果たすとともに、女性に丁重な態度で接する風習を生み、またあるときには詩も生み出した。外界から遮断された「魔女の輪」ともいうべきものの内側で、女性は、家庭の雰囲気とは相容れない宮廷の規範によって容認された能動的役割を果たしたのである。そうした恋愛は、社会の規律を乱さぬよう慎重に営まれたが、ときにそれが激しい熱情に変わることもないとはかぎらず、そうなるとその熱情に絶対的な価値が置かれることもあった。宮廷の恋愛に生きた女たち（エロイーズがそれといかに似かよい、かつまたいかに異なっているか、それはのちに見ることにしたい）、それは、十二世紀における女性の社会的地位を計るためになくてはならない存在なのだ。もっともアクイタニアのレオノール［アリエノール・ダキテーヌ。一一二二頃―一二〇四。アクイタニア（アキテーヌ）公ギョーム十世の娘。三七年ルイ七世に嫁し、彼女の宮廷はプロヴァンス詩の中心となる。五二年、ルイ七世と別れイギリスのヘンリー二世と結婚。息子リチャード獅子心王が十字軍に従軍して捕らわれの身となった八九―九四年、嫁資として持参したアクイタニアとポワトーの土地を統治した］やシャンパーニュのマリらに対してなされたように、愛の審判としてのイメージを過大評価することは避けなくてはならない。ともかく、女性がもはや所有されるだけの存在でなくなったことは確かである。男性を迎え入れるのも拒むのも女性の自由であり、洗練された言葉による口説きに女性が心を動かされたうえでなければ恋は成り立たなくなった。求愛に使われる言葉はさながら丁重さを満載した荷車を思わせるもので、垢抜けしてはいたが、妙に町の学校の教師たちの話し言葉に似ていた。

十二世紀に特徴的な女性像を代表するもうひとつの存在は女子修道院長である。このころ修道院はひとつの企業体と化しており、かなりの範囲の物品にわたって自給自足を営んだばかりか、農作物や手工芸品を外界に販売することも珍しくなくなっていた。修道院長は、十一世紀以降の農業技術の革新にともなって複雑化した状況のなかで適切な判断を下し、寄進の管理をし、修道院内で作られた農作物の保存と商いをどのように行うか決定しなくてはならない。文書庫の書物は増え続け、逗留客も多くなる一方である。高名な人物や説教師を迎える儀式をとり行い、新たな建物を建造したり物資も購入しなくてはならない。

これら一切をとりしきるには積極的な行動力とこまやかな気くばりが要求される。このほかにも女子修道院長は、その立場にあったエロイーズが手紙に書き残したところからもうかがい知れるとおり、ミサへの配慮など精神面での活動も怠らず、修道女たちの世話や見習い僧たちの指導など、修道院に暮らす者すべての好ましい関係が保たれるよう務めなければならなかった。小規模なりにも修道院内にはそれ相応のヒエラルキーがあり、修道院長はこれを崩さぬよう的確に役割を割り当て、権威をもってその管理にあたる必要があった。修道士と修道女が起居する建物は別だが管理は一体化していた男女共棲の修道院で、女性が修道院長を務めることもあった。保守的な人びとはこれに呆れ、疑惑を抱かずにはいられなかったが。フォントブロー修道院に眠るアクイタニアのレオノールの墓碑では、彼女が意味ありげに開いた書物を手にしている。それはともかく、この修道院は女性起用で広く話題を呼んだ。創立者ロベール・ダリブリセルが、男女の僧侶を一括して女性が院長として治めるべきであるとの規定を設けたのである。これは「神の母」のイメージから生まれた発想であった。となるとその資格として求められたのは処女性ではなく、むしろ俗世を生きたことのある寡婦であるほうが好ましかったにちがいない。

パラクレ修道院でのエロイーズは、有能で知的な女性たちの例にもれず、修道院長として自らの持てる力を遺憾なく発揮した。女性にとって修道院は特権的な場所であった。聖書は、神に仕えるにあたって男性と女性に差を設けてはおらず、ここには他の世界におけるような不当な差別はなかった。ある事象を評価する際の基準として、現実ほど曖昧なものはない。むしろ、言葉のほうが確かな場合もある。愛しあったふたり、アベラールとエロイーズは、女性とその役割というテーマについて多くを語った。ふたりの言葉には耳を傾けるだけのことがありそうだ。

第二章

男を破滅に追いこむ呪うべきいまわしき女……

トマス・オトウェイ

しばしば引き合いにされる偉大な権威セビリャのイシドルス〔五六〇頃―六三六〕は、中世後期の知識人たちも師と仰いだ人物である。六世紀に彼が書き残したなかに、以下のような記述がある。「ラテン語で男性がウィルと呼ばれるのは男性が女性よりも多くのウィスすなわち〈力〉を備えているためである。一方、女性を意味するムリエルの語源はモリティアすなわち〈脆さ〉である。」これこそが、中世におけるごく一般的な女性のイメージなのだ。単純化されたこのイメージは、説教師たちが女性を「肉体と性と結婚において」三重に弱いものであると説き、警戒すべき標的を三倍に膨らませたためにますます増大することになった。バースのアデラード〔十二世紀前半にパリやスペインで活躍したイギリスの哲学者〕ら自然科学に通じた哲学者たちも、女性を同じように定義づけようとしている。アデラードは、男性よりも女性において淫乱性が目につくのは、女性のほうが体温が低く、そのため身体に水分が多いためではないか、という仮説を立てた。性愛を好むという女性の資質がこうしていわば科学的に解明され、それが自然の必然的な結末であって彼女らの自覚にもとづくものでないというのであれば、モラルのうえから見て女性に罪はないことになる。

このような思想が確立していく背景にはキリスト教哲学の偉大な創始者たち、使徒パウロ、ヒエロニムス、アウグスティヌスがいた。

パウロの思想は多義性に富んでおり、簡単に要約することはできないが、とるべき行動についての彼の指示は強い確信に裏づけられ、しかも想像力にあふれている。パウロの思考には二つの次元が存在する。より高次の、すなわち精神の次元においては彼はいかなる人間も区別はしない。ユダヤ人もギリシア人も男性も女性も皆同じであり、それどころか「女性なしの男性、男性なしの女性などどちらもありえないものであって（略）、すべては神に由来している」のだ。こうした平等の見地から、「キリストが教会を愛したように、男性は女性を己と同じように愛さなくてはならない」。

パウロはもうひとつ、より日常的な次元を設定している。この次元では、社会生活の秩序にも配慮するがゆえに、彼は女性に厳格な制約を設けている。女性は公の席で発言してはならない、夫に服従しなくてはならない、ヴェールで顔を覆わなくてはならない、男性がそうしなくてもよいのは神の姿に似せて作られているから、など。これらの指示はすべて、古代ギリシアやローマの風俗の反映といえばたしかにそれまでである。が、しかし、エヴァがアダムを誘惑して先に罪を犯したということがパウロの痛恨の種であったのを思うと、彼の指示はまた別の意味を帯びてくる。アダムとエヴァのこのエピソードは最も頻繁に引き合いにされるが、彼の場合もご多分にもれず、そこから女性についてのひとつのイメージを作りあげている。道徳的弱さのイメージである。

もうひとりの偉大な教父ヒエロニムス〔三四七頃―四二〇〕は、われらがふたりの恋人アベラールとエロイーズによっても好んで援用されているが、その女性観はきわめて複雑で難解だ。彼の周辺にはつねに信心深いローマの女性たちがいた。そのなかのひとりブレシラは『伝道の書』の注解をしている。『伝道の書』で女性は悪しざまに扱われているのだが。別の女性パオラはヒエロニムスに従ってベツレヘムまで行き、そこに二つの僧院を建てた。「パオラに幸あれ、世界が望むと望まざるとにかかわらず、キリストにおいて彼女はわたしのものである」というヒエロニムスの甘美きわまる一文は、ほかならぬこの女性のために書かれたものだ。

彼の女性観はしかしながらきわめて辛辣である。そこには侮蔑の香りすら漂っている。彼はテオフラストス〔前三七二—二八七。ギリシアのアリストテレス派哲学者〕、そして「うつろいやすく当てにならないのはつねに女性」との言葉を残したウェルギリウスら、古典古代の反フェミニストたちに通じる言辞を皮肉たっぷりに持ち出しては論争の常套句として用いている。女性は悪の根源であり、「男の魂を奪い」、「徳ではなく悦楽に向かうのを本性とし」、「この世に死を招き入れた扉である」と。女性は脆く熱情のゆえに破滅に陥りやすいものであり、欲望の赴くところ、すなわち魂の暗く反逆的な側面を象徴する、という女性のイメージはすでに流布していたが、ヒエロニムスは彼一流の過激さと気の短さで、このイメージをゆるぎないものとした。

一方アダムについては、魂の安定した瞑想を象徴する知的な存在として分析し、精神的な聖なる至福に至らしめんとしている。自らの内に女性的な側面も潜んでいることに当時の男性たちは気づかず、感情が引き起こす無秩序を怒りとともに排除し、教育を受けたり宗教的生活に入る最初の段階の自己とアダムを完全に同一化させたいと本能的に欲していたのかもしれない。キリスト教の反フェミニズム思想のなかでも最も奇異かつ暴力的に思われるのは、情熱‐理性の弁証法を拒んで情熱を悪と見なし、冷たく透明な理性のうちにこそ宗教とモラルの勝利があるとする思想である。それによれば、悪、欲望、感情は男性とは無縁であって、それらは女性という、説明のつかない生き物の属性ということになる。

アウグスティヌス［三五四―四三〇］はヒエロニムスの立場を踏襲していたが、女性を感性に、男性を知性にたとえ、そこから敷衍して頭脳が肉体を支配するように男性が女性に命令を下すべきであるとした点では、アンブロシウスに近い。

アウグスティヌスがヒエロニムスと異なるのは、高い次元においても男性と女性を明確に区別するということをしなかった点である。恩寵による再生という神の御意志は男性にも女性にもあてはまる、とするのが彼の思想である。『創世記』を注解した別の箇所では、男女の愛は神が望まれたものであると強調し、さらにそれを十字架のうえで息絶えたキリストから生まれた教会に重ねあわせることによって、そのイメージを神秘的かつ崇高なものとしている。「エヴァが生まれるためにアダムは眠る。教会が生まれるためにキリストは死して眠る」

原罪に関してもアダムとエヴァは同等であると彼は言う。「奴隷にも似た」女性の隷属性は原罪がもたらしたひとつの結果であって自然の贈り物ではない。結婚の秘跡において神が望まれる男女相互の愛は、双方の平等な願望と意思によるものである。

十二世紀よりも前に聞かれた声はさほど苛烈ではなく、思想も穏健であった。十一世紀、アオスタのアンセルムス［アオスタ一〇三三年―カンタベリー一〇九三年］は「人類は、男性と女性が同時に創造された。アダムというのは、その日、さきに作られた人間の名前である」とした。したがって、原罪も、男女がふたりで同等に犯したことになる。

これにも増して重要なのは、女性の味方であるアベラールによっても何回となく援用され、十二世紀に広まった「新たなるエヴァ」の主題である。エヴァが原罪の源にあるように、もうひとりのエヴァ、すなわち聖母マリアは救済の源に位置している。女性ないし女性原理は、もはや、悪へとつながる凍るような暗闇ではない。母親の安らかで温かな子宮として恩寵による変貌を遂げた輝く側面、救済へと向かう強い力となったのである。

リルのアラン（アラヌス）〔一一二五頃―一二〇三〕は、女性を意味するムリエルという言葉を検討し、そこから肯定的でシンボリックな意味をいくつか引き出した。「女性」は教会と神の知恵へと行きつく。失くした硬貨を見つけるために、明かりは灯さず、細心の注意を払って家を隅々まで掃除した女性について記した『ルカによる福音書』が示すとおりだ、と言うのである。

しかし、おそらく最も重要なのは顕示されないその「母性」、すなわち抽象化された生殖力であろう。母性という自然から与えられたこの本性こそ、事実上、女性の概念の復権をもたらすものである。このイメージが潜在的だが力強い概念として十二世紀の世界観をつらぬき、リルのアランの言うところでは、女性の活力に敬意を払うことが、「全世界の基本理念であり（略）、この世を支配するひとりの女性を崇めるべく、生きとし生ける者みな母性のまえにこうべを垂れる」べきなのだ。

豊穣と生命力のメタファーは、母なる女性のイメージを拡大し、神秘的なものにする。

母の役割については、アベラールやエロイーズと同時代の尼僧、ビンゲンのヒルデガルトの言葉が残っている。愛の結実である結婚は、女性と男性による生命の正当なる創造によって彼ら自身の生命を子孫に受け継がせる好ましい制度であるとして、彼女はこれに熱い讃辞を寄せた。家督のからむ制度としての結婚は、今日でこそ廃れているが、当時の貴族社会では当然の現実であった。そしてこうした屈辱的で不幸な結婚を、これから見るとおり、エロイーズは頑として拒んだのである。

ヒルデガルトの見解は、女性を肯定的に呈示することによって男性との違いを強調したおそらく唯一のものだ。身体的な弱さゆえに、女性は、より柔和かつ寛容であり、息子たちの欲求に細かな配慮をすることができる。そしてなによりも、科学者や哲学者の見解とは逆になるが、女性は男性に比べて淫蕩でないばかりか従順で協調性を備えている、と彼女は言う。ヒルデガルトはもちろんフェミニストではない。女性の権利を守ろうとしないばかりか、女性の権利なるものを認識してすらいない。にもかかわらず、女性という性は彼女にとってもはや否定的なものではなく、弁証法的に男性に対置されたのち、正・反・合の論理にしたがって融合するひとつの命題なのだ。いくつかの点で、エロイーズの立場は彼女から遠くない。

知識人のすぐれた恋人たちなら皆そうであるように、アベラールとエロイーズは、理解されることの難しさ、彼らに対する世間の風あたりといったきわめて個人的な問題を普遍的な次元へと押し上げ、彼ら自身を含めた男性女性一般の問題として論じている。アベラールは、当時の男たちの例に漏れず、男性は神の姿そのものであるが女性はその単なる似姿でしかないこと、これほどまでに女性は劣っているにもかかわらず、神の子を生む特権的な力を具備する点で劣等性を覆していることを、繰り返し述べている。学識に基づいたスコラ的なこれらのコメントは、しかし、書簡集、とりわけ第六書簡と第八書簡に認められる情熱的で錯綜した姿勢のために、部分的には打ち消されてしまうのだが。

第六書簡は、エロイーズの、おそらく最もよく知られた手紙である。それは「彼女の特別な方へ《スオ・スペキアリテル》、彼の唯一の者より《スア・シングラリテル》」という、いかにも謎めいて感動的な献辞とともに始まる。ジルソン［一八八四―一九七八］はその博識と思い入れから、「彼女の《スオ》……へ」を「主に《ドミノ》」ととる別の解釈を採用した。そうすると、「種《スペキエス》としては神に、そして個《シングラリス》としては彼、アベラールに」ということになる。そして「これは、彼女が修道女としては神のものだが、女性としてはあなたのものだ、ということをすぐれて論理的に意味している」とつけ加えている。

しかしこの素晴らしいコンセプトはおそらく、エロイーズが言おうとしたことではない。彼女はもっと直截に、「男として、つまり僧侶としてわたしのものであるアベラールに、個人として彼のもの、ただひとり彼のものであるわたしから」ということを宣言しようとしているのだ。この第六書簡もまた素晴らしく論理的であり、それに先立つ手紙の書き手と同じエロイーズのものとはおよそ想像もつかぬほどである。第四書簡は愛に満ち溢れているが、調子と主題はがらりと変わって、別の話題が展開して行く。もっともこの第六書簡も情熱的でないわけではなく、一二年を経てもなお、短いしあわせな日々と長い痛恨の年月を想うにつけ掻き乱される心については「なにも書かずにおく」という約束を諦めとともに伝える悲痛な調子で始まっている。

エロイーズは、女性、それも自身がそうであるような修道女について論議がなされることを求め、それを「神父であるアベラール」に要求する。彼女が問題とするのは以下の点であった。女性というか弱き性にも、ベネディクト派の、強き性を対象とした規則への「服従」が強いられている。その規則が男性のために書かれているのは明らかだ、なぜならそれは「男性にしか遵守することのできないものである」から、とエロイーズは言う。聖ベネディクトゥスが設けた規則の賢明さにもエロイーズは何回となく言及しているが、次のようにも言う。「そこに述べられている頭巾やすね当てや肩衣は女にとってなんの意味を持つのでしょう。トゥニカやウールの肌着についての規定にもわたくしたちは従うことができません。女性は生理的な理由からそのようなものを身につけることはできないのですから。そして修道院長が自ら福音書を朗読してそのあとで讃美歌が歌われるべしというあの規定もおかしなものですし、ましてや修道院長が、巡礼や旅の客とともに別の食卓につくべしという掟にはどう対応したらよろしいのでしょう。女性修道院長が、男の客を接待して食事をともにするのがまっとうだと、あなたはお考えになるのでしょうか」

男性に要求すべきことがらをそのまま女性にも要求するのは賢明ではない、とエロイーズは考える。それはちょうど老人に求めるべきものを赤児に、健康な人に求めるべきものを病人に要求するようなものである、と。さらに聖グレゴリウスをも引用する。「聖グレゴリウスは（略）訓告や規則について次のような区別をしています。男性への訓告と女性への訓告は明らかに違ったふうになされなくてはならない。男性にはより多くのことを要求できるが、女性に対する要求がより少ないものでなくてはならないのは明白だ。男性には厳しい試練を課すこともできようが、女性は軽い試練によってやさしく導かなくてはならない、と言っております。」エロイーズは確信をもって言う、「修道士についての規範を作った人たちは女性について意図的になにも言わなかったばかりではありません。女性にはおよそ適用できないものであることが十分にわかっていながらそうした規則を作ったのです」。

その一方で、たとえば修道院長の役割に関して聖ベネディクトゥスがくだした次の勧告は、エロイーズにも納得のいくものであった。「修道院長は修道士たちを導くにあたり、各人の性格や知恵を見定め、彼らがまわりの者と調和をはかれるように配慮すべきであり（略）、人間の脆さから決して目を離すことなく、風に吹かれる葦を踏みにじるべきでないことを常に記憶にとどめるべし」エロイーズが拠りどころとしたのは「良きキリスト者であることだけを欲し、そのために必要なもの以外はいっさい持とうとしない」こと、そして禁欲的な理想を掲げるよりは「選択の自由」（それは別の箇所で「福音書によって説かれたあの自由」と表現される）を認めるべきであるとするアベラールの思想であった。

この思想は、宗教とモラルにおいて、すべてのものを個人とその自覚、その意図に帰そうとする。これを過大に評価するわけにはいかない。そこでは、表に現れる形態、すなわち人間の目に映る行動は度外視され、儀式も「神の子を悪魔の子と区別するのは慈愛のみである」という観点からすれば無意味なので、排除される。助言を求めるエロイーズを導いたこれらの思想は、実は、ある教理の実践であったのだ。それは、アベラールが、彼のおそらく最も哲学的な論文『倫理学』を発表する動機となった、意図のモラルにまつわる教理であり、「重要なのはわれわれが為す事がらではなく、それを為すときのわれわれの心である」という深い信念に裏づけられていた。これは神にとっては喜ばしいことだが人間にとっては必ずしも嬉しいことではない。聖書によれば、神だけは「心臓や他の臓器をこまかく観察することができる」が、人間は表面的な行動によって判断するしかないので、「真の信仰」かどうかを見分けることはできないからだ。

アベラールの返信には、彼のさまざまな思想や「最愛の妹」に対する願望も込められている。彼の主たる懸念は、彼が手紙を書いているそのときに彼がおかれている立場ゆえのものであった。そのときの彼はもはや夫ではなくして神に仕える修道士であり、あの非劇的な事件を機に、燃える情熱も激しい苦悩も乗り越えていてその傷痕すらも残してはいなかった。それにしても、彼が女性について語るときの計算された適切な言葉と威厳は、このうえない感動を呼びおこす。それらはアベラールがエロイーズと別れる以前から、深い信念を抱く彼に資質として備わっていたものである。エロイーズとの別れも彼の信念にはふさわしいものであり、彼の指示にしたがって実現したのだった。だからこそ、エロイーズの問いかけとそれに対するアベラールの答えは共鳴し合う。英雄的モラルの教義と呼べるその論理構造もふたりに共通している。ところが、実践においては、興味深いことに、ふたりは共通項を失っていく。エロイーズが頑迷に抗うことになるからだ。

さて、アベラールの答えに立ち返ることにしよう。

女性の弱さに関しては、アベラールはエロイーズと意見を一にしている。

はたして女性は男性に比べて弱いのか。今日のわれわれにとってはさまざまな視点から論議すべき問題であるが、当時、女性が弱いというのは疑いの余地のない事実であり、それが議論の前提であった。武器を持つのがすぐれた行為であった時代に、女性は戦わず、決闘もせず、軍の指揮もとらず、狩りに出かけるのを習慣ともしなかった。農耕文化の時代である十二世紀に、女性は干し草の運搬や刈り入れなど田畑での重労働においても大きな貢献はしなかった。だから女性は弱い。あらゆる階層の女性たちが家のなかで行っていた家族の世話、母親としての仕事、家事一般を天秤にかければはなしは大きく変わってくるが、それらは単なる役割と考えられており、労働とは見なされなかったのである。

百科事典はそれぞれの項目について客観的な概念を提供してくれる。百科事典に示された女性についての記述から、男性と女性の定義の背後にある思想を探ってみよう。男性と女性は自然のなかのふたつの本性、ふたつの核であり、そのあるものは奥深いところに位置するいわゆる「生来的な」ものである。女性の深奥に存在する資質として、母性と、そして母性が女性に課す仕事とがある。その外側に家族の世話をする気質があり、それよりもさらに外側に自己自身に対する関心が位置するのだ。男性における生来的な気質は、命令し指導し、そこに喜びを見いだす性向であって、その外側に労働がある。これはアリストテレスの思想を原型とする思考のプロセスである。この本質から、男という理性的だが死に至る存在の特性は切り離すことができない。笑う能力においていくぶん劣り（全生物のなかで笑うことができるのは人間だけだが）、身体上の外観や社会的地位、さらにまた憂鬱になりやすい傾向を、男は特質としてより明白に示す。

同じように女性の本質的核のなかには弱さがある。原罪の教義と、それをめぐる事象がそれを語っている。女のほうが男より多く罪を犯したのであり、その結果、引きずる傷痕も女のほうが深い。精神、肉体、意思などの全体的な弱体化が、女性を男性よりも劣るものにした。女性が堕落するまでは同等だったのだ。

こうした考え方はキリスト教思想のなかに広く浸透し、歴史的にみても中世社会において際立っている。これを、アベラールは英雄的とも呼べる彼の倫理の教義に挿入した。ここから女性の尊厳をめぐる大胆かつ独創的な論理が生まれてくるのである。

アベラールのモラルにあっては、女性という種および個に生来備わる性向と、善なるものの自覚的な選択とのあいだに内なる葛藤が生じることは、つとに予測されていた。女性が自ら立ち向かい、闘わねばならない自然発生的なさまざまな性向のなかに、弱さ、すなわち決断の脆さ、受動性、安直さ、そしてさらに悪いことに、肉欲、食欲、虚言に陥りがちな傾向があった。これらすべてがアベラールを挑発し、これらがあるために彼にとって闘いはより困難に、そして「勝利の王冠」がいっそう価値あるものとなる。女性が弱いものであればあるほど、「女性は神にとってかけがえのないものであり、彼女らの徳は完璧なものとなる」。「神の恩寵がその持てる宝をこれほど惜しみなく与えたもうたのは、弱き性をおいてほかにあるだろうか。弱き性の原罪とその質そのものを人びとは侮りの的としてきたのだ。さまざまな境遇の女性のありようを思い描いてみるがよい。処女、寡婦、既婚女性ばかりでなく、春をひさぐ不遇な女たちをも考えてみよ。彼女らにキリストの慈愛がそっくりそそがれているさまがわかるであろう」

さらに、エヴァ＝聖母マリアのテーマがくりひろげられ、女性が達しうる偉大さが示される。高貴なものとすべく神が選択したのは女性の心よりもむしろその肉体であった、とアベラールは考える。「主は、自らお生まれになるのに、女性のより高貴な器官をお選びになることもできた。しかし、女性の身体の果てることなき栄光のために、自らのご生誕によって女性の生殖器官を祝別することをお望みになったのだ。

それは男性の生殖器官を割礼によって祝別なさるよりも、はるかに高い次元においてなされた」だが、この第七書簡全体を通して最も独創的な思想は、また別のところに見いだされる。そのテーマをアベラールはほとんどひとつの学説として披瀝する。これは、彼の論理的省察と緊密に結びついているために、ますます興味深い。

アベラールは、聖書を援用しながら男と女のきわだって対照的な行動を指摘する。女たちは「使徒たちが恐れをいだいて姿をくらましたときにも、たじろがずそこに踏みとどまった」。女たちは勇気があり、「イエスに対する心からの優しさを有していて」忠実である。男たちは、キリストを愛していながらも弱く、「危機にさらされた彼のためになんら行動をとることもできず」、「唇＝言葉しか持たなかった」。女はちがう。女は「言葉ではなく行動によってキリストへの愛を示した」。女たちは事がらとかかわりあうが、男たちは言辞のみをあやつる。そして、それ以上に明白なことであるが、女たちが「真理そのものに立脚して」行動する一方で、男たちは「真理の記号と象徴をもとに」動く。アベラールの唯名論は、のちに見るとおり、彼の論理学の最高峰というにふさわしい性質を備えているが、まさしく、弁論の効果を発揮させる男たちが支配しうることの限界を示唆していたのである。言葉は、われわれがその場その場で曖昧に認識する事がらを記号として世に送り出す。言葉、言葉と言葉の関係、言葉の複雑な構造を吟味して論証の連鎖を作りあげていくかぎり、男たちの支配は保証されている。しかし、外在する真理、事がらに存する真理を無理やり定義づけようとすれば、支配はおぼつかないものとなる。これに反して女たちは、不思議にしかもすばやく（それが「彼女たちの心からの優しさ」か）事がらおよび真理に到達して「現実の世界に働きかける」。こうしたことをアベラールはエロイーズに、師としてまた恋人として、情熱と最高の敬意をこめて書き送っている。こうやって、出会いから幾年月を経過したのちも、アベラールとエロイーズはそれぞれの役割と義務について問いかけ合っていたのだ。それに先立つ二〇年まえまでは、ふたりのこの関係も、その時代であれば珍しくない、師弟間のよくある恋愛にすぎず、すべてはより単純なものであったろう。一一一七年、三八歳のアベラールは成功をきわめ、絶頂期にあったのだ。

第三章

……名声欲、真実への愛、そして男を形成するすべてのもの……

A・テニスン

パリで一一一七年を迎えるまでの若きアベラールの学問・仕事については、エロイーズの青春時代よりもはるかに多くのことが知られている。それを知らしめたのはアベラール本人である。これから見るとおり、外攻的な性格のアベラールは、自己に対する理解を周囲に求め、さらに起こったこと、彼が為したことの道理を他人も理解するようにと望む人間であった。

アベラールは、おそらく一〇七九年に、ナントからおよそ一〇キロのル・パレに生まれた。『自伝』〔第一書簡『不幸の物語』〕の冒頭部から、はやくも誇りの香りが漂っているが、彼自身の言葉を借りれば、生地ブルターニュ地方は住民の才能と活発な気質で知られていたという。学問で身を立てるのに不可欠な天賦の才が自らに宿っているのを立証したいがために、古くからの事例をもとに、彼が即興的に作り上げた伝説だろうか。おそらくそうに違いあるまい。能力は生まれながらに備わるものであって訓練やたゆまざる勉学あるいは努力によって身につくものではない、と彼はその後も繰り返し述べている。彼によれば、能力とは、金髪、食い意地、暗い性格といったものと同じひとつの資質である。したがってアベラールの倫理観からすると、為しうることをしないままでいれば能力はなんの意味も持たないのであり、自伝の結びに書かれているとおり、それを使ってはじめて神の意思に従うことになるのだ。

父ベレンガリウス、「優しい愛に満ちた」母ルチア、少なくともふたりの弟ダゴベールとロドルフ、そして妹ディオニシア、これが長男ピエール・アベラールの誇りにした家族である。この家族に対するピエールの帰属意識は強かった。病に倒れれば家族のもとに帰ったし、エロイーズをかくまう必要が生じた折には彼女を妹のもとにおくっている。そして主著『論理学』は、弟に捧げている。

下級騎士の家がらであったが、ピエールにとってさいわいなことに、父親には、軍人になるまえに培った書物への情熱があった。したがってアベラールは子どものころから文学の教養を育まれ、武よりも文を好むこととなった。「ミネルウァの胸へと赴くために軍神マルスの宮居に別れを告げた」と、思い入れたっぷりに書いているとおりである。それからパリの司教座を手中におさめるまでの人生は、あたかも戦場、それも巧みな攻略の場であったかのように軍事用語を駆使して語られる。家庭環境のゆえにこうした比喩が性に合っていたのだろうか。あらゆる知の分野のなかから彼が選択したのは「論理学とその武器」であった。騎士の武器と同じように、それらが勝利と名声に導いてくれるであろうことを、彼は確信していたのだ。

こうして「アリストテレス哲学者たちの好敵手」は、すでに学問の中心として知られていたパリの周辺を、まるで戦場を走りぬけるがごとくに突っ切ってパリに到着、そのころすでに名声を博していたシャンポーのギョームの弟子として身を落ち着けた。「短い期間であったが、私は彼のもとにいた。初めのうちは気に入られたが、やがて私は彼にとってきわめて煩わしい存在となった。それは、私が彼の学説に異議を唱えるようになり、論を交え、その結果、誤っているのは彼のほうで私の論が勝っていることを、敢えて明確に私が示すようになったためであった。また一方では、私の自信に満ちた態度が相弟子たちの反感や嫉妬を招いた。それは、私が最も年若く、しかもいちばんの後輩であっただけになおさら大きかった。今日なお続いている私の不幸の発端はここにある。私の名声が高まるのにともなってわが敵対者たちの嫉妬はいっそう激しく燃えたのだ」

年若い弟子との最初の衝突は、著名な師を窮地に立たせた。一一〇〇年、アベラールは二一歳であった。自信に満ちたアベラールは、王居もあったムランに学校を新設。その成功に気をよくして、パリにより近いコルベーユに、もうひとつ学校を新設した。過度の勉強から健康を害して故郷ブルターニュにもどるころには、まだ二〇歳代のこの若者は名声を轟かせていたのである。フランスから遠く離れたブルターニュ（ブルターニュ公領はフランスに併合されていなかった）に彼は一年とどまることになるが、そのあいだも「論理学を学ぶ意欲に燃えた人びとが彼の復帰を待ち望んでいた」という。

一一〇八年、パリの司教座助祭であったシャンポーのギョームは修道聖職者団に入団する。『不幸の物語』を書く時点ではその後の成り行きがすでに判明していたからであろうが、アベラールは、それがより高い位に昇ろうとするギョームの「宗教的熱意」のなせるわざだ、と皮肉をこめて指摘している。事実、一一一三年にギョームはシャロンの司教に任ぜられる。ブルターニュの若者の行く手は、突然暗い影に覆われたかにみえた。が、アベラールは、数年前の論争にはこだわりもせず、パリから遠くないサン・ヴィクトールの学校に姿を現して再度この師の攻撃にかかった。

ピエールの論理は緻密である。とりあげる主題も、当時の論理学が避けて通ることのできない根本的なものであった。それは普遍をめぐる論議であり、アリストテレスの注解者ポルピュリオス〔二三三または二

シャンポーのギョーム。パリの教師。後にシャロンの司教となる。アベラールは「当初は彼の実によい生徒だったが，やがて厄介者になった」と自らを評している。

三四―三〇五〕の古典的著作をめぐる双方の論は本質的に対立していた。人間、動物、ライオン、物質といった普遍名辞は単なる名称にすぎないのか、それとも実在に対応するものなのか。それでは実在は、われわれが世界で認識しうる個々の事物と切り離されているのか、それとも世界のなかに入りこんできて、事物を組織し、特徴づけ、種や類の基盤を築きうるものなのか。

ギョームは「実在論的」立場をとっていた。つまり、普遍名辞は現実に存在する事物に対応し、一時的に存在する個々のものの永続性を世界に認識させる。概念としての人間、馬、動物は、プラトニズムにおいてそうであったと同様、それぞれの個体としての性格をそなえて、実際に走り、生き、死んでいく無数の馬や人間を越えた永続する実在であると言う。

師との、この正面切っての衝突を語るにあたり、アベラールは見さかいがないようでもある。しかし論争の背後にあった彼の立場と理論は、そのころすでに執筆が始められており彼の生涯の仕事となった論理学にまつわる著作のうちに見いだすことができる。彼はアリストテレスやボエテイウスの注解書を残しているが、主著はなんといっても『論理学』である。

アベラールは、普遍は単なる名辞にすぎないと考える。名辞は概念に結びつき、概念はその多価性（人間という同一の言葉で表されるもののなかに、ピエール、ジャン、ヤコブといった個がある）のゆえに「共通性を持ち区別しがたい」。普遍の概念の背後にはいかなる実在もない。概念としての人間や馬があるのではなく、あるのは、各々が異なり、永続性をもたない無数の人間や馬の群れなのだ。

個体が唯一の実在である、アリストテレスはそう言っていた。アベラールはつとに「アリストテレスの弟子」を自称して、まだ著作もあまり知られていなかったこの古代の哲学者の後継者に自らを列した。数少ないアリストテレスの著作を、アベラールはその生涯のあいだに、きわめて独創的な方法で鋭く分析することになる。

この論争の背後には実は影のようなひとりの人物の存在があった。その人物についてアベラールはなにも語っていないが、おそらくそれは彼の師であったロスケリヌスである。彼は、まだパリに出るまえの二〇歳のアベラールを、ロシュの地で弟子としていた。

普遍は名辞である、コンピエーニュのロスケリヌスがそう教えていた。もっともロスケリヌスの場合、それは、著名な大家アオスタのアンセルムスを論破する必要からのことであり、名辞という言葉を、彼は軽蔑をこめて「声として発せられるもの《フラトゥス・ヴォキス》」と言い換えていた。アンセルムスの立場からすれば、ロスケリヌスは、普遍の実体のなさ、実在する任意のものに対応しないとらえどころのない音声を論理化したことになるかもしれない。またその一方には、ロスケリヌスがこの論争において普遍の実効性の範囲をつとに見定めており、「音声」という呼び名が唯名論への道を開く意味深い言葉であると理解していたことを裏づける史料もある。つまりロスケリヌスはアベラールにとって重んずるべき、かつまたけむたい師であったのだ。ロスケリヌスの教えは、人間どうしの対話から生まれる学問、すなわち対話そのものが関心の対象となりうる弁証学の、学問としての独立性をはやくも示唆していた。それはプラトンのイデア論のように、外在する実在を越えた総体的で超越的な観点をとるものであった。筆をとるアベラールの脳裡を、ロスケリヌスは片時たりとも離れなかったにちがいない。にもかかわらず、恨み、警戒心、そしておそらくはプライドから、このあまり評判のよくない人物、ロスケリヌスに言及することをアベラールは避けたのである。

若きアベラールの勝利が続いたのはほんの数日のことであったが、彼が陶酔の極致にあったことは想像に難くない。ギョームは不信をかって講座を降りることを余儀なくされた。後に残った者たちは「皆がこぞってピエールの講義を、つい先頃まで彼の師が勝利をおさめていたその同じ場所で聴くことができるように」と、彼に講座を提供した。

だがまもなくギョームはふたたび任にもどるとアベラールの申し出をはねつけて交代させ、後継者をろくでもない人物であったと糾弾した。アベラールはムランにもどらざるをえなくなる。このときにはじめて、彼は己の力と権威、名声の実体を自覚する。そしてこのときはじめてオウィディウスの詩の一節「嫉妬はいと高きところに吹きすさぶ風のようなもの」を引用する。その後何回となく彼はこの詩句を苦い思いで繰り返すことになる。

彼の「パリ攻囲」は続く。軍事用語と、古代の戦闘をうたったオウィディウスの引用を駆使して、アベラールは彼が決定的勝利をおさめるまでの入り組んだことの成り行きを語っている。彼が陣地として最初に設けた学校はサント・ジュヌヴィエーヴの丘にあり、「彼の講座を占領している敵」にあたかも追い迫るかたちであった。ギョームは彼の学校を田舎に移すために一時パリを離れていたが、「自らの弟子を攻囲から守るために」パリにもどって来た。ギョームの弟子の一団を相手に、アベラールは彼もまた弟子を率いて論争を挑み、そのたびにますます力をつけ、権威を確固たるものとしていった。

これらの事件を特定する史料が残っている。一一一二年というのは、ギョームがパリ生活にこれを最後と別れを告げ、シャロンの司教となった年である。パリでの学者としての生活は落ち着きを得られぬものであり、とりわけその終わりに近い年月には、苦い想いばかりを残すことになった。この年よりまえにアベラールはもういちどパリを離れ、生まれ故郷ブルターニュに赴いている。彼の「最愛の」人物である母ルチアが、いっぷう変わった（とわれわれの目には映る）用件のために彼を呼び寄せたのであった。

アベラールの両親は、教会法の定めにしたがい、もちろん双方の合意のうえであったが修道院に入ろうとしていた。それに先立って、長男——法的にはもはやそうではないのだが——であるアベラールを呼び寄せて家のことを託しておきたかったようだ。

長年の結婚生活ののちに修道院に入るという習慣は、当時としては風変わりではなかった。相互の直接的な愛よりも夫婦が共通の想いを抱くことのほうが重要性を増す年齢に達すると、夫と妻は双方の合意のうえで、神のため、魂の救済のために生きる道を選ぶことができた。子孫への配慮がもはや急務でなくなると、己の思想のために生き、己の本質的な自由を獲得しうる日々が用意されていたのである。結婚が、ときには辛い軛《くびき》であり、不毛な営みでありうることも忘れてはならない。のちに見るが、結婚を、人間の本性ゆえに不可避のものと見なす通念が、当時は一般的であった。ふたりで生きて共に助け合い、子を成し、キリスト教の教義にならって子を育てる。そのためにはときに高価な代償が支払われることもある。

ロマンティックな愛の理念は、その後いく世紀かを経て、宮廷風恋愛の要素をさまざまに取り入れながら、夫婦という単位の周辺に、魅惑的な雰囲気を醸し出して行く。それでもなお、前世紀まで、西洋キリスト教社会のとりわけ中流・上流の階級において、結婚は、人間の本性にかなう望ましい状況の実現、という以上に、宗教的・社会的任務といった性格を備えてきた。ある年齢に達した夫婦にとって、経済事情が許すなら(修道院に入るには持参金が必要であった)、むろん時折会うことはあるにしてもそれぞれが独自の生活に入り、ふたつの修道院に別れて静かな余生をおくるというのは、最良の策と見えたのかもしれない。

ブルターニュ滞在ののちアベラールはフランスにもどる。そのとき彼は、これまた突飛な、否むしろ時代背景と彼の年齢に照らせば不可避であったとも思える新たな思想を胸に抱いていた。

すでにピエールは論理学の勉強をし、論理学のためにフランスを歩きまわり、激しい闘いを展開してきていた。出世を願い成功を追い求めて生み出された彼の著書は、若いときに書かれたものも含めて一筋の論理に貫かれている。それは、唯名論という、彼が終生変えることのない論理体系であった。人間の対話を最大限に押し広げて展開する唯名論は、もとより説得力のある論理ではなく、押しすすめるのに多大の困難を伴う。人間が表現手段としてもちいる言葉は、規範、すなわち筋道と結論を明確にし、言葉の意味の関係を確立するような強固な論理性を必要とする。それはまさしく、言葉のかなたに、人間ではなく神によって創られた事物の織り成す未知の世界が、暗黒の海さながらに広がっているためにほかならない。そうした事物の合間を漂うときに人間が頼りにできるのは、原罪による堕落のゆえに弱められた知性、神の当初の計画よりも鈍くなった五感、もはや確固たるものを失った意思でしかない。唯名論とはまた、事物のあいだの関係、事象のつらなり、実在する世界の内部構造が、人間にとっては、内的本質のうちにあらわになる近似的知識でしかないとの認識でもあった。言葉がより大きな確かさを伴って意味のある関係を築くための基盤は、したがって、対話の内部構造の規範を考案するという、まったく人間的な作業によってしか成り立たないのだ。

こうした思想、そしてそこから派生する入念で複雑な論理構造のいずれをも、アベラールは生涯捨てることがなかった。十二世紀初頭に書いた注釈書から、おそらく最後の著書である『論理学』、そして死をまえにエロイーズに宛てて記した告白にいたるまで、彼はこの思想を貫いている。

しかし、これほど熱意を込めて学問にいそしんでも、その時代のこの男にはまだ十分でなかった。まだ十分でないということを、当時の主流をなす学者たちから指摘されたばかりでなく、アベラール自身も明確に認識していた。欠けているものは何なのか。大まかな言い方をすれば、それは神学であった。近代的な考え方に照らすと、これは奇妙なことと映りかねない。が、その当時、神学とはなんであったのか、それを理解しておく必要があるだろう。

神学は、そのころ「聖なる教え」と呼ばれていた。神学《テオロギア》という新語を使い始めたのはほかならぬアベラールだったのである。神学は、あらゆる知にかかわる大規模な体系であり、さまざまな学問の内容に最終的判断を下し、価値の根本的選択を行うものとしての役割を果たしていた。幾世紀もの昔、およそ一千年も前から、神学は旧約・新約聖書を解読し読み込むための作業を、徐々に広げ、深め、体系化してきた。その意味を理解し、そこに込められたメッセージを正確に引き出すことが魂の救済に欠かせなかったからである。

キリスト教信仰が、古代末期の文化のなかに、それまでの時代に比べて断固たるかたちで導入されたとき、来世への信仰が、しばしば苦悩に満ちた不安な現世に対置された。悪を乗り越えて、目に見えぬ永遠の世界に入り込むことこそが人間のあらゆる営みの最終目標とされ、これが人びとのなにものにも代えがたい理想となった。「この世の彼岸にある世界」は単なる安らぎと悦びの場としての楽園ではなかったのだ。たしかに、ごく単純なとらえ方をしたり、あるいは美術作品のうちに造形化するかぎり、楽園は視覚を具体的な悦びで満たしてくれる場所であることも事実であった。しかし、魂の不滅、すなわち救済という思想は、より幅広く、より奥の深いものであった。救済されなければ、魂は苦悩するばかりか、無にほかならない闇の底へと沈んでしまう。

魂の救済とは、弊害もなく苦悩にも出会わないまま生き続けうることを意味していた。貧困はないがそれ以前に欲望がない、圧政はないが法もない、攻撃本能や暴力もなく、無知ゆえに苦悩することもなければ、わずかな証拠にたよって困難な歩みを続け不確かな規範を作りあげるしかない学問もない。それが救済された魂の姿である。

知的活動を営んでいた「中世の人間」（このような抽象的概念をあえて持ち出すが）は、つまるところ人間の条件にほかならない苦悩に満ちた耐え難い状況に対して、他のいかなる時代の人間にも増して敏感であった。そうした条件を背負っているからこそ、そこを出発点として人間は政治理論や人間の欠陥を理解するための学問の体系を打ち立てねばならなかったのだ。より一般化して言うなら、「旅人」としての人間の条件が、見逃せないものとして呈示され、今日われわれの目には悲観的で抑圧的と映るひとつのモラルを確立するに至ったのである。逆説的なようだが、天国はより自在な思考がかなう場所、否定されたり矮小化されたり傷つけられたりすることのない完成された状況であり、まさにそのために人間の目論みを測定する役割を果たすものであった。こうしたポジティブな状態の中身と要点を教えてくれる神学の勉強は、したがって、不可欠だったのである。

若者であれば神学を学ばずにはおけなかった。アベラールはそろそろ三五歳に手が届こうとしている。これほど重要な学問に着手するには遅すぎるくらいの年齢であった。事実、そのために彼は、論敵からの攻撃を絶え間なく受けることになる。

師とすべき人物は最高に著名な人でなければならない。高名な師につき、しかもその師を論破すれば、それだけで名を上げることができるはずであった。

ランはパリの北東、ランスからおよそ五〇キロのところにある。そこで、シャンポーのギョームの師であったアンセルムスが教鞭をとっていた。このときのアベラールの印象は彼の第一書簡〔『不幸の物語』〕に読むことができる。「私はこの老人のもとへやって来た。彼の名声が学識によるものではなく、長年の経験に培われた老練のゆえであることを私はすぐに悟った。事実、なんらかの問題を抱えて教えを乞いに来た者は、まえよりもさらに疑念を深くして帰って行くのだった。彼の講義を聴くのはときに魅惑的ですらあったが、議論が始まると、その内容の空虚さが露呈した。言葉の使い方はたしかに絶妙であったが、結局は陳腐な事がらを意味もなく口にしているだけだと気づかずにはいられなかった。彼は部屋を、明るく照らすのでなく煙で満たす炎に似ていた。また、遠くからは生い茂る葉のために大木に見え、果実をたわわにつけているようであるが、近寄って目を凝らして見るとひとつの果実たりともつけていない樹木に似ていた」

すべてを悟ると、もはや耐え難くなったアベラールは「その老木の木陰」にぐずぐずとどまりはせず、講義に出席するのも稀になった。

ある日、議論を交わしていた学生たちのひとりが、アベラールを試すかのように、彼に質問をした。聖書についてどう思うかという、実に素朴な質問であった。アベラールが「そのときまでは哲学しか勉強していなかった」ことを想起せねばならないが、彼はそこで次のように答えた。聖書の勉強はきわめて有益だ、魂の救済に必要なことが聖書を学ぶことによって得られるのだから。しかし、学のある人たちが教父たちの注釈だけで足れりとせず、先生や指導書を必要とするのは不思議である、と。すると「そこにいた者の多くが笑いだした」。もはや若くもない相弟子が口にした台詞がいかにばかげたものであるかを示すための笑いであった。学生たちはアベラールを思いきり嘲笑し、この新参者をなんとか降参させようと挑んできた。アベラールはその翌日までに一回分の講義を準備することになり、聖書のなかでも難解なエゼキエルの預言の箇所を、自信に満ちて宣言したとおり、自らの才知以外いっさいの助けは借りずに講義してみせることを約束した。彼にとっては、時間をかけて準備したり苦労して勉強するなどは無駄な骨折りにすぎない。原典の言葉に知性とともに立ち向かい、語彙の意味とコンテクストを探って、内容を把握することだけが大切なのであった。たとえ権威のあるものにせよ、コメントの多くに目を奪われては、原典の記述の意図からはずれることにもなろう。

こうしたアベラールの言明には、のちの彼の著作のうちに、いっそう明らかに、熟したかたちでとりいれられる方法がすべて込められている。知性に頼ってテクストの言葉を解釈していくその方法は、まさしく意味の分析と歴史的・背景的知識のみに基づいている。それは、検討すべきテクストの外側から、注釈者だけがその思想を総合できるような不透明な個々のコメントを加える後世の注解法と、好対照をなす。

当然のことながら講義は彼の勝利に終わったが、年老いた師は気を悪くした。弟子のなかでも「尊大で激しやすい」ランスのアルベリック（アルベリクス）とロンバルディアのロチュルフ（ロトルフス）のふたりはアベラールの糾弾を始めた。彼らとの反目は生涯続くことになる。

アベラールの神学講義はきわめて短い期間しか続かなかった。数日の後、彼はパリにもどる。その後は穏やかな日々が訪れそうだった、アベラールは自伝にそう記している。パリではノートルダム寺院の、「最初から彼が就くべく運命づけられていた」講座で何年間か講義を行う。彼の神学と論理学は大勢の聴衆を集めた。当時、多くの弟子を持つということは、名声だけでなく莫大な収入を得ることを意味していた。

それより一世紀前までは学校が教師に従ったものだが、アベラールの時代には教師のほうが学校に従わなくてはならなかった。パリ、ボローニャ、モンペリエ、オクスフォードなど、西洋世界のいくつかの町で学校がはじめて組織として設立されたのもアベラールの時代のことである。教師たちは教育の中軸をなすこれらの学校に赴き、制度のなかで学説を説き、それによって名を成していった。

アベラールが、パリ、そして自らのためにあるはずだと夢に見た講座に執着したわけも、これで納得がいく。講座は、そのときすでに知の中心たる地位と理解されていた。そこで教鞭をとる者には教授資格が必要で、その権威ある免状は司教座聖堂参事会が発行した。正規の試験を経た者にこの資格が与えられたが、それに際して、教えようとする科目の枠組みのなかでの模範授業のようなものが課された。その授業はのちに「教師就任式《インケプティオ》」と呼ばれるようになる。授業がどのような文献に依拠し、どのような方法をとり、どのようなプログラムで展開するべきであるかは、論を待たず明白であった。

アベラールの時代に教えるべきであるとされていた教科は、基本的にはまだ中世後期の遺物である三学四科に基づいていた。三学《トリウィウム》［三叉路の意味］とは、文法、論理学、修辞学である。いずれも言葉を扱う学問であり、文法から修辞学にいたる順に複雑さの度合いが増す。文法は、正しい発話をするための規範を形態面にかぎって作り出し、論理学は個々の言葉の意味とその連鎖や互換性を検討し、覆しえない結論へと至る論理を築きあげる。

修辞学は、アベラールにとっては学問ではないのだが、三学の最後に位置して均衡をあやうく保ってい

若き日のアベラール。とはいうもののおよそありそうもない風体である。騎士と吟遊詩人をあわせたようなこのイメージは，あるいはエロイーズにはふさわしいものとして想像できなくもないが……

た。修辞的な言葉は、抽象的な論理の高みから目のまえに実在する聴衆に向けて降下する。それでいて論理の構造の全容を反映していなくてはならない。しかしながら、過去の偉大な学者たち、キケロ、クインティリアヌス、そしてキリスト者であるアウグスティヌスも、言葉が、女性たち、町の住民、あるいは兵士たちなどある特定の聴衆に向けて発せられたときに説得力を持つためには、感情という、人間の持つもうひとつの側面、とらえどころのない同情心や奥深く隠されている敵愾心に訴えるべきであることに早くも気づいていた。なかでもアウグスティヌスは修辞を用いてキリスト者としての快・不快のいずれをも表現することに長けていた。真実がそれだけで説得力を持つなら、それに越したことはないとアウグスティヌスは考えていたが、しかし、心地よい言葉を駆使し、説教師に耳を傾ける聴衆に正面から射るような視線を投げて感情に訴えるところから生まれる効果のいかに大きなものであるかということも、じゅうぶん心得ていたのである。それを彼は「真実の見世もの」と呼んでいた。教会では、なんということのない音や音楽が、説得や危機の警告に信者が心を揺り動かされる背景としてきわめて大きな効果を持つことがある。修辞学は、三学のなかで最も人間的である。聴衆の感情的エネルギーをことごとく結集し、論理学という理性のみに頼る学問がやっとのことで聴衆を導く通路を、修辞学はまたたく間に走りぬけさせる。

四科《クワトリウイウム》［四つ辻を意味する］とは、算術、幾何、音楽、天文学である。数をあつかう学問のなかに音楽が含まれているが、それは音楽の持つ、合理的でピュタゴラス的な性格のためである。音楽についてはアウグスティヌスやボエティウスの考察がある。アベラールは、自ら言明しているとおり、数をあつかう学問にはまったく向いていなかった。彼の自伝のなかに、音楽や音にまつわる記述はいっさいない。アウグスティヌスの『告白録』とは対照的である。もっとも、彼が愛の歌を作ったこと、讃美歌を作曲したことをわれわれは知っているのだが。

定められた領域のなかにつなぎとめられていた知の糸は、しかし、まもなくほどかれていき、まさにアベラールの時代から、それまでは副次的なものと見なされていた他の学問が育まれ、それらも、やがて独立した教科と考えられるようになっていく。まず、医学、法学、薬学、透視図法がそれまでの七学科に加えられた。さらに工学、航海学、農学、建築学、織物学といった、世界を構成するものを広く取り込む学問が誕生した。すべて自然科学系であり、サン・ヴィクトールのユーグ［一〇九六―一一四一］は、これらを、自由を欠いた「不義密通的変造」学問と呼んだ。

司教座聖堂付属の学校は、のちの大学の原点である。外に向かって開かれた制度を持ち、修道院付属の学校に比べて新しい学問にふれる機会も多かった。修道院付属の学校は、人びとが行き交う道から遠く離れ、バビロンのような町を想う者にとっても、あるいはアテナイのような都市を夢見る者にとってもあまりに辺鄙な場所に位置していた。実際、中世都市パリには、悪徳の町バビロン、あるいは学問の町アテナイといった古代都市の要素がそろっていた。このときのパリはすでに近代西ヨーロッパの都市に似ている。都市は修道院と異なり、学生の数がしだいに増えて特定の場所にあふれ、広場を侵略し、議論を交わしながら街角にたたずむようになってもなんら困ることがなかった。この群衆を統治するのは司教座であり、司教座は新たな学校を創立することができた。九世紀以来、司教座の僧侶は共同生活の規定《カノン》に縛られてきた。まさにここから「教会法を遵守する者」を意味する司教座聖堂参事会員カノニコの語が派生したのである。

司教座参事会が都市の最小単位であった。これを統括するのは、教師、各学校の総責任者、先唱者《プレカントール》、教会管財人など、さまざまな役割の参事会員を配下におく助任司祭であった。アベラールの時代である十二世紀には、司教、事務局、図書館、文書庫を備えた司教座聖堂参事会の中枢部が、社会活動の中心的存在として力を蓄えていく。司教の「業績一覧」の編纂、講義の開設、文書庫——その資料から、今日でも当時の市民や僧侶の生活を知ることができるのだが——の管理、司教の行使する司法権、聖堂参事会員の俸給の認可、文化の保護者および指導者としての役割。これらの権限を備える参事会の力がいかに大きなものであったかは想像にかたくないが、それればかりでなく、たとえばパリの司教座は王宮の相談役をも努め、行政面でも発言権を有していた。

十二世紀にカンタベリー大司教のもとで文書係を勤めたブロワのピエール（ペトルス）が、その証拠とも言える一文を残してくれている。

「私が暮らしているところは、はっきり申しまして、神の国、神の家そして天国への扉以外のなにものでもありません。わが主である大司教の館には学識豊かな人びとが大勢暮らしており、あらゆる正義の力と知のすべてが彼らのうちに見いだせるはずです。王国の抱えるさまざまな問題がここに出会い、それが大勢の聴衆のまえで論議されるとき、われわれは皆、無駄な口論を費やすことなく、それぞれの頭脳を研ぎ澄まし、澄みきった思考の泉を微妙に探り当てて正しい判断を下すように努めるのです」

多くの書物を読み、討議、聴衆に語りかけて成功が得られるというこの雰囲気が、アベラールの心を捕えたであろうことは容易に理解できる。粘り強い闘いを始めてそのための地位を手に入れ、それをどうにか維持することができた彼のケースは例外的な幸運というべきであった。

やがてアベラールは次のように語るにいたる。「しかし成功は愚かな人間を増長させるものだ。安寧も永く続くと精神の力を弱め、精神を肉の欲に溺れさせる。この世に哲学者は私を措いて外にないという気に私がなり、もはや恐れるものはなにもないと思ったとき、それまでは類をみない禁欲的な生活をしてきた私が、情欲に歩を譲り始めてしまった。哲学と神学を深めて成果をあげればあげるほど、私の日々は貞潔から逸脱し、哲学者・神学者にふさわしい生活から遠ざかっていくのだった。言うまでもなく、哲学者、いわんや神学者は聖書に記された掟を守るという節制の美徳によって秀でていたものなのに」

「こうして私は傲慢と放縦の病にすっかり蝕まれた。しかし神の恩寵は、私の意志に反してではあったが、このふたつの病をともに治してくださった。まず最初は放縦の病をそのための道具を奪い去ることにより、そして傲慢の病は、私がとりわけ誇りにしていた私の著書を焼却すべしとの命に私を従わせることによって」

つまり彼の失墜には、放縦と傲慢という二重の原因があったのだ。だが、エロイーズとの恋物語をあっさり放縦と見なすのは確かに抵抗がある。この手記を書き記していたころのアベラールは、熱情の否定的な側面を強調することによって、わが身の不幸に崇高な意味を付与してそれを浮き立たせることに心を砕いていたのであろう。

第四章

私が理解したいと思うのは、真摯な発展をとげるかぎり、美質となる情熱……恋の情熱である……エロイーズがアベラールにささげたような……

スタンダール

「そのころパリに、エロイーズという娘がいた」アベラールは彼女に、的を射たわずかな言葉をついやすにとどめている。自身については、男ざかりの年齢にあり、「魅力と名声をほしいままにしていたので、いかなる女性にも拒絶される恐れはなかった」と述べている。かつての貞潔も、内なる欲求の大きさを前にすれば、いとも簡単に崩れるものだったのだ。となると、のちに彼が、エロイーズに接近するさいの計画を振り返り、当初は情熱よりも打算ゆえであったと冷静に分析しているのはどうも理解しがたい。

アベラールにはよくあることだが、彼の言には矛盾があるように思われる。エロイーズを我がものとするための手だてをあれこれ考案するが、それは「愛に燃えた」と言った舌の根のかわかぬうちのことなのだ。どちらを真実として選ぶべきなのか。

これについては、エロイーズも彼女なりの解釈をしている。彼女は言う。アベラールはきわめて美貌の、人好きのする男であった。王にせよ哲学者にせよ、彼ほど高名な人物はどこにもいなかった。一度でよいから彼に会いたいと願わぬ者がどこにいたであろうか。通りすがりに彼を見ようと振り返らぬ者、路上に彼を追ってどこまでもついて行こうと思わぬ人がいただろうか。とりわけ女性であれば、エロイーズの立場でありたいと願わぬ者があったろうか。

こうしたことをエロイーズが記している以上、アベラールとて、いちどは謙虚であったこともあるのだろう。

彼が告白し、その大要を述べている求愛の戦略は、宮廷風恋愛のそれである。彼は「愛」という言葉を使い、「快楽」とは言っていない。「愛」というのは、今日にいたるまで、どの時代にあっても、意味の深い言葉だ。アベラールは言葉を軽はずみに使う人間ではない。しかも、状況からして、自分を倫理的に実際以上の悪者に見せようとするとき、事実を曲げるとは考えにくい。

エロイーズのほうにもそれなりの見解がある。「愛ではなく情欲が、愛ではなく肉欲が」ピエールを彼女にむすびつけていたのだ、と苦しげに述べている。

彼女の言葉を説明するものはひとつならずある。手紙の写本を読んだペトラルカは、「女性特有の媚び」をそこに読み取った。つまり、彼の注意を引こうとするエロイーズの意図的な詐術と考えたのだ。

エロイーズは、彼女にまつわる一連のことがらを、ふたつの時期に分け、ふたつの異なる側面から眺めている。その愛が、情欲ゆえのものであったこと、すなわち、深みのない「外面的」なものであったことに対する嘆きは、幸せだった最初のころの、ほこらしげでたのしげな回想とは不釣り合いである。愛されたのではなく肉体を求められただけだと執拗に繰り返すさまは、輝かしい気分にとっぷり浸っていた当初のエロイーズと同一人物であるとは思えないほどだ。恋の魔力にとらわれていた当時の彼女には、嘆く理由はもとより、そのようなことに思いいたる余裕もなかったであろう。

しかし後になって回想し手紙を書くころには、彼女にも分別ができていた。彼とは異なり、彼女はこう述べている。「ピエールなしではいられない、もういちど愛がほしい。（略）たとえ多くを失って得られるものはわずかであっても行為ではなく言葉がほしい」と。

かつてのピエールはもはや存在しない、ということに、しかし、彼女は気づいていないようだ。この、つらいドラマティックな変化を説明するために、ふたりの愛の源にあったものを追い求めようとしている。彼女は「純粋で強い」愛をずっと育んできた。彼女の心は寛大で私心に毒されてはいない。情熱は完璧にして無防備なものであった。エロイーズの言葉には、ふたりに共通の語法が繰り返されているが、ふたりの愛のボキャブラリーには、男女の違いがはっきりと認められる。これはおそらく、初めのころのふたりの甘い会話のなかにすでに確立していたものであり、そうした差異のあったことを、アベラールも謙虚に認めている。女性は本来、現実のなかにすっぽりとはまり込んでいるのであり、その現実をそのまま人に与えることができる。だからこそ、彼らの愛の萌芽がなんであったかということが、事実関係においてはさほどでないにせよ、記憶のうえでは食い違ってこざるをえないのだ。

アベラールはエロイーズを好ましく思っていた。修辞学の師の口にのぼった「美しさの点では最高とはいえない」という言い回しは、実は賞讃にほかならない。教養が、彼女に特別の美しさをもたらし、「フランス王国じゅうに広まる名声」を与えていたのである。

虚栄心が強かったにちがいないピエールは、そうした彼女の資質に強く引きつけられた。かかる著名な女性をわがものとすること、「彼女と特別な関係をむすぶこと」は、たやすいことでありかつ「有利」であった。どうやってものにするか、どうやって関係を維持するか、彼は策をめぐらした。手紙を書くことにしよう（名文家であることを自認している）。手紙でなら面と向かってよりもずっと多くのことが言える。長い時間を実際ともにすることはできないにしても、手紙のやりとりで付き合いをひきのばすことができるだろう。

周囲の状況も、彼の戦術には好都合だった。参事会員フュルベールが学校の近くに住んでいる。彼の吝嗇な根性と、姪に対する虚栄心とないまぜの愛情をくすぐればどうにかなりそうだ。事実フュルベールは、費用も節約できるうえ、著名な先生に自宅で姪を教育してもらうというはなはだ便利な方法をよろこんで受け入れる。「この二点に的をしぼって」ピエールは欲するものを手に入れた。参事会員の家に住み込むことにより、無理なくやすやすとその娘に近づくことができたのだ。娘は「昼も夜も」すっかり彼にゆだねられた。しかも、学問の成果がおもわしくないときには、体罰を加えることまでみとめられた。この許可は、叔父フュルベールが軽率に与えたものなのか、それとも計算するところあってのことだったのか。われわれも知るとおり、体罰は、十九世紀まで教育現場にはごくありふれたものであった。しかし、エロイーズとアベラールの師弟関係においては、それが官能的な愛のきわどい香りをそえている。

「本を開いても、われわれは学問よりも愛を多く語った。説明よりも口づけのほうが多くなされた。手は、書物よりも彼女の胸へと向けられた。目は、読むために書物に向かうのでなく見つめ合うことのほうが多かった。疑惑をそらすために、ときには彼女を打擲することもあったが、しかし、それは立腹ではなく愛ゆえのものであった。だからそこにはいかなる高価な香料よりも甘くかぐわしい香りがただよっていた」

すでに老修道院長となったピエールが自伝にこうした言葉を記しているのは印象的だ。こうして、強烈であるばかりか情愛に満ちた記憶を蘇らせているのだ。「われわれの激しい熱情はありとあらゆるかたち

「我を忘れた熱愛」との言葉がこの銅版画にそえられている。よく見ると『自伝』を彷彿とさせるものがいくつも見つかる。胸に伸びた手。落ちた書物。背後に見える楽器。

の愛を味わい、愛において創造しうるものがまだあるならばそれを創りだした。われわれが経験する悦びは、それまで知らなかったものであるがゆえにいっそう大きなものとなり、倦むことを知らなかった。」

情熱的な愛のゲームはまた、年齢のひらき、師弟という関係のゆえに微妙で複雑なものともなった。きわめて初歩的なことだが、彼らをより深く理解するためには、ふたりの背後にある文化や、彼らが生きた世界の枠組みを再構成してみる必要がある。エロイーズとピエールが生きた社会の通念や価値観を、知るというより、想像してみなくてはならない。

ふたりのあいだには、二〇歳ちかい年齢差があった。加うるに、うぶな女生徒に対して男性側は先生、それも「世界最高峰の先生」という関係であるから、男性が俄然優位に立つ。こうした知的側面での不均衡が、これほど学問に熱心で哲学的なふたりの恋人のあいだでいかに重要な意味をもっていたかを、忘れるわけにはいかない。しかし、双方とも告白しているとおり、愛についてはまるで無知であったために均衡が保たれたというのもまた、心に残る事実である。娘はまだ人生の入口に立ったばかり。四〇歳にもなろうという師のほうは、貞潔な品行方正ぶりで知られていた。これは、深い信仰心よりも、学問にそそぐ熱意の結果であったろうと思われる。

しかし、驚くべきことに、十二世紀にあって、こうしたカップルは珍しくなかったのだ。署名はないが、ほんものの書簡や詩がたくさん残っていて、ひとつのトポスともいうべきものをわれわれの眼前に増幅して見せてくれる。女性は若くて美しく、学問をはじめたばかり。男性もまた美男だがすでに成熟しており、正真正銘の哲学者として名を馳せ、人びとの羨望の的である。

哲学への愛によって育まれたふたりは、惜しみなく愛しあう。語るのはつねに女性である。女性は高らかに宣言する。わたしの愛はほんもので、富や名誉を求めているのでも、虚栄心や情欲に動かされているのでもない。愛される者としての価値に、客観的に立脚した愛である、と。私欲を離れた純粋な愛について洞察したキケロの『友情について』は、当時の教養のなかに受け入れられていた。ここには、キケロの思想の反映がみてとれる。「徳は愛を生ぜしめこれを守る」、自己を顧みず他者に気を配る、ありうべき愛の唯一の形態である。ここには、自由な選択と自然発生的な激情が、そしてまたその一方には、愛の対象のすばらしさを前にしてのほとんど運命的な屈服とが、独特のかたちでまざりあっている。

のちにスタンダールは、エロイーズとアベラールの愛と情熱について考察し、愛される者に議論の余地のない絶対的な価値があるとする判断が、いかに独断的で偏ったものであるかを明らかにする。これはいわゆる「結晶化作用」のひとつの局面である、と言う。「目に映るすべてのもののなかから、愛する対象の新しい美質を見いだそうとする心の働きを、私は結晶化作用と呼ぶ。焼けつくような夏の日に、旅びとがジェノヴァの海辺の涼しげなオレンジの木立を話題にする。彼女とともにそのさわやかさを味わえたらどんなにすてきだろう、と。狩に行った友人が腕を骨折して言う。愛する女性に介抱してもらえたらすばらしいのに。(略)愛される者の美質を見いだすには、それを想いえがくだけでじゅうぶんなのだ」

あのころ、否、いつの時代にも恋する者たちがそうであるように、弟子たちは、自らの師であり恋人である男性が、この世で最も偉大な哲学者であり、最も美しい人物であることを疑わなかった。エロイーズもその例にもれない。「ほかの女性からみれば錯覚でしかないものが、本人にとっては真実そのものだということはあります。女性たちのだれしも、自分の夫にのみあてはまると思い込んでいるものがあります。でも、私があなたについて考えたことはそれとは違います。世界じゅうの人が、そう考えたばかりでなく、事実そうであると知っていました。錯覚を糧にしたのでない分、それだけいっそう、私の愛は真実でした。あなたに匹敵する名声を誇りえた王さまや哲学者が、どこにいたでしょうか。あなたがいらっしゃらないということで不安にさいなまれない土地がどこにあったでしょうか。人妻であれ娘であれ、あなたが不在であれば恋い焦がれ、あなたが傍らにいれば炎と化さない女性がどこにいたでしょうか。私の悦びと愛のしとねを妬まない王妃あるいは高貴な女性がどこにいたでしょうか」

こうしたタイプの恋愛のなかからは、おそらく、まだほかにも探り出せるものがある。いかにも中世らしい「知」と「想像」による置き換えをしてみると、「個」が「普遍」、すなわち象徴的な意味をもつ個別の事がらとなり、その状況が、意味あるものとしてとらえられることになる。弟子＝恋人である女性は、学問に対する共通の愛に助けられて、知の道を歩み始めた魂をも象徴している。学問に対する愛は、情熱、それも理性的な情熱として、あこがれの対象の価値を正しく認識して彼女につきしたがっていくのだ。もっとも、このような意味を孕むからといって、この恋愛事件の真の姿を消しさることにはならない。むしろ、こうした意味が、真実により広い意味を持たせ、想像を越える次元にまで真実を引き上げるのだ。個人主義の時代を生き、人生と理想のドラマティックな乖離を教えられたわれわれにとって、こうしたことを理解するのはむずかしい。しかし、中世の思考のなかには、人生の出来事を耐えやすくするために、あるいはただちに教訓とするために、体験の裏に一般的な概念を示唆する傾向がはやくも潜んでいたのである。

ともに学び読書する。体を寄せあい思いを伝えあう。やさしいまなざしで見つめあい、本の頁にじっと目をそそぎ、頭を垂れたふたりの姿。これはまた、パオロとフランチェスカの物語のそれでもある。彼らも書物を読んでいた。が、それは愛について書かれたアーサー王時代の円卓の騎士ランスロットとギネヴィアの物語。エロティックな緊張感の漲る不義密通の物語であった。

ある日、わたくしたちはつれづれにランスロットの物語を
読んでおりました。彼がどんなふうに恋にとらわれたかを。
わたくしたちはふたりだけで、なんのためらいもありませんでした。

［ダンテ『神曲』《地獄編》第五歌　一二七―一二九行目］

エロイーズと同じようにフランチェスカも、現実に起こったことの辛さと甘美な記憶のあいだでとまどっている。

不幸のなかにあって
しあわせなときを思い出すほど
つらいことはありません。

［同　一二〇―一二二行目］

そしてこれまたエロイーズと同じく、贖っている罪を悔やむ言葉は一言も発することなく、フランチェスカはなおも情熱を語る。

わたくしはその方のこのうえない美しさの虜になりました
ごらんのとおり、今でもわたくしは忘れられないのです。

［同　一〇四―一〇五行目］

エロイーズもこう言っている。「私の知った悦びはとても強烈なものでしたから、それを憎むことはできません」

愛を語り、愛のうちに美を求めるのはエロイーズでありフランチェスカ、つまり女性である。もっとも、中世にあっては、愛を語るのは主として女性であったというのも事実である。そして中世以来、これは女性のみが才能を与えられ独占してきた。おそらく、ピエールとエロイーズが読んだのは、パオロとフランチェスカよりもはるかに退屈な書物であったろう。古代ローマの教父たち、キケロ、アリストテレスなどの著書だったのではないか。ただ、おそらく、オウィディウスも読んではいたはずだ。

学問する女性は少数であったから、読書するうちに恋に落ちるというのは異例のことであったろう。だが、これくらい恋にうってつけの状況はない。書物が、そこに書かれた言葉をとおして、読む者に感銘を与える役割をすでに備えているのだから。

書物から回心にいたることもある。ちょうど、聖アウグスティヌスの思考法がキケロの著書を読むうちにとつぜん変わり、希求する対象までが急転回して変わりうるものであると気づいたように。その書物は「彼の知識欲を刺激した。（略）論理のすべてが彼を興奮させ、ひらめきを与え、燃え上がらせた」。彼の生涯でもうひとつの重大な転機をもたらしたのもやはり書物、プラトン哲学のものであった。アウグスティヌスは、自ら言いたいと感じていたことのすべてをそこに見いだした。

当時、書物は、まだなにか神秘的な香りのただようもの、そこに書かれている文字面よりももっと奥深い広がりを持ちうるものであった。それがいかに重要な意味を持つものであったか、それを教えてくれる材料はほかにもある。つまり、世界そのものが、「頁に化けた石ころや葉を持つ」一冊の書物として描かれているのだ。共に読書する、それは、さしずめ今日なら、共に音楽を聴く、といったものだったのだろう。

ある風景を前にしてロマン派の人びとが体験するように、書物は、ある感情をふと引き起こしたり、思いがけない理解に至らしめる可能性を秘めていた。心をかきたてられるようなルソーの森のなかの散歩、『パルムの僧院』の恋するサンセヴェリーナ公爵夫人の湖畔のそぞろ歩き、ヤコポ・オルティス〔イタリアの作家ウーゴ・フォスコロ（一七七八―一八二七）の自伝的小説の主人公〕の目をプルターク『英雄伝』から奇しくも引き離した美しい秋、ウェルテルがシャルロッテに恋していることに涙ながらに気づいたとき田園を輝かせていた「すばらしい夏の雨」。風景は、中世における読書によく似て、感性を刺激する文学的な状況である。どちらも、奥深く秘められて見いだされるのを待っているものを、とつぜん、引き出してみせる。

エロイーズの危惧は、アベラールの愛が情欲から生じたものである、という点にあった。これについて、彼女は彼に非難の言葉を向けている。「精神的な愛ではなく、肉欲があなたを私に結びつけたのです。あなたのは愛ではなく欲望でした」だが、後になって、彼女のアベラールに対する愛もまた、キケロが説こうとした、そして彼女が自負していたような純粋かつ無私なものでは決してなかったことを、とつぜん鋭く、思い出のなかであばいてみせる。愛の悦びは彼女のすみずみにまで鮮烈に染みわたり、独居の記憶のなかにはげしく蘇ってくる。「ほんとうのところ、わたくしにとって、あなたとともに知った愛の悦びはあまりにも甘やかでしたので、それを憎むことも忘れることもできないのです。どこへまいりましてもそれが目の前にちらつき、呼び覚まされた欲望は、決して私を離してはくれません。眠っていてもはかない幻が私を苦しめるのです。（略）悔恨の涙を流すのではなく、失ったものを想ってはため息をついております」

書簡のなかで、彼女は愛とその快楽についてあらゆる評価をしつくしている。アベラールも、官能の悦びを尊重したことを隠そうとはしていない。「スキャンダルへの懸念や罪の意識さえ、互いを自分のものとしていることの悦びにくらべれば、些細なものであった」

しかし、それから何年もの後、アベラールは、エロイーズの「執拗な嘆き」に直面してうろたえ、災厄のために「傷つけられた魂のおさえがたい力」にとまどいながら、論理学の徒として、かつての弟子を説得しようと絶望的な努力をする。彼は、ふたりの愛の過去を、単なる淫乱でしかなかったと貶める。あれは病のようなものであった。こうした悲劇をとおして神はそれをいやそうとされたのだ、と。アルジャントゥイユの修道院にエロイーズを訪ねたときのことを回想して、彼はこう述べる。「私はひそかにあなたに会いに行った。ほかに行く場所がなかったので食堂に行き、その片隅でなすべきでないことに身を任せたことは、あなたもむろん覚えているだろう。あのときの淫らな振る舞いは、聖母マリアに捧げられた聖なる場所にあってなんと不謹慎なものであったことか」

そのときの熱情を、彼は「不純で破廉恥な欲望」と呼ぶ。彼女が拒んだにもかかわらず、「欲情」にかられて彼女にせまったのは恥ずべきことであったと告白し、かつては「甘美な悦び」と呼んだものを「みだらな情欲」と言い換えてはばからない。苦悩、離別、公の目にさらされた恥辱。これらをもってふたりを「ぬかるみ」のなかから引き出したもうたのは神のご意思であった、と認識しているのだ。

こうした言葉を記したころの彼は、修道士であるうえに、迫害されて苦境におかれ、去勢されかつ病身であった。もはや、情熱の呼び声に耳をかたむけるような状態になかったのは言うまでもない。「甘い悦び」を思い出し、たとえば「私があなたのものだということを忘れないでほしい」といったやさしい言葉づかいをしているのも、こうした悲しみの日々のことなのである。

彼の判断が、たえず交錯したり相反するものとなるのは、それ自体すでに矛盾に満ちている前後の状況が、深い意味を秘めているためなのだろう。

エロイーズにおいては、甘美な記憶がすべてに勝っているが、それでもやはり、当時の教育や宗教的観点に見合う否定的な見解も、彼女がいだかなかったわけではない。「わたくしはわたくし自身の快楽への願望を満たしたかったわけではありません。あなたとあなたの欲望を満足させたかったのです。それはあなたもよくご存じです。」エロイーズのこの言葉を読んだペトラルカは、これを「きわめて甘く心地よい媚び」と見なした。この判定は正しかったのだろうか。後になってエロイーズはこう言い切っている。「あのころは、わたくしの行動が愛ゆえのものか、それともわたくし自身の願望ゆえのものかといぶかる人もあったことでしょう。でも、今になって結末をみれば、わたくしの心情の真の姿は明らかです。あなたのご意思に従うためならば、いかなるものであれ、喜びはすべて断念いたしました。」ここにおいて、彼女は、愛する人の欲望をけがらわしいもとの見なしている。それでもおそらく、ペトラルカが言ったとおり、少なくとも物語的な意味あいにおいては、すべてが「典型的に女性的」なのだ。愛する人に服従しようという心情も、それを告白して相手に媚びようとする姿勢も、きわめて女性的である。

肉体的愛は、その記憶がいかに甘美なものであろうとも、ほとんど背徳に等しいと見なされていた。思い出にふけりながら、同時に、厳しいが万人に共通の掟から発する非難に甘んずる。相容れないようなこのふたつの姿勢に接すると、当時の社会通念や信仰をさらに広く究明したくなる。内なる苦悩が揺れ動くのは、まさにそうした外的状況ゆえであるのだから。

性の問題について理論的な立場から分析したものはほとんどない。どのような事件があったか、何がタブーであったか、などについての史料も多くはない。しかし、残されているわずかなものから、十二世紀の男女の関係についてあるていど概要をつかむことはできる。人生に対立や困難が生じたときに浮上してくるのは、その時代の規範でありモデルである。

結婚していない者どうしの肉体関係を、中世の学者たちは、自然の法則にそむくと判断はしなかったもののこぞって、死罪に匹敵する重罪であると考えた。子孫繁栄にむすびつく結婚のみが性の営みを正当化しうるものであった。十二世紀の判決文に残る議論はこの点にとどまっている。では、結婚の定義と、その役割はどのようなものだったのだろうか。

手紙、特別な事件に対する論評、一般的傾向についての考察、結婚についての公会議の決定についてのある明確な立場など、生活に密着した個々の出来事を証言する書類が残っている。こうしたものから、また新たな側面を垣間見ることができる。

だれしも認めることであるが、性はすべての生命体にかかわるものである。その目的が、快楽か、それとも生殖なのか、それを規定する必要があるのだろうか。この議論の出発点は、つねに『コリント人への第一の手紙』の、あの刺激的な一節（第七章二五―二九）である。「童貞については主からなんのお指図もないが、主のおかげにより信頼に足る者として忠告する。人がかくのごとくあるのはよいことである。もし妻があれば別れぬようにせよ。もし独り身ならば妻を求めるな。妻を娶っても過ちではないし、処女が結婚しても罪にはならない。しかし、かかる者たちは、肉の試練を受けるであろう。私はそのような目にあわせたくないのだ。あなたがたに言う。時は短いのだ。今後妻を持つ者は、妻を持たぬかのように生きなさい」

ところで、聖パウロは、「女性」の問題のところですでに見たとおり、判断基準をふたつ持っている。結婚においては人類とキリスト教社会の繁栄を目的とする。全き貞潔においては魂の完璧を目的とする。プラトン以後のギリシア人にあっては、物質的であることによって魂の完璧が失われざるをえなかったと、彼は考える。そこで現実世界では、セックスが結婚によって保護されると同時に、徳および価値の位階制が設けられた。今日のわれわれにはおよそ満足いくものではないが、中世のキリスト教世界では、これがごく自然なものとして受け入れられた。性の営みがタイプ別に分けられ、それが、公式見解によって成文化された人間の身分にそれぞれ対応していたのである。特定の身分の役割や義務にふさわしい性のあり方がどういうものであるか、厳密に定められていた。興味深いのは西暦一〇〇〇年の終わりころ、髭なし《ル・グラーブル》ロドルフが、ロイタールという男を異端であるとした、一見逆説的な告発内容である。ロイタールは「平民」すなわち世俗の男であった。教会の記録によれば、あるとき彼は蜂の大群に襲われるという特異な苦い体験をし、その後、人間に「考えられないこと」を要求する「悪魔の使者」と見なされるようになった。「考えられないこと」とは、容易に想像しうるような悪魔的行為とか放埒な性の営みなどではなく、逆に、この世を潔く捨てることであった。当時の異端運動の多くにおいてなされていたように、彼は極端な禁欲生活を始めたのだ。結婚はしない。富をもとめない。人づきあいも捨てる。これは、この世にあることに意味をおく教会を否定することになる。教会によれば、世俗の人であるロイタールは労働しなくてはならない。妻には夫としての義務を果たし、十分の一税を支払うべきである。これが彼が身分相応に果たすべき任務であった。キリスト教にもとづく結婚には、よき性生活がともなうべきであったのだ。

一〇二五年のアラス公会議の異端者の場合も、同様であった。彼らもまた、「肉の渇望」と性的な関係を避けるための訓練にいそしんだ。つまり、伝統的なしきたりや聖職者の命ずるところにそむいたのである。身分上定められた義務を果たさず規則を遵守しないのであるから、位階制にとっては危険な破壊集団ということになる。

ときのジェラール司教は彼らに警告を発したのち、大聖堂前の広場で華美な儀式をとり行って彼らを教会と和解させた。彼らはそれまで「悪魔の手先」であったとの烙印をおされ、結婚と性に対してもそれまでとは逆の姿勢をとることになって、問題は解決した。

記録によれば、この司教は、性にまつわる身の処し方を次のように仕分けしている。世俗の者はすべて結婚すること。少数の者すなわち聖職者は純潔を守ること。そして、こうした自らのあるべき道を踏みはずすことが悪の根源であるとした。異端の神秘主義が性をことごとく罪とみなす一方で、教会は、時と方法が適切で目的にかなった結婚をとおして、性を管理しようとしたのである。

しかし、聖職者全員が、これで同意していたわけではない。頑なな思想を代表するのはピエール・ダミアーニである。いみじくも彼は「人間の身体の法則は神の法則とは相対立する」と述べ、食物と体液がおぞましく混ざりあうなかで人間のあらゆる器官にひそむ欲望を、むかつくようなイメージのうちに描き出した。これが、人間の醜い姿なのだ、と。このような極端な見方をすると、結婚すら認める余地はない。結婚は肉体と魂の堕落であり、罪に対する最後の砦というよりはむしろ生物学的営みへの悲しい妥協にほかならない。動物と通じることのほうが、人間どうしの性愛よりはまだましだと彼は考える。なぜなら、動物が相手であれば、「堕落する魂はひとつですむ。ふたつではない」からだ。抱擁や女性の媚びも、彼にとっては忌まわしいものであり、愛の営みは、時の経過とともに肉体が腐敗していくことに等しい破滅につながる行為である。

道徳的な見地からして、結婚している者にとって、これでは救いがない。純潔な独身者よりもはるかに罪深いことになる。このような絶望的な見解を信者に提示するのは有意義でないと教会は心得ていた。そこで、公の教えとしては、キリスト教徒の結婚において「正当化」された性の規則にこだわったのである。

しかし、こうした公の教義のなかにも、性愛をいやしめる価値基準が、肉体と性を極端に嫌悪する少数派の教義におとらずひそんでいたこともまた、否めない。告白と贖罪を命ずる目的で作られた「贖罪規定書」に、それを見ることができる。

贖罪規定書は、道徳的な理論の実践的な側面を見せてくれるので日常生活についての有用な情報源であるが、評価にあたっては慎重でなくてはならない。禁止事項そのものは、実際にどれくらいの違反があったかを語ってはくれないからだ。懺悔する者たちの性行動は、たしかに贖罪規定書で検討されている項目の大半にかかわっていたのだろう。かなり精確な計算をした人がいる。その計算によれば、八世紀から十六世紀までに性の罪を犯した人の数は、罪人全体の半数を上回るという。

贖罪規定書によって厳しく禁じられたのは、同性愛、オーラルセックス（終身かけてこの罪をあがなった者もいる）、近親相姦、人前でのセックスなどであり、正常ではない体位を求めてエスカレートする性的想像にも、厳しい罰則が設けられた。尊者ベーダの時代である十世紀から定着した暦をもとに、愛の営みに費やしてもよい時間は著しく限定された。その暦は、のちに聖カルロ・ボッロメーオの著作のなかにふたたびとりあげられている。四旬節、クリスマス、復活祭、聖霊降臨祭には禁止。ちなみにアベラールは、エロイーズとともにこの掟を何回となく破ったことを、書簡のなかで彼女に思い出させている。このほか、毎週水曜と金曜、土曜と日曜の晩禱の時刻まで、十二使徒の祝日、主要な祭日も禁じられていた。さらに生理期間中、妊娠中および出産後四〇日間も不可とされた。ざっと計算すると、夫婦が性の営みを許されたのは年間五〇日ということになる。

いったいどうしてこのような規定が生まれることになったのか。どのような意味と目的があったのか。その答えを見いだすには、長く深い根をたどる必要があるだろう。多くのタブーを設けた聖書がその根源にあることは言うまでもない。あわせて、肉体を「魂の牢獄」と見なしたキリスト教以前の禁欲主義も忘れてはなるまい。この規定が実際どのていど守られていたかというのが、最も重要な疑問であるが、これには、正確な答えを出すことはできない。

これらすべての規定が、愛し合う者につねに重くのしかかっていたにちがいない。書物で読み、説教で若いころから何度も繰り返し聞かされた掟の数かず。異教であるとキリスト教であるとを問わず、禁止事項は心のうちに堅牢なものを作りあげていたであろう。

しかし、それとは対立する理論や信念もあった。それらもまた、愛し合う者たちに影響を与えずにはおかなかった。

アベラールとエロイーズが住んでいたパリの町には、町中を歌いながら歩く遍歴学生《ゴリアルド》たちがいた。彼らは肉体的な愛、肉体、人間の本性といったものについて、また違った考えを持っていた。ゴリアルドという名称の起源は定かではないが、悪魔の化身であるゴリアテに由来するとか、喉《ゴーラ》が語源であるといった説がある。忘れてならないのは、この学生たちが神学生であったということ、出自や条件はさまざまでも、共通の宗教的基盤を持っていた、ということである。大半は豊かな家の出であったが、ブレッシャのアルナルド（アルナルド・ダ・ブレッシャ）の弟子たちのように、貧しい学生もいなかったわけではない。教会の恵みにあずかっているものもいたし、公の権力筋から援助を受けている者もあった。

しかし、ここでわれわれの関心を引くのは、その共通の考え方と生活形態である。学生たちは、生産し労働する市民とは異なり、消費するのみで、家族にも対しても職業の上でも責任を負わされていなかった。したがって、すぐれた師や居心地のよい場所を求めてたえず放浪した。これはまた、恋愛も永く続くことなくその場かぎりでありうること、権力との公的な関係においても、また私的な関係においても公平であることを意味していた。

彼らは、教会が示す禁欲的なモラルと、ときにはげしく対立した。教会が、人間の本性にひそむ悪への傾きやすさを強調し、本能をそれ自体すでに罪深い抑えつけるべき暗い力であると見なすのに対し、遍歴学生のモラルは、本性を、規律とエネルギーの普遍的な基盤、つまり「父なる神が最初に創りたもうたもの」と見なしていた。こうして、やはり宗教的な評価を通して、禁欲的な価値観が覆される。本性に従うのは善であり、そうした展望をもってすれば、愛は「真実のものとしての力をもって課せられる」。本性としての愛は「人間、動物すべてに共通して、種を存続させるための性向である」。その種の言い回しも、率直であり、かつまた正確だ。事物は、それぞれの名をもって、「ありのままに的確に」呼ばれるべきである。ずっと後になって、『薔薇物語』のなかで、〈理性〉が、宮廷の恋人たちの前で「睾丸を睾丸と呼ぶ権利」をとりもどそうとして次のように言う。「なぜなら神は、それなりの目的をお持ちになって、陰茎や睾丸に、生物の種を保存するための再生産の力をこめられたのですから」

こうしたモラルに従えば、生を抑圧し抹殺するような制度の役割は、当然否定される。だからこそ遍歴学生たちは、教会の規定の偽善を、歌やパロディーに託して非難した。教会は人間の自発性を封じ込めて、自らのエゴイズムと意識の低さを隠蔽している。結婚制度も、人間どうしのあいだに主従関係を作るための隠れ蓑であるとして、非難の的になった。

「ご主人さま、なんて女に呼ばれたいと思うやつ、そんなやつは女に愛しちゃもらえない。威張りたいなんて思ったら、とたんに愛は息もたえだえよ。自由ですなおな心のなかにしか、愛は生きていられない。心で愛し合っていればいつまでも続くのさ。結婚したいと思った日にゃ、愛はもうおしまい」

教会、結婚、領主制などの制度と並んで遍歴学生が槍玉に上げたのは、もうひとつ、贖罪規定書のモラルであった。贖罪規定書は、この罪に対してはこの罰をと、まるで料金表のようにためらいもなく単純に対応させている。個人的な事情を考慮しての情状酌量や、それが意図的なものであったかどうかといったことはまったく度外視されて、表面に現れた行為としてのみ罪が裁かれた。これによれば、愛するとは愛の行為をすること。殺すのは、どのような状況下のことであれ罪になるが、憎むだけなら、加害行為に及ばぬかぎり、罪にはならないのだ。

遍歴学生たちが標的としたふたつのもの。ひとつは、禁欲的な緊張のうちに堅固な純粋さを封じ込め、それをエリートの規範とする修道院的教養。もうひとつは、行為のうしろにどのような考えが潜んでいるか、その行為をおだやかにしたり凶暴にしたりするのがどのような意思によるものであるかをいっさい無視して、行為そのものの罪だけを究明する贖罪規定書であった。

贖罪規定書は、人びとの行動を広くコントロールしようとする教会の実質的要求に見合うものである。その一方で、遍歴学生たちは、人間の本性と自然発生的な感情の発露を追求したのだ。

つまり、愛は、議論のテーマとなりうるものであった。遍歴学生のモラルは、エロイーズとアベラールの思想にも、当然影響を及ぼすことになる。

第五章

午前中はずっと、エロイーズとアベラールとともに
過ごした……おもわずひとり言がもれる、
こんなにも愛されたのか、この男は……

D・ディドロ

ふたりの恋人は、共に読書し、愛しあった。男性が高名な師であったその恋は、うわさのたねになった。「情熱の虜になるにつれ、哲学をするための時間が少なくなり、学校もおろそかになった。夜を明かして愛にふけり、それ以外の時間は勉強にささげたので、学校に行きそこにとどまることが、たいへん辛く煩わしく思われるようになった。私の講義はマンネリでおざなりなものとなった。私の才知が語らせるものはもはや何もなく、ただ長年の修練から得たものを口に上らせているにすぎなかった。何か新しい発見があるとしても、それは哲学に関するものではなく愛の歌であった。もっとも、そうした歌の多くは今なお広く流布し、さまざまな地方で、当時の私たちがそうであったように、人生のほほえみを受けている人びとによって歌われているのだが」

そのころのアベラールの恋が、その程度にとどまらないものであったことを、われわれは知っている。

当時彼が書いた論理学の著作のなかに、興味深い命題が例としてあげられている。「プラトンはソクラテスを愛す」ではなくて、「ピエールは恋人を愛す」。あるいは「娘は彼女のピエールを愛す」。こうした例を出されて、弟子たちも退屈しなかっただろう。

アベラールは情熱家である。それは彼の恋愛ざたの前からつとに知られている。そのときまで、彼が情熱をそそいだのは哲学であり名声であり、まるで激情にかられた恋人のように、一途にこれを追い求めていた。しかし、プラトンも言うとおり、「若者にとって、愛の原理は幾何学の原理にまさる」。そして、幾何学は哲学にきわめて近いものであるから、この引用は、今この文脈にはぴったりである。エロイーズ、女性、肉体の愛。はじめて出会うこれらのものは、注意深く熱心な若者たちを前に講義をするより、はるかに魅力的であった。

もうひとつ、彼の自伝のなかに、いかにもアベラール的というべき注目すべき一面がみとめられる。学校の教材をふくむアベラールの著作のすべてにおいて一貫したテーマとなっているのは、天分と、反復練習によって時間をかけて習得される能力との対置である。知性とか創造性といったものは、生まれながらに授かった自然の恵みであり、神からの贈りものである。神からの贈りもの、という点を、アベラールは過剰に強調しはしないのだが、これが、われらが著者の深く確信するところである。たとえば、彼自身をふくめたブルターニュの人間は、ほとんど例外なくそうした天分に恵まれている。他の人びとは、いかに努力し、寝ずに頑張って研究し、訓練したところで、決して同じ成果をあげることはできない。論理学のような、創造性を要求する分野には向いていない、と言ってはばからない。

この特異な確信と彼の思想体系のあいだには、あきらかに整合するものがある。彼の好みの学問つまり論理学においては、テクストを検討し、山と堆積する注釈の外がわに存在する意味を探る必要がある。そのとき、天才のひらめきがものを言う。すなわち、アベラールの言葉を借りるなら、伝統的解釈ではなく、新たな発見がそこで特権を持つ。哲学研究には才能が必要である。この主張は、教育活動や教員養成などからすると、一見矛盾するように思われる。教員養成は、すべての人に受け入れられる方法でなされるべきものであろう。アベラールは、おそらく、気難しい教師であった。彼ははじめから生徒を選別した。ちょうど、かつて、たとえばランのアンセルムスに無能のレッテルを貼って教師をも選別したように。彼にとって論理学は、明らかに優れた学問であった。三科の中心を占め、学問に共通の言葉を伝達手段として備えているから、というだけでなく、まさに、そうした特性ゆえに、またとない傑出性を有していた。つまり、論理学においては、いちど通った道を引き返すだけの分析的な側面よりも、創造的な側面のほうが重要なのだ。こうした確信に裏づけられてアベラールは、論理学と深く同化していた。修道僧となったのちも終生これを教えつづけたのだ。論理学は、彼を高所へ導き、大勢の人びとの嫉妬の的とした。論理学は最終的には彼を「世界の目の前で滅ぼした」。しかし、愛する人にあてた最後の手紙のなかで述べているとおり、アベラールとエロイーズの目の前では彼を滅ぼさなかった。だが、今ここで、不幸な時代について語るのは、まだ差し控えておきたい。

そのころ「人生のほほえみを受けて」、この先生は気もそぞろであったがしあわせだった。講義に新鮮味はなかったが、それを埋め合わせるように、パリの町かどでは彼の作った歌が歌われていた。残念ながら今ではそれらを知る由もない。

ここにひとつ、見逃せない事実がある。恋の炎に燃えた恋人は、愛の歌のなかにエロイーズの名前をふせることなく歌いあげたため、町じゅうで彼女の名前が繰り返されることになった。これは、当時の厳しい愛の掟に真っ向から逆らうものであった。古典的な詩の作法からしてもルール違反である。ローマ時代の詩人カトゥルスとプロペルティウスも、恋人を歌うにあたって偽名を用いた。宮廷愛の理論家アンドレアス・カペラヌスは、偽名使用を必ず守るべき約束ごととした。吟遊詩人や清新体派の詩人たちの「架空の恋人」は、ひとつの表現手段であったばかりでなく、オウィディウスが教えたとおり、愛に固有の神秘に属するものだったのである。

しかし、アベラールとエロイーズは、彼らのモラルに従って、価値や評価の基準を内面に移しかえていたために、世間的常識には無頓着でいることができた。恋人の作った歌が町じゅうで歌われ、そのなかに自分の名前があることに、不謹慎にもエロイーズはむしろ喜びを感じたらしい。知られることにつねに恐れをいだいていた宮廷詩の女性たちなら感じるであろう怒りともさげすみとも、およそ無縁であった。

「声がよいなら歌え。しなやかな身体があるなら踊れ。自然からの贈りものは残らず使って楽しむがよい」というオウィディウスの言葉にしたがって、アベラールは愛の歌を作曲した。言葉と音楽の才能があることを、彼は自認していた。ほかにも作曲をしているところからもわかるとおりである。エロイーズは「彼の作るリズムの心地よさ」をのちに思い起こしている。彼の恋の弓には、二本の矢があったのだ。

もっとも、自伝から察するに、この歌は彼女をわがものとしてからのちに作られたもので、征服するためのものではなかったらしい。おそらく、勉強にあてられたふたりきりの静かな夜に、「愛を語りつつ」、エロイーズははやくも彼の腕に抱かれていたのであろう。歌という道具は、哲学者騎士の愛の攻略には、役に立たなかった。自然な感情のおもむくままに、きらびやかな才能を思うぞんぶん利用して、アベラールはその娘に対する愛を公然と告白したことになる。しかも、彼は、パリに住むだれもが興味を持って当然の、高名な師だったのである。

結果はたちどころに現れた。ふたりを信頼していた叔父フュルベールも事実を知るにいたる。そこで、待っていたのは「恥辱と苦悩」の日々であった。エロイーズは著名な師である彼を襲った不名誉にとりわけ心を痛めた、アベラールはそう指摘している。

しかし、それでふたりの愛が終わることにはならなかった。「離ればなれにされて会えずにいると、われわれの心はいっそう緊密に結びついた。愛を満たすことができないためにいっそう燃え上がった。スキャンダルを引き起こしてしまったのはもはやとりかえしのつかないことだと思うと、そのために動じることもなかった。お互いを自分のものとしている喜びの大きさにくらべれば、罪の意識はきわめて小さなものだった」とか「スキャンダルを引き起こしてしまったのはもはやとりかえしのつかないことだと思うと」といった表現は、自伝のなかに読み取れる修辞や文学の知識を一瞬にして消し去ってしまうようだ。ユニークなふたりの情熱と喜びが、罪の意識を消し去ったように。

歴史的にとらえてみると、その当時、この種の「罪の意識」は、きわめて強く、しかも幾重にも重なるものであったにちがいない。結婚していない男女の肉体関係は神を冒瀆するものであり、家族と親族に対する不忠であった。さらに、心の内なる規範を大きく崩すものであって、魂喪失の恐怖にもつながった。ところが、「お互いを自分のものとしている喜びの大きさにくらべれば、罪の意識はきわめて小さなものだった」のだ。己の生きる世界と時代のなかにあって、このような内面的挑戦をいどむことができるのは、偉大な個性をおいてほかにない。

やがてエロイーズは「身ごもっていることに気づき、喜びにあふれる手紙を書いて、何をなすべきかピエールの指示を仰いだ」。子どもができたとあってスキャンダルはさらに大きくなり、ややこしい事態になった。それにしても、一六か一七歳の娘のこの喜びようには驚かされる。このときふたりは別れ別れになっていて、手紙でやりとりするしかなかったのだが、この事実が、何かの解決につながりえたのだろうか。のちに見るとおり、エロイーズは結婚を望んでいなかった。子を宿したことは、エロイーズにとって、ピエールとの確固たる絆のまたとない証しであったのだろう。歴史家たちがとまどうのは、彼女がこれほど喜んでいながら、以後何ひとつ、母親として息子について語らないということだ。この沈黙についてはさまざまな潤色がほどこされてきた。エロイーズの想いはひたすらアベラールに向けられるのみで、母性愛すら入り込む余地がなかったのだろうか。

セビリャのイシドルスは「子どもは純粋さから《プエル・ア・プリタス》」と言った。「子ども」という言葉の語源は「純粋さ」なのだ。しかし、中世の思潮において、子どもはおおむね世間に認められないものであり蔑むべきものであった。サン・ティエリのギョームの言葉を借りれば、子どもは、具体的な姿を持つがゆえに「人間の悲しい性《さが》」を思い起こさせる。「いかに愛されかわいがられていようとも、たとえ王侯貴族の子どもであろうとも、貧しい子どもと異なるわけではない。これから始まる不幸な人生を呪って泣く、あわれな小動物にすぎないのだ」

ある夜、アベラールは、十九世紀の小説さながらに、エロイーズを叔父の家からひそかに連れ出し、遠く離れたブルターニュの、おそらくは妹ディオニシアのもとへ連れて行く。娘はそこで出産までの日々を過ごすことになる。この逃避行には、エロイーズも積極的に賛同した。ここでもうひとつ注目すべきは、彼女がこのときはじめて、ヴェールで姿を覆ったことである。人に知られぬようにと、尼僧に変装したのだ。のちの彼女の運命を予言するような姿であるが、しかし、身重でありながら僧服を身につけたのは、一種あざけりのようにも受けとれる。のちにふたりは「修道女を不敬にも揶揄した」として非難をあびることになる。何年ものちになって、アベラールは手紙のなかでこれにふれている。「神は、あなたが冒瀆した衣服をまとって罪を贖うことをお望みになった。あなたの過ちを、現在の事実をもって償うべく、あ

ブルターニュのエロイーズ。かたわらに幼いアストロラブがいる。アストロラブのその後についてはほとんど判っていない。アルジャントゥイユで修道僧になったと思われる。

なたが装ったものに実際になるよう望まれたのだ」

子どもが生まれた。男の子だった。両親はアストロラブという名前をつけた。今日ならさしずめ電子《エレクトロン》とか粒子《ポーズ》といったところだろうか。アストロラブとは、古代に発明され、十一世紀初頭にアラビア人が改良した天体観測装置である。イギリスの哲学者バースのアデラードが言及したのをきっかけに、西洋世界に普及した。ギリシア語を多少は解し、遊び心もあったふたりは、この名称のもつ「星をつかまえる男」といった詩的意味合いにひかれて、こんな命名をしたのかもしれない。

エロイーズが家出したとあって、フュルベールは羞恥と苦悩に気もくるわんばかりであった。アベラールに対してどのような態度に出るべきか。命を奪うか、それとも傷を負わせるか。しかし、大事な姪がブルターニュにいる以上、彼の家族の報復が彼女に及ぶことも心配しなくてはならなかった。

「フュルベールの並大抵でない苦悩には私も心を動かされ、愛ゆえにたくらんだ策謀にも後ろめたさを感じるにいたった」と、アベラールは記している。「まるで取り返しのつかない裏切り行為をしたような気になって彼に会いに行った。許しを乞い、償いのためなら彼が望むいかなることも辞さないと約束した。愛の力を経験したことがあるなら、そして有史以来、どれほど多くの偉大な男たちが女ゆえに破滅にいたったかを思い起こすなら、今回の出来事もご理解いただけるのではないか、とも言った。彼に落ち着きをとりもどしてもらおうと、お望み以上に安堵していただく用意がある、つまり、私の名声がそこなわれぬよう極秘のうちに行われるのであれば、誘惑してしまったお嬢さんと結婚することもやぶさかでない、と伝えた」

エロイーズとの結婚はアベラールにとって「身分の低い者との結婚」になると彼が考えていたのは明らかだ。つまり、彼女の家柄が高くない階層にあったことが裏づけられる。このとき、エロイーズが堂々と舞台に踊り出て自らの意見を述べる。見方によっては知的できどった、また見方によっては風変わりだが情熱的な論法で、己の愛を立証した。つまり彼女は、結婚を拒んだのだ。その論拠をたどってみるのは無駄ではない。それについてはアベラールが『不幸の物語』のなかに記し、エロイーズもアベラールにあてた、われわれが読めるものとして最初の手紙でも述べている。これはペトラルカが「きわめて女性的」と表した手紙である。ニュアンスには多少のずれがあるものの、ふたりの書簡の記述とも本質的には一致している。

アベラールによれば、結婚しなくてはならないとすればそれはエロイーズの罪によるものだと彼女は感じていた。これは彼女自身も認めている。この発想に、われわれ今日の読者は当惑する。彼女はほんの小娘であり、彼は分別盛りの教師なのだ。どうして、彼女のほうに非があるということになるのか。仮にそれが罪であるとして、それなら、なぜそれをふたりで分かち合わないのか。女たるもの、年齢や無邪気さとはかかわりなく、罪人エヴァなのであった。

エロイーズは結婚を拒む理由をどこに見いだしたのだろうか。ひとつは哲学的論拠、もうひとつは宗教的論拠であった。それぞれに、十二世紀に固有の結婚観と恋愛観が反映している。

アベラールがエロイーズの言葉をひいて言うところでは、結婚が、哲学者のなかから最も優秀なひとりを奪うことになる。なぜなら、「結婚とは、どこからみても屈辱的で重荷となる」ものであり、「たえがたい煩わしさと絶え間ない退屈」をもたらす。というのも、キケロが言うとおり、哲学と女性の両方に同時にかかわることはできないからだ。「合法的結婚」の限界がここにある。学問と家庭、教壇と揺り籠、書物と糸巻棒、ペンと紡錘、それらはどうしても相いれない。

「考えてもごらんください」と、エロイーズは続ける。「聖書や哲学に没頭しているときに、子どもの泣き声、それをなだめる乳母の子守歌が聞こえてくるのです。召使いや女中が落ち着きなく歩きまわります。乳児はたえまなく汚物を撒き散らします。このような状況に耐えられるでしょうか。広大な屋敷があり、離れに部屋があり、いかなる出費もいとわず、日常の生活にわずらわされることのない富める者なら耐えられる、とおっしゃるでしょう。でも、哲学者と金持ちは違うのです。富を得るべく世俗の成功を求める人は、神学や哲学に身を捧げることはできません。そうであるからこそ、古《いにしえ》の哲学者たちは浮世をさげすみ、浮世から逃避し、哲学の懐に抱かれて安らぎをえようとして、すべての快楽に見切りをつけたのです。そうした哲学者のひとりセネカはルキリウスに手紙で警告しています。《暇なときに哲学するのではない。哲学に没頭するためにすべてを忘れなくてはならないのだ。そのために与えられた時間は、決して十分ではないはずだ。ほんの一瞬たりとも哲学をおろそかにすれば、完全にそれを放棄したに等しい。ひとたび気をぬけば、もう何も残らない。他のいかなる活動にも心ひかれることがあってはならない。他のことを急いでかたづけるだけでは駄目なのだ。それらはすべて捨てるべきものなのだ》と。つまり、今、私たちのまわりで、ほんものの修道士が神を愛するがゆえに行っていることを、高貴な異教の哲学者たちは哲学を愛するがゆえに行っていたのです」

問題はまだ、結婚そのものではなく、哲学の範疇で語られている。瞑想のためには独特の生活リズムが必要である。政治とか愛情といった世俗からは離脱しなくてはならない。さらにまた、貞潔、節度ある生活、ときには孤独さえも哲学は要求する。事物からは内的に離れ、実生活のいかなる側面にも心を動かされることなく、知的および道徳的緊張をもって理念を追求しなくてはならない。アベラールにとって、ピュタゴラス、ソクラテス、そしてエッセネ派の人びとが、そうした生活スタイルの手本であった。使徒パウロもそうであった。彼は貞潔を、強要はしないが勧告した。「もし幸運にも妻を持たずにいるのなら、無理をして求めることはない。心配ごとはないにこしたことはない」

ヒエロニムスは、われらがふたりの恋人にとって、つねになくてはならない存在であった。彼は『ヨウィアヌスを駁す』のなかで性をさらにはげしく嫌悪する思想を強調している。だが、標的とすべきは性ではなく、義務を伴い、避けることのできない義務をさらに生ぜしめる制度的な結合としての結婚である。

ヒエロニムスの理論は、宗教的なものと哲学的なものに分けられるが、そのすべてにキリスト教以前のユニークな人生観と世界観が刻印されている。あらゆる関心を、個々の魂とその運命、そしてその向上に集約させる。こうした考え方において予期されるのは、不滅の魂の存在は言うまでもなく、人生そのものから可能なかぎり離れて暮らすことによってのみ得られる救済である。むしろ、今日のわれわれにとって人生であるものが、当時の哲学者たちにとっては、もうひとつの、真の生に移行するまでのひとつの段階であったのだ。プラトン主義の影、あるいは光が、キリスト教の教父たちによって濾過され、ふたりの恋人の時代にまで及んでいる。

果たされるべきは、家族あるいは共同社会といった政治的なものからの離脱、つまり、人間の理性の力を抑圧し、感情や情熱に人間を巻き込むものからの離脱なのだ。さらに厳密に言うなら、制度にくみこまれ慣例と化した感情や情熱と呼びうるもの、たとえば結婚の枷《かせ》からの離脱である。それにしても「枷」とはよく言ったものだ。心の自由な動きよりも警戒しなくてはならないのは、精神をこの世の固定した現実のうちに引き留めて理想の追求に歯止めをかけ、実は拘束以外のなにものでもない安定の保証を得たときの感情なのである。同じ論点に立って、プラトンは、感情を共有するもの、感情が収束する場所としての家族を、自らの国家から放逐したのだ。

アベラールは、ギリシア末期の哲学者たちにきわめて近いところにいる。エピキュロス、ディオゲネスをはじめ、迷いから覚めたキケロ、セネカ、司教になる前のアウグスティヌスに近い。彼らにとって、神あるいはイデアをはげしく求めるべきこの世において、制度的に管理された結婚など敵視すべきものなのだ。中世においては、結婚が、さらにいまわしいものと見なされていたことは疑いを入れない。欲望を充足させるもの、子孫繁栄を目的とするもの、二家族間の契約、遺産を統合により保管するためのものであった。十九世紀のロマン主義が、宮廷の愛から借用して輝きを与えた愛（夫婦の愛ではなかったが）の片鱗すらそこにはみとめられない。そうした結婚観が優勢な時代にあっては姦通を理想化せざるをえないと指摘した人もいる。

エロイーズも姦通理想化の立場から遠くはなかった。彼女が生きた時代には、結婚と婚外の愛を対置して、後者に肯定的な評価を下す要素が数多くあった。まず、結婚が、先に述べたように理解されていたことを銘記しておこう。結婚の枠の外での愛は、遍歴学生をはじめ、洗練された愛を語る理論家や詩人たちの目にも、情熱まかせの自然で自由な選択と映った。計算された義務をまぬがれ、感情の力に合致した、魅力あるものである。「ご主人さまと呼ばれたい輩は愛されない」というわけだ。

オウィディウスの『愛の技《アルス・アマトリア》』が、十二世紀に広く読まれたのも、こうした思潮があったためである。この古代ローマの作品を、エロイーズは十分読みこんでいたはずだ。レトリックの知恵をもって隠してはいるものの、本能的な喜びをもって後にオウィディウスの論理を引用している。愛の関係にいっそうの生彩を与えるために一時的に別れ別れに生きること、情熱を燃え上がらせるために秘密をもつこと、制度や一般通念に妥協しないこと、などである。

結婚の絆よりも自由を彼女に選ばせたその奥には、もうひとつ、キケロの『友情について』もあった。

十二世紀に見なおされて広く読まれていたこの書物は、愛する対象が己の幸せや欲望よりも重さを増してはじめて、それが真の愛であり真の友情であると教えていた。結婚は、物質的にも社会的にも、女性にきわめて有利である。とりわけ、アベラールのような「著名で富裕な男」との結婚であればなおさらである。エロイーズは、己の愛が、キケロが定めるとおりのもの、私心を離れたものであることを願ってやまなかった。「友と呼ばれるほうが、いえむしろ恋人あるいは愛人と呼ばれるほうが嬉しいのです」と彼女は述べた。これを受けてアベラールは、気持の高まりにまかせるかのように「妻ではなく恋人とされておくほうが彼女にとっては嬉しく、私にとっては名誉なことだろうと彼女は言った」と記している。

それから一世紀以上も後のことであるが、ジャン・ド・マンは、エロイーズが修道院長の身でありながらこのように言いえたことを「みごと」と讃嘆している。ペトラルカは、手紙の写本を注解するうちに、「どのことばをとってみても、こよなく女性的でエレガントで心の寛い」エロイーズのやさしさを認識した。そして、感極まって、もはや写本のうちに閉じ込められた人物である彼女に、とつぜん「あなたは……」とじかに呼びかけているのだ。

エロイーズが結婚を潔しとしなかった理由がもうひとつある。もっともこれは、アベラールの社会的地位に配慮したもので、あまり高尚な主張とは言えないのだが。「宗教上の制約に縛られない異教の人や世俗の人ですら、己の義務を果たして生活をしているのです。聖職者であり、教会参事会員であるあなたが、聖務よりも快楽を選び、メッシーナ海峡のカリブディスの渦に真っ逆さまに落ちるかのように泥沼にひたりきりになるという、そのような恥ずべきことがあってよいのでしょうか。聖職者としてのご自身の義務をお考えになりたくないのでしたら、せめて、哲学者としての威信は守ってください。神への畏敬の念をもしもお持ちでないのなら、同じ不名誉にふたたび会われることのないよう、せめて自尊心は保っておいてください」

このテーマは、エロイーズの先の書簡には見られないが、アベラールの書簡では冒頭に置かれ、したがってある種の重みを持っている。

聖職者や聖堂参事会員の結婚は、禁止されてはいないがあまり好ましいものとはされていなかった。聖職者というのは、身分というより、生業として選択された職業である。記録の裏づけはないが、アベラールの叙階が低いものであったのは確かなことのようだ。ピエールが、「運命によって課された」講座を持ったことによって聖堂参事会員になったかどうかについても、確証はない。たとえばフュルベールについては、パリの公文書に、一〇〇二年から一〇二四年まで「参事会員フュルベール」の署名が残っており、確かな証拠があるのだが。

アベラールの著作集を最初に出版したデュシェーヌのように、写本の記録から、アベラールをサンスの聖堂参事会員と考えていた者もある。これがその記録である。「一一四〇年、ピエール・アベラール師死去。サンスの司教座聖堂参事会員を経たのち女子修道院を設立……そこの参事会員となり、のちに結婚」

結婚した参事会員が教壇に立つことが果たしてできたのだろうか。おそらくできなかったはずである。あるいは、すでに見たとおり、結婚は、自由恋愛以上に哲学にとって都合が悪い。自由な情熱を打ち砕く取り返しのつかない責務を伴う。それは師の名声を曇らせ、権威に陰りを落とすことになるだろう。このふたりの恋人の「ヒロイックな」モラルの世界に、われわれの常識的理解の及ばぬ側面がいくつもあることは否めない。

しかし、フランスで開催された公会議に関する最近の研究からすると、エロイーズが結婚を拒否したのには、どうやら法律にからむ理由があったようだ。参事会員でありながら結婚することは、事実禁じられていたのである。しかし、ここで忘れてならないのは、教会にかかわる者が独身であるべきだとする規定が、決して絶対的なものでも一般的なものでもなかったこと、それと、エロイーズの「パリの学校を主宰していらっしゃるあなた」という言い回しである。ここからするに、ピエールの仕事の場は、必ずしも教会付属の学校であったことを意味しない。アベラールは司教座聖堂に割り当てられた聖職者であって、役目がら参事会員の称号を与えられていた、というのが本当のところだろう。狭義の聖堂参事会のメンバーではなかったようだ。

弟子のひとりであったエルマンノ師が手を加えたものであるらしいアベラールの論述から、彼の結婚観を探ることができる。教材として書かれたものであるために、味気はないが明快である。

使徒パウロが指摘したとおり、結婚は「男女の合法的な結合であり、病気に効く薬」である。したがって、「男は複数の妻を持つことができるが女は複数の夫を持つことができない、という旧約聖書の結婚とは異なる。旧約聖書の時代には、神の民は数を増やす必要があったが、キリストの到来とともにそれはもはや神の摂理とは考えられなくなった」。アベラールによれば、その時代の個々のキリスト教徒は、聖書のなかの王たちになぞらえることができる。「複数の女性に熱をあげ、そのための心配りをしていたのでは、それだけで気持に余裕がなくなり、なすべき任務がおろそかになる」からという理由で、一夫一婦制を守ったからである。これと同じ論拠から、使徒パウロも、情熱が押さえがたく孤独に耐えられないときにのみ結婚するようにと勧めた。

アベラールはさらにつけ加える。誓いをたてた聖職者は、魂の救済にのみ専念するべきであり、結婚することはできない。だが、そうした命を受けない者には、結婚がゆるされる。

パウロからキケロにいたるまで、そしてアベラールも、愛について語っている。しかしアベラールが語るのは、結婚という枠のなかでの愛なのだ。「愛とは、愛の対象のために向けられた善き意思であり、もしもそれ以外の目的でだれかを愛しても、それは愛ではない。」発想も言い回しも、いかにもアベラール的である。神学の論文のなかでは、この、人間の愛が、神へと向けられた、より大きな無私の愛となって結実する。

これほどまでに時代がへだたり、しかも不完全なかたちでしか歴史にとどめられていないので、このふたりの恋人の真実の姿を読み取るのはなかなか骨がおれる。

アベラールは、自らの職業的将来を懸念していたのだろうか。あるいは、完璧かつ英雄的なモラルの理想にとりつかれていたのだろうか。エロイーズのほうがまだしもわかりやすい。アベラールの社会的地位への配慮から、徹底して哲学的な生活に対する憧れにいたるまで、彼の思想のすべてをあますところなく、しかも鷹揚に共有している。

彼女は、古典的なヒロイン、あるいは妖婦の台詞をもって、アベラールの計画に従う。「私の向こう見ずな決心を、どんなに説得しても変えさせられないとわかると」とアベラールは記している。「それ以上私を苦しめまいとして、涙とため息ながらにこう言って、この話題を終わりにした。《私たちに残されたのは、おたがいの破滅、愛以上の苦しみだけでしょう》だれもが認めるとおり、このとき、彼女は正しい予言者だったのだ」

そこでアベラールはフュルベールのもとに赴き、彼をなだめるために、彼が求める以上の満足を与える用意がある旨を伝えたのである。事実、アベラールは、名声を傷つけぬよう内密に行われるなら、という条件で、誘惑した娘を娶る決断をした。叔父は同意し、口づけをもって和解を約束した。しかし、このときすでに、叔父は、この約束を反古にする心づもりだったのだ。

見方によっては、ふたりの状況は決して特異なものではない。裕福な家の子息が三〇歳前に結婚せず、四〇歳近くなって妻を持つのは異例のことではなかった。アベラールは確かに豊かな家の出である。しかも、妻が自分よりはるかに年下の一四歳から一八歳くらいといったケースも少なくなかった。エロイーズが後に書くとおり、アベラールは「勇断ともいえる措置を講じて彼女と彼女の家族に対する責任をまっとうした」。しかし、結婚が内密に行われたそのために、ふたりの関係に影が落とされる結果を招いたのである。十二世紀の神学の議論において、秘密裡になされる結婚は、無効となる可能性を孕んでいた。当事者間に合意のあることが確認できれば、秘密結婚も無効とはならないはずであったが、ふたりの場合には、本人の意志の確認が困難なので、いかにもあぶなげにみえた。こうしたことはすべて、エロイーズの家族の反応を理解するために知っておく必要がある。

結婚の儀式は、早朝のパリで、フュルベールとその一族、それにアベラールの友人たちの立ち会いのもとにとり行われた。ピエールはこう述べている。「それから、人目につかぬよう、われわれは別々に教会を出た。その後は、われわれのしたことがなるべく知られないようにするために、稀にしかもこっそりと逢うのみとなった。ところが、彼女の叔父のフュルベールとその一族が、自分らの不名誉を晴らしたくて、われわれの結婚を言いふらして歩いたのだ。そこでエロイーズは、結婚は本心からのものではないと強く主張するにいたった。憤慨した叔父は、彼女をたえまなく虐待するようになった」

そのときのアベラールの行動には、いささか理解しがたい点がある。彼はエロイーズを、彼女がかつて教育を受けたアルジャントゥイユ修道院に連れて行った。そこで、結婚した彼女にその資格はないにもかかわらず、僧服をまとわせる。アベラールをだれよりもはげしく非難したのは、五〇年ほど前にエロイーズについて本を著したシャリエ女史であるが、彼女が指摘したとおり、彼のとった手段はあまり感心できるものではない。妻を叔父の虐待から引き離し、かくまおうとしたのは、容易に理解できる。しかし、なぜ、ほかでもないアルジャントゥイユへ連れていったのか。彼女はそこで教育を受けたのだから、すぐにだれもが想いつく場所であるというのに。そしてなぜ、修道女の姿をさせたのか。ヴェールはつけさせなかった、とアベラールは明記している。ヴェールは、すでに誓いをたてた聖職者の印であったから、さすがにそれは避けたが、変装させることによって冗談めかして神を冒瀆したかったのだろうか。同様のことは、息子の誕生前のブルターニュへの逃亡のときにも起こっている。しかし、これは、この人物に対する反感から生まれた臆測であろう。十八世紀、十九世紀ともなれば、そのころの小説に見るとおり、僧服姿の人は町にあふれていたから、人目をひかぬためにはこれがなによりの服装であったにちがいない。

フュルベールとエロイーズの一族にとって、それはしかし、屈辱的なことと映った。アベラールはエロイーズを厄介払いするために修道院に入れたのではないか。彼らは陰謀を企てた。召使いたちを買収して、ある夜、アベラールが自宅の奥の部屋で静かに休んでいたところを不意に襲わせ、「だれもが驚き呆れるようなきわめて残酷かつ恥ずべき方法で」彼を罰した。暴漢は、彼らの苦悩の源となったピエールの身体の一部を切断したのだ。賊のうち、逃走に失敗したふたりは捕らえられ、目をえぐられ、同じように生殖器を切断された。そのうちのひとりは、ピエールがとりわけ信頼し、目をかけていた男であった。金につられて裏切り行為に及んだのである。

フュルベールが、われわれの目にはいかにも奇異に映る報復に及んだその動機については、辛辣な臆測も種々とびかった。叔父が姪を恋慕しており、嫉妬にかられたのではないか、など。もっとも、これは、中世の、悲劇的でロマンティックな騎士物語的解釈とでもいうものだろう。アベラールへの宮刑は、フュルベール一族の正当な復讐であった。事件の性質からして例外的なことではない。罰金刑より体刑を重視

エロイーズの逃避行。エロイーズをアルジャントゥイユに連れて行くにあたってアベラールが選んだ服装は神を冒瀆するものであった。これが後のふたりの自責の原因となる。

する慣習は、古代以来の価値観と行動様式を保持する不文律として生きており、中世フランスでは、法律と同じ権威を持つものとして、こうした報復手段が用いられていた。宮刑もすでに形式として確立した復讐のひとつだったのである。中世においては、名誉を守る手段として、また文学のテーマとして、体刑は大きな意味を持っていた。ダンテによっても力をこめて語られている。

エロイーズには、父親と父系家族がなかった。アベラールの陰険でうさん臭い態度によって傷つけられた名誉を回復する任務は、まず、叔父フュルベールが引き受けねばならなかったのである。古代の法典には、復讐手段としての身体の切断が記載されており、実際しばしば実行されていた。どの器官を切断すべきであるかについての指示はなく、罪を犯すのに用いられた器官を切断するものとされていた。フリードリヒ二世は、領主の妻を犯した農民の「精液の器を不具にせよ」と命じている。それが、第一に考えつく手段だったのだ。

重罪人に対しては、こうした復讐が繰り返しなされていた。哀れむべきは、慣習法にしばられた、貧民、召使いたちである。

ドゥイユのフークは、後にアベラールに宛てて手紙を書いている。「パリの位の高い司教がピエールの受けた傷害を嘆き、許される範囲内でしかるべき裁きが行われるようにとできるかぎり努力した。聖堂参事会員や聖職者の多くが嘆き悲しんだ。市民たちも、町が流血に汚されたことを嘆き、自分たちに対する侮辱でもあるとした」フークは、さらにつけ加えて言う。「女たちの嘆きについてはさらに繰り返す必要もあるまい。きみという、彼女たちの騎士を失ったことに涙を流したのだ」

アベラールが特権的な立場にいたことがよくわかる。彼に対する侮辱は、そのまま師たるものへの侮辱、ひいてはパリ市民に対する侮辱と受け取られたのである。

おそらくアベラールは、教会法の定めるところにより、騎士として生まれ哲学者でもある自身の言葉に耳を傾けてもらえるものと期待していただろう。当時は、ふたつの法律圏が共存していた。中央の力で成文化され、したがって優位に立つ法律と、口伝えの法律である。後者がときに前者を侵すこともあったが、そうした違反はとっさのものなのでおおむね容認された。たとえば決闘も、十九世紀までは、侮辱に対して名誉を守るための正当な対応と考えられていたが、成文法のレベルでは罪とされていたのである。

苦悩と怒りにとらわれたアベラールは、成文法に訴えて復讐しようと考えた。しかしこの哲学者に、希望の持てない状況であることを説明して思いとどまらせたのはフークである。「けちくさい、どうにもならない発想は捨てたまえ。ローマ人の貪欲さと腐敗について、きみは聞いたことがないのか。ローマの娼婦たちのあくなき欲望をどうやって満たすのだ。彼らの欲を満たせる財布はない。きみは笑い者になるだけだ。正当な裁きなど得られないよ」

復讐したいと思うなら、それはすでにほとんど達成されたと考えるべきだとも、フークはつけ加えた。実行犯は目をえぐられ去勢され、犯行を企てたことを否定した男は追放され財産を没収されている。だからアベラールも、司教や参事会員のところに赴いて、判決を下してくれと、できもしないことを求めるべきではない。「むしろ、真の友の賢明な忠告に従うべきだ。修道士の名にふさわしい徳をつもうとする者は、さらなる復讐など考えるべきではない。恫喝や尊大な発言は慎むべきだ。不当な侮辱は、それを受けた者ではなく、それを与えた者の悪名として広まるものだ。きみが敬虔なる覚悟を抱きつづけるなら救われる。きみの失ったものを、キリストが大きなかたちにして返してくださるはずだ」

悲劇の翌日には、アベラールもそこまで復讐心に燃えていたのだ。その後何年も経過したのち、彼はこの事件に別様の見方を示している。復讐心も怒りもその片鱗すらとどめていない。自らの悲劇を昇華させ、神の救済の意志によるものであったとの意味をこの事件に持たせる。そして時間の経過のおかげで修道士としてのおだやかな感情を得るに至ったことを自伝に述べている。「私のほうが先に裏切った男が、私に復讐したのだ。なんとも正当なことだ。わが敵どもは人間としての正義をまっとうできて喜んだのだ」

一方エロイーズは、それから何年もたって修道院に入ったのちも、この罰が意味深いとはいえ不当に感じられ、いまだはげしい憤りをおぼえる。「そればかりか、私たちの罪を白日のもとにさらそうとして、完全な価値の転換が行われたのです。私たちが愛のよろこびに身をまかせていたあいだは、峻厳な神も大目に見てくださっていました。それなのに、私たちが立場を合法的なものとすると、つまり結婚によって世にみとめられない関係を清算すると、そのとたんに神のお怒りが私たちを完膚なきまで打ちのめし、もはや聖なる結婚によって浄化されたはずの愛のしとねを、一瞬たりとも許してはくださらなかったのです。あなたの罰も、姦通の現場で下されたものなら、頷けます。でも、あなたは結婚していて罰せられたのです。ふつうなら、愛人との不倫の関係の報いとして受けるものを、あなたは正式な結婚のゆえに受けたのです。貞節であるだけ、いっそう敬虔な生活を私たちがしていたまさにそのときに、あなただけが、私たちふたりの罪をひとりで贖うことになったのです。罪を犯したのはふたりでしたのに、償いをしたのはあなただけでした。それも、罪のより軽いあなたが償ったのです。あなたは私のために、すでにご自身を卑しめ、過ちに対して十分な措置をとっておられました。神の目にも、あの裏切り者たちの目にも、あなたが罪人と映ったのはおかしなことです」

キリスト教の教育を受けた精神には、悲劇は当然の応報と映るものだ。しかしエロイーズはそうした思想に抗い、神の摂理にある意味で異議をとなえている。この論理は、ほかでもない師アベラールが教えた倫理学のなかに見いだしたものであった。

それから一世紀ののち、『薔薇物語』の作者ジャン・ド・マンがこの事件をふり返り、個人的で詩的、かつ世俗的な解釈をした。このふたりの恋人のエピソードを、彼は、「自由な」愛とは両立しない法的結合としての結婚を否定する文脈のなかにはめ込んでいる。言うまでもなく、エロイーズが「自由な」愛のヒロインである。ジャン・ド・マンは、大胆にも史実を無視し、読みこんでいたエロイーズの手紙の一節をこじつけて、アベラールが宮刑を受けたのは、女性側の警告を無視して結婚に及んだ結果であるとしている。

「彼女を深く愛していた彼が書き残しているとおり、彼は彼女の警告にさからって結婚し、そのためにきびしくこらしめられた。」フュルベールのことにも、そしてまた結婚が秘密裡に行われたがゆえに裏切りという印象を持つ人があってそのために復讐が計画された、といった事情にも一言もふれられていない。これらはすべて、自由で公平な愛を弁護するジャンにとってはどうでもよいことであった。エロイーズのすばらしい言葉のなかに最高の論法を見つけたのだから、それでもう十分だったのだ。「ピエール・アベラールは、かつての恋人であるパラクレの修道院長エロイーズが、彼との結婚をなかなか承諾しなかったと書き残している。知性と教養にあふれ、彼をふかく愛し、また彼からもふかく愛されたこの若い娘は、聖書を引き合いにし、妻が賢明な場合であってさえ結婚生活はきびしいものなのだと論証し、彼に結婚を思いとどまらせようとした。ときたま会うだけにするほうが、ふたりの悦びもたのしみも、さらに大きなものとなるでしょうと、繰り返し説いた」最後の一節は、エロイーズの言葉そのものである。

この事件からしばらくのあいだ、ふたりの運命は流れを変え、それにともなって絶望の行く先も方向を変える。

アベラールは語る。事件の翌朝、パリじゅうの人びとが彼の家の前に集まってきた。人びとの嘆きが大きいので、彼の苦悩もいっそう増した。とりわけ、弟子たちや同僚の同情が辛く、恥辱が肉体の苦痛以上にこたえた。前日まで享受していた特権や名声に思いを走らせ、一瞬のうちにそれらを奪った不運を思った。去勢された者を汚れたものとする聖書の一節が彼を苦しめた。「字義どおりの意味である」とそこに記されていることも思い起こした。しかし彼は、使徒パウロの教えに従って、弟子たちに対しても、文字のかなたにあるもの、表面の文字づらの奥に隠された暗示的な意味、精神的な意味を読み取るべきであるとつねに教示していた。それを思うアベラールの苦しみを考えると、われわれも心を揺すられる。

フュルベールのこの報復には明確なひとつの目的があった、と考える者もいる。聖書は、去勢された者を聖職者の座から排除している。したがって、ピエールの司祭への道が閉ざされることを目論んだ、というのである。だが、後に彼は司祭になっている。「落胆し狼狽していた」アベラールは、パリ郊外サン・ドニの、一〇九四年以来アダムが院長を努める修道院に隠れ場所を求めた。「宗教上の召命に応えてのことではなく」、講義の評判の高かった学問の人として「羞恥心に耐えられなかった」ためである。「世俗の哲学者から神の哲学者になることを望んでいた」のだ。

修道僧となるに先立って、アベラールはエロイーズの行く末を案じた。最終的に彼女は彼と同じ道に入ることになる。「私の命ずるままにエロイーズはすすんでヴェールを被った」ずっとのちになって彼は「己の苦悩とエゴイズムのゆえに盲目となり、わけがわからないほど狼狽していた。女性が同意するのを当然と考えたのは、自らの論理を忘れていたためだ」と反省している。

「大勢の人びとが彼女を哀れみ、修道院の規則が耐え難い責め苦でもあるかのように、若い彼女をそこから引きもどそうとしたのを、私はよく覚えている。だが、何もかも無駄であった。涙とすすり泣きに包まれながら、彼女は、あのコルネリアの嘆きを、熱情を押し隠すかのように繰り返していた。《ほかの婚姻にもふさわしかったであろう高貴な夫よ。これがそなたの運命なのか。》この言葉をつぶやきながら、足早に祭壇に近づき、司教の手から祝別されたヴェールを受け取ると、生涯修道の生活を送る誓いを皆の前でたてた」

ふたりの物語はこれで完結したかに見える。が、そうはならなかった。

エロイーズとアベラールはもはや、われわれが最初に知ったときとは別の人間である。一一一八年ないし一一一九年の今、高名な師は、己の将来のために何をなすべきであるかもわからない苦境の僧侶となり、勉強好きで情熱的な娘は、二〇歳前にして絶望のうちに尼僧となった。

ふたりがはじめて出会ったときから、わずかな時間しか経っていない。おそらく一年か、長くても二年である。

アベラールの自伝の、ほぼ五分の一を占めていたエロイーズが、この時点でほとんど完全に姿を消す。先になって、ほんの一度だけ、彼女についてのきわめて重要な記述があるのみだ。この後、孤独な人生について多くを語らずにいられないのはエロイーズのほうであるのだが。

第六章

私の心はまだ老けこんではいなかった、エロイーズと
アベラールの不幸に動かされたのだから……

ヴォルテール

ピエールは回想している。「私の傷が癒えると、聖職者たちが大挙して会いにやって来た。私と修道院長に対し、それまで私が金と名誉のためにしていたことを、今後は神への愛のために再開するようにとしつこく要求した。神が私に授けた才能に利子をつけて返済すべきであると主張した。それまでは富裕な人びとを相手にしてきたが、これからは貧しい人の教育に携わるべきだ。肉欲から解きはなたれ、世俗の喧噪からも離れて、時間のすべてを学問に捧げることができるようになったのは、神の手が特別に私をお選びになったためと認識すべきであると言うのだった」

十二世紀のパリでは、教師の俸給は弟子たちから直接支払われていた。弟子を数多く持つということはより大きな収入を意味したので、教師たちはエリートコースを歩んで成功をおさめることを望んでいた。大金をもった人が大勢集まる都会では当然のなりゆきであったが、修道院付属の学校で神に奉仕すべく教鞭をとるという禁欲的な理想とは、まっこうから対立するものであった。ある面では古代アテナイにも比

肩する町となり始めていたパリも、また別の側面では華美で腐敗したバビロンのようになりつつあったのだ。先のピエールの引用のなかで富裕な者と貧しい者が対置されているのには、イデオロギー的な背景がある。僧籍にあって施設に所属する教師は、生徒から直接俸給を受けることがなかった。そのため、金が思うようにならない若者は、アベラールのような立場の者に弟子として受け入れてもらう可能性も大きかったのだ。町にあふれていた遍歴学生たちにも、公の機関からの援助がさまざまなかたちでなされた。あるいは、ブレッシャのアルナルド(アルナルド・ダ・ブレッシャ)のように、自らの自由な意思によって、貧しい弟子を多くとる教師もあった。司教座付属の学校にやって来るなかには、知の放浪の魅力にとりつかれた者、すなわち生活をやりくりしながらさすらう知の冒険者たる遍歴学生もいないわけではなかったが、大半は富裕な家庭の子弟であった。生徒たちの懐ぐあいと同じく、学校によって異なる教育理念も、実情にはあまり係わりを持たなかったのである。

「世俗の哲学者から神の哲学者への」転身。これはアベラールにとって何を意味するのか。教壇と名声、金と恋にこだわっていた教師が、修道院にこもって隔離され、神の栄光のために自らの職業にたずさわることになるのだ。

教師としてあれほどの異彩をはなったアベラールが、僧侶としても特異な人物でなかったはずはない。召命のゆえに選んだわけではない修道生活を、どれほどの情熱を傾け、いかなる教養をもって構築していったか。それは「修道女のための規則」と呼ばれる書簡から知ることができる。沈黙についての考察という、論理学の大家にしてはまことに驚くべきテーマが現れるのは、その書簡である。「修道生活の全体は、貞潔、清貧、沈黙の三つを柱に展開すべきである。福音書に記された神の教え、腰に帯を巻き(「ルカ伝」

世俗の哲学者から神の哲学者へ。僧服を身にまとったアベラールは，とつぜん老け込んだようにみえる。やがて，学問としての哲学にふたたびもどることになるのだが。

一二・三五)、所有はすべてしりぞけ（「ルカ伝」一四・三三)、無駄な言葉を慎む（「マタイ伝」一二・三六）ことに相当する。ルカ、マタイ、そしてパウロが、瞑想の手掛かりとなる。貞潔と清貧については後にふれることにして、ここでは、沈黙、すなわち修道生活の境界を決める見えない宇宙について、どう語っているか、見てみることにしたい。

「余計な一言は、饒舌と同じく無益である。過ちの原因となりうる発言には、特に慎重でなくてはならない。命とりで、かつ予防のむずかしい病のようなものなので、それだけに有効な対策を講ずることが必要である。聖ベネディクトゥスが《修道士はいかなる場合にも沈黙に専念すべし》と言ったのは、まさしくこれに備えるためなのだ。専念する、というのは、ある行為を成就するために精神を緊張させておくことであるから、これは、単に沈黙を維持するという以上のことを意味している。われわれが、おざなりにしたり、不承不承行うことはたくさんあるが、意欲と集中をもってしなければ、何事にも専念はできないのだ」アベラールのこうした考察は、彼の人生が転換しつつあることの印である。意味深い転換だが、しかし、驚くべきことに、そのために彼がかつての活動から引き離されるということはなかった。クリュニー修道院長が言うとおり、アベラールは最後まで「瞑想し、哲学と神学を教えること以外しなかった」。変わったのは、彼の行動の意味であったのだ。

沈黙と言葉、というよりむしろ人間が持つふたつの言葉の関係を、彼は次のようにとらえていた。「われわれの魂は主の飼葉桶につながれているようなものだ。聖なる瞑想のテーマを反芻しながら自らを養っている。そこで、沈黙の鎖につなぎとめられていないと、魂は桶を離れ、思いのままにあちこちをさまようことになろう。言葉が魂を外側に映し出し、魂は事物と向き合ってそれに熱中するようになるからだ。実際われわれは、言葉をもって人と話すように、思惟をもって神と語る。人間に言葉をかけるとき、われわれの注意は必然的に神からそらされる。われわれは神と人間の双方に、同時に注意を向けることはできないのだ」

アベラールの思想は完璧に修道士のものである。たとえば目の前にある文章を声に出して読んでみよう。視覚によって記憶すると同時に、筋肉を使って声に出して記憶し、さらに耳に訴えた言葉を聴覚によって記憶する訓練である。そこで瞑想は反芻されたものとなる。修道僧たちは文学作品のなかに、「反芻」という語を判で押したように使っている。アベラールも「主の飼葉桶につながれた」という比喩とともに用いているが、なかなか説得力のある、特異な語彙である。瞑想するとは、言葉を反芻すること、つまりアウグスティヌスが言ったとおり、「心の口蓋」を使って言葉を嚙みくだき、飲み込み、完全に自分のものとすることなのだ。

二〇歳にしてすでに評判の教師となり、当時の著名な教師たちに激しい議論をいどみ、パリじゅうの女性に愛され、弁論を最愛の武器としていたこの男が、今では疑うべくもない真摯さをもって、沈黙を「真の対話」として正当化しているのだ。苦悩と諦めによって、沈黙の義務は、彼のうちで、よりすぐれた伝達の手段へと変わっていく。アベラールの思想は、十二世紀にシャルトルーズ（カルトゥジオ）会の修道院長であったギイ一世の証言とされるものによく似ている。

「私が思うに、幸せなのは、宮殿のなかで最高の栄誉のうちに暮らしたいと願う者ではなく、人里離れたところで慎ましく暮らすことを選ぶ者、安らいのうちに知恵をもって思索し、ひとり静寂のうちにとどまることを好む者である。名誉に輝き、威厳を保つことはまた、あらゆることに疑いを持ち、気苦労多くして心おだやかになる間もないことを意味する。最初のうちは心楽しいが、途中はわけがわからず、最後は哀しいものである。逆に貧しく孤独な生活は、最初はきびしく、途中はたやすく、最後は至福である。食事はつましく、衣服は質素に、言葉は控えめにして、貞潔である者は何も欲することがないのだから、何にも増して欲せられるにふさわしい。十字架に対する忠節から断食に励み、最高の節制をもって肉体と規律の双方に見合う食事をする。食べると決めたときには過度の食欲を制し、断食を決めたときには慢心を制するのだ。読書に励み、とりわけ宗教に関する書物を読み、その言葉の泡沫ではなく意味の中核をなすところに心をとめる」

ギイの沈黙のすすめは、禁欲のすすめにとどまっているが、アベラールのそれは、神との対話のすすめにまで至っている。

しかも驚くべきことに、アベラールにおいては、沈黙と論理学が相補いあう関係にあって対立しない。さまざまな論争のあるなかで彼がパリで教えたのが唯名論であったことからしても、これは真実でありうる。

唯名論とは、対話の有効性を明確に認識しようとするものである。人間をとりまく現実を表現するために人間が定め作り上げた言葉は、発声することによって言語活動および厳密に支配された言語システムの一部となり、緻密で信頼できる道具となるが、ただし、それは人間が認識しえた自然界の事物、個々の事象を指示するにとどまるのであって、つねに的確というわけではない、とアベラールは指摘する。普遍的概念という広大な領域は未解決のまま残される。アベラールは自らアリストテレスの弟子をもって任じ、「すべて存在するものは個別である」という思想を信奉していた。「普遍的な実在は存在するか」という命題は、形而上学のものであって論理学のものではない、したがって弁証学を教える者の守備範囲の外にあるものと認識していた。

加うるに、古《いにしえ》の文法学者や論理学者と同じく、彼は「語彙の貧困」を感じていた。哲学する頭脳にひしめく概念に比べて語彙の数が少なすぎる。そのためにも的確さを欠くことになる。さまざまな問題と多様な価値観をかかえる知の世界が、これではまるで、いざコミュニケーションをしなくてはならないときに、とんでもない不良品を差し出すようなものだ。こうした限界を自覚してはいても、言葉は哲学者にとって唯一の手段であるのみならず、科学的で強力な道具なのだ。言葉は、個物からさらに広く種にいたる名辞のヒエラルキーのなかにあって、実在とその共通する姿を組み合わせ、緻密な規則に従って組み立てられた文章の連なりにおいて順序だった証明を繰り広げ、真理を探究してみせるのだ。

しかし、最も完璧かつ確実な立証の方法である演繹的推論であっても、人間が認識する自然界の事物の領域を越えることはできない。僧侶にして教皇であったグレゴリウスの次の言葉を、アベラールは座右の銘としていた。「神の言葉をドナティウスの法則にあてはめるのは恥ずべきことであると考える」ドナティウスとは四世紀の著名なラテン語文法学者であり、中世の著述家たちにとっては大権威であった。

この論理学の師にあって、沈黙と「瞑想」が学問的な仕事を凌駕して広がっていった。人間の対話をきびしくコントロールする論理学が、宗教的な知恵に道をゆずったのである。修道士アベラールの、とりわけ一一二一年以後の著作には、沈黙と論理学の、弁証法による交替がみとめられる。こうした態度にいたらしめたのは、深い信念であった。

新たな状況のもとで、アベラールは教師としての仕事を続けた。まもなく、またしても学生が殺到するようになり、「彼らを受け入れる場所も、食事を賄うための土地もなかった」。ピエールは語る、「新しい状況にふさわしいよう、私はとりわけ聖書について講義した。だが、私が得意とし、皆も求めていた論理学もないがしろにしたわけではない。これを餌にして、講義に集まる学生たちを真の哲学研究に導こうと考えた。哲学の香りで彼らを引き付けたのだ。聖書解釈についても、世俗の書物の講義に劣らぬ力を主は私に授けてくださったらしく、その両方に通ってくる学生も増えるばかりになった。その一方で、ほかの学校の生徒数が著しく減少した。私の成功が、多くの教師たちの憎悪と嫉妬をかうのは避けられなかった。あらゆる方法で彼らは私を中傷し、とりわけふたつのことにおいて陰口をたたいた。ひとつは、世俗の書物の研究は修道生活の精神にもとるというもの、もうひとつは、だれからも習ったことがないのに、聖書を講義するのは僭越だというものであった。彼らの目的が、教師としての私の活動を妨害するところにあるのは歴然としていた。そのために彼らはたえず、司教、大司教、修道院長をそそのかしたのだ」

アベラール自身の言葉に従って、彼のやり方をわれわれも「二重の学問《ウテルクエ・ストウディウム》」と呼ぶことにしよう。アベラールの個性と興味にはいかにもふさわしい方法と思われるが、当時の教授法としてはきわめて風変わりな、異例のものであった。これはまた、アベラールの書簡の信憑性を裏づけるために、きわめて重要なテーマでもある。アベラールのものにちがいないとされる他の著作にも、奇異であるがゆえに敵の標的とされたその方法についての叙述があり、特性を示しているのである。

論理学と神学を二重に講義したことの弁明に、ピエールは教育的配慮を動機として持ち出している。神学よりは、世俗の学問である哲学のほうに関心があるにちがいない若者たちを引き付けるために、魚をひきよせる餌として論理学を用いたのだ、と彼は言う。この点には留意しておく必要がある。

おそらく、別のところにもっと深い動機があったにちがいない。信仰の基本には理性の解放があるとアベラールは信じていた。キリストの啓示とはきわめて単純かつ明白なものであり、そこに合理的で普遍的な真理そのものが現れると信じていたのだ。信仰に比べて、理性は広く多面的な価値を持つ。つまり、理性を実在の秩序のうちに見いだすなら、そこでキリスト者の信仰の法則を明らかにすることができる。さらに、聖書の秘められた輪郭をたどるために理性を用いることは、神の言葉を理解することを意味する。理性を武器として、槍として用いることは(アベラールは騎士らしい譬えを好んだ)、キリスト教に対する攻撃を迎え撃つ最も直接的かつ有効な方法であった。理性・ロゴスとはすなわち神であり、学問、とりわけ論理学は神に由来しているのだ。これは善でしかありえない。彼の論敵たちは、そのようには考えなかったであろう。しかし弟子たちは、この路線を積極的に支持した。

学生たちは「理性と哲学にもとづいた説明を求めた。言葉よりも立証を欲した。前もって理解していなければ議論など無益だし、理解しなければ何も信じることはできないと主張した。自分で理解していないことを、やはり理解していないであろう他人に説明しようとするなどお笑いぐさである、と言った」。

アベラールは、自らの新しい世界である修道院の道理を根本的にわきまえているようだ。修道生活の使命を力をこめて強調し明らかにしている。

それより何世紀も前、カシオドルスは『綱要』の序文に、これまで戦争によって妨げられていたキリスト教の学校の計画を、修道院は実現させるべきである、と書き、修道生活の主たる目標として、魂の救済と博学たることをあげた。アベラールに似て、カシオドルスもそれを「二重の鍛錬」と呼んでいる。アベラールが生きたのは、キリスト教文化が大きく花開くためにじゅうぶん熟した時代であった。一一二〇年、「心と体に受けた傷」の癒えたアベラールは、教壇を失ったことからも、エロイーズを失ったことからも立ち直り、おどろくべき活力で、神学についての最初の著作にとりかかる。

エロイーズもすでに何年か、沈黙の生活を修道院で送っていた。まだ若かったが、恋をして母となり、世間のことを知っていた。修道院に入るのが、人生の初期の選択ではなく、ある転機における最良の最も賢い選択であることは珍しくない。アベラールの両親もそうであったし、年代記や文学作品に登場する人物にもよくある例である。

マリー・ド・フランスは物語詩のなかで、エリデュックという男の若い娘に対する愛を語っている。それは、妻を絶望のあまり出家させるほどの強い愛であった。妻は夫の許可を得て修道院に引きこもり、三〇人の修道女たちとともに戒律を守って暮らすことになる。自由の身となったエリデュックは愛する娘を妻とするが、やがて彼も、そして二番目の妻も修道院に入る。三人はいまや兄弟愛でむすばれ、愛のメッセージを交換しつつ互いのために祈りを捧げる。こうした物語は、譬えであるとはいえ、エロイーズとアベラールの時代には決して稀ではなかった。

修道院に入っても、それまでの人生や愛を忘れることにはならなかった。むしろそれらをより高い次元に押し上げ、神を媒介として愛する人に語りかけることを意味したのだ。

エロイーズの場合はどうだったのか。その後彼女の言葉に出会うのは、ずっとあと、おそらくは一一三二年のことである。アルジャントゥイユのあの遠い日、ピエールが自伝に書きとどめたあの悲嘆にみちた台詞をつぶやいた日からも、すでに一〇年以上の歳月が流れている。その間には幾多のことが起こっていた。

最初の年月は、沈黙と、そして間違いなく絶望のうちに過ぎたであろう。のちに修道院長となった彼女が記した言葉から、それをうかがい知ることができる。エロイーズは忘れることができなかった。「若く、快楽の妄想にとらわれがちで、すでに味わったことのある悦びを思い出しては欲望をはげしくかきたてられました」どこにいても「甘い愛の悦び」が目の前をちらついた。「眠っているときにも、愛の幻影がわたくしを苦しめるのです。邪心を捨てて祈らなくてはならないミサのあいだでさえ、あの歓びの幻がわたくしの魂を虜にするので、わたくしは身をゆだねるほかなく、祈りを捧げることすらできません。わたくしが涙を流すのは犯したことを悔いるからではなく、失ったものを惜しむからです。目の前に浮かぶのはあなたの姿ばかりでありません。愛しあったその場所、共にあった瞬間のひとつひとつまでが浮かんできて、今もそこであなたとともにそのことをしているように思われるのです。眠っていても安らぐことができません。ときには、おさえがたくついしてしまう仕草やもれる言葉の端々から、わたくしが何を思っているか、まわりに知れてしまうのです」

これほどなまなましく、現れては消える妄想を実際に書き記したのは、アルジャントゥイユでのことであったろう。パラクレの修道院長となった四〇歳近い彼女の記述とは考えにくい。

彼女は一一二九年までアルジャントゥイユにとどまった。そこでの生活は辛いものであったにちがいない。のちにアベラールは、彼女を修道院に入れたのは、まだうら若い彼女が人生をやり直すことになるのを恐れた嫉妬心のゆえであったと告白している。アベラールのこの決定を、エロイーズはたったひとつの点においてのみ非難している。「あなたがわたくしを信じてくださらないという、そのことだけがわたくしをひどく悲しませました。あなたがお命じになれば、あなたに従って、たとえ火山の火口にでも、あなたより先にためらわず飛び込んだことでしょう……。わたくしの魂は、もはやわたくしとともにではなく、あなたのもとにあったのですから」

エロイーズも、信仰心ゆえに修道院に入ったのでない点ではアベラールと同じである。しかし、アベラールを苦しめた恥ずべき身体の傷は彼女にはなかった。健康で生命力に溢れていた。彼女を愛したまさにその人物が彼女の修道院行きを決めた暴挙は、あまりといえばあまりである。のちになって、アベラールもエロイーズも、若い娘が修道院に入ることがどれほど絶望をともなうものであるかに、多くの言葉を費やしている。

しかし、彼女のような教育を受けた当時の女性であれば、野放図な恋愛の罪を心のうちにしまい込み、暗く沈んだ気持ではあっても、修道院を不幸な事件のあとのありがたい隠れ場所と感じたことであろう。神の愛に包まれたその場所は、男性にとっても女性にとっても、確かな安らぎを得られる隠れ家だったのだ。エロイーズの場合はかなり違っていたようだけれども。

一一二九年、ある出来事がふたりを突然接近させる。しかし、それまでの年月は長かった。アルジャントゥイユの修道院に、エロイーズらしい修道女がいたことを裏づける痕跡を探してみよう。若く文学の素養のある娘が、心にふれる印をわずかに残している。おそらくこれがエロイーズだ。

一一二二年一〇月、サヴィニー修道院の設立者で説教師としても名高かったヴィタールが世を去った。重要人物の死に際しては、故人の修道院に所属する修道士ないし修道女で筆のたつ者が追悼文をものするしきたりがあった。修辞学に則ってしばしば誇張された頌詞を作成し、羊皮紙に記した。逝去を知らせ、故人を知る人びとに鎮魂の祈りを捧げるよう呼びかけるのを目的として、修道士のひとりが羊皮紙の巻物を携えて旅立ち、その地方の主だった教会や修道院を回ったものである。この使者を迎えいれる修道院長や司教が一同の前で追悼文を読み上げる。するとその修道院のなかでもっとも詩才にめぐまれた僧侶が、自らの僧院の名において、死者に捧げる祈りの言葉を地名とともに巻物に書き加えた。これによって、大小のさまざまな修道院のひそやかな暮らしが、遠い昔の修道士たちの名前とともに、今日にまで伝えられることになったのだ。

ヴィタール師逝去の知らせは、一一二三年、アルジャントゥイユにもとどいた。そこにはエロイーズがいた。署名こそないが、さまざまな証拠から、ヴィタール師に捧げる挽歌を書いたのは、まぎれもなく彼女であったと思われる。

「院長様の御霊が、信仰篤いあらゆる死者の魂とともに、キリストそのものである真の平和のうちに安らわれんことを。あなたの魂のために、わたくしどものために、そして、わたくしどもにとって大切な方であられたボードヴァン伯爵、女子修道院長であられたバジール、アデール、ジュディット御三方、修道女エルヴィード、アデール、エレンベルガ、アデライド、そして世俗の者ドドーヌのために、そして、神が生命の書に記されたすべての人びとのために祈りを捧げます。アーメン」

「見捨てられた羊の群は、やさしい羊飼いを失ったことを嘆いております。哀れな小羊を慰めるのは信仰篤い人びとの務め。嘆き悲しもうとも、死が烈しく奪い去った方々をわたくしどもの世に呼びもどすことはできますまい」

「なにゆえ涙を流すのでしょう。この苦しみはなにゆえでしょうか。悲しみは何の役にもたちません。

むしろ害をなすのみです」

「とはいえ、嘆きは無益と知りつつも、父の死に心裂かれるのが人間の性《さが》というもの」

「理性の力が涙に打ち勝つほどに強いものであるなら、父の死を祝福することこそ、悲しむのと同じくまっとうなこととなりましょう」

「現世の死は、死ぬことでなく生きること。この世を去る者は、神の世で生きるのです」

「わたくしどもは皆、キリストのもと、永遠《とわ》の命に至った方々のためにお祈りします。その方もわたくしどものために祈りをささげてくださいますように」


状況にあわせた着想は凡庸だが、形式は品位をそなえて格調高い。ヴィタールの死に際して書かれた挽歌の多くは、奇抜さを衒う言葉遊びをきそった。おそらくノートルダムの聖堂参事会員の作と思われる「ヴィタールの人生《ヴィ》は命ある《ヴィタール》生活《ヴィ》を捨てた」などというのに比べれば、趣味はよいと言えるだろう。

十九世紀のなかごろ、博学なドゥリールが、この挽歌をエロイーズのものとした。エロイーズ崇拝がさかんになった十九世紀には、ほかにもこの意見を積極的に支持する者がでた。確たる証拠は何もないのだが、判断を助ける手掛かりはある。たとえば、当時、アルジャントゥイユに暮らす尼僧の数が少なかったこと。後にアベラールにあてた手紙からわかるとおり、彼女に詩形の心得があったことなどである。それにしても、この挽歌とアベラールの手紙にはよく似たところがある。愛し合ったふたりの言葉が響きあったのだろうか。

ささいなことかもしれないが、作者をエロイーズと考えたい人にとっては、さらにうれしい材料がある。追悼文は、作者自ら手書きで巻紙に記すのが通例であったが、専門の書き手に依頼する場合には、欄外に「筆記だれそれ」の語が記された。アルジャントゥイユの追悼文にはそれがない。となれば、これはエロイーズが作りかつ自身で書き記したものである。思想や感情を越えて、はるかな昔から届く若き女子修道院長の肉筆(疑義はあるが)というなごりに接することができるのだ。思想や感情よりも、こうした具体的なもののほうが、容易に崇拝の対象となりうるのは言うまでもない。

彼女はどのような生活をしていたのだろうか。思い出に苦しみながらも、行動は非の打ちどころなく貞潔なものであったと、のちに告白する。一一二九年、修道院長シュジェがアルジャントゥイユ修道院に非難の言葉を向けているのを思えば、これは重要なことかもしれない。

「私の貞潔を人々は賞讃しています。」モラルについての大論文『倫理学――汝自身を知れ』を著した師のよき弟子として、彼女はそうした周囲の評価にはさして重きを置いていない。大切なのは行動の裏にある道徳的意思であること、自らの貞潔が頭をよぎるさまざまな思い出によって曇らされていることを、彼女は認識している。しかし、修道士アベラールも、人の判断のよりどころとなるのが、唯一、行動であること、行動だけが大事であることを、今では経験を通して知っている。何年かのち、パラクレの修道女たちのための規則を記した二通の書簡のなかで、貞潔というテーマに彼は大きな紙面を割いている。

「女性の鏡が映し出すのは、心の恥じらいや美しさである。本来の鏡が人の顔の美醜を映し出すように」清貧や沈黙と同じく、貞潔は俗世からの離脱の証しである。沈黙についてと同様、貞潔のありようよりもそれに専心して努める過程が大事であるとアベラールは強調する。

「処女の心が聖なるものであるのは、気持が罪を許す方向へと向かうことなく、おろかな娘たちのように慢心していない場合のことである」

あらゆる民族にあって神の啓示はひとつであるという独自のテーマに適した方法で、キリスト教以前の文化と宗教を、彼は時間を越えて結びつけようとする。そこで、キリスト教が後に完璧なかたちで実現することになる理想への憧れを強調しながら彼が用いたのが、貞潔の概念である。

「異教の時代にまで遡って今日と同じような生活形態を探そうとすれば、信仰の形こそ違え、今日とよく似た制度を見いだすことができるだろう。ユダヤの民にも異教の民にも宗教の儀式はあった。後に教会はこれを廃止するのでなく改良したのだということに気づくはずだ」そして次のようにつけ加える。「だから、主が、かかる恩寵を与えたもうたのが個としての異教の女性ではなく、彼女らの明らかにした禁欲の美徳に対してであったとして、なんの不思議もない。あらゆる民族において夫婦の貞節は神の恩寵と考えられている。キリスト教以外の民にあっても貞潔が礼讃されているのは評価すべきことなのだ」単なる貞潔の勧めととらえるかぎり他の説教者たちとあまり変わらない。彼がこれを妻にあてて書いたのだということをわれわれは知っているので、それ以上のことを読みとらずにはいられなくなるのだ。

第七章

人びとは彼の方を向いて言った、
「その言葉はどういう意味ですか」
「ダニエル書」一三・四八

ここまでは、著作家よりもむしろ人間としてのアベラールを描いてきた。中世にあって特異な事件の張本人であったまさにそのために、彼はわれわれを魅惑してやまない。われわれが彼の人間像を知りうるのはおおむね書簡のかたちをとった自伝を通してであるが、周囲の人びとの短い証言も参考になる。そこから浮かびあがってくるのは、驚くほど個性的なプロフィールである。若いころは、衝動的で自己中心的で野心と知的好奇心に燃え、生意気でだれからも賞讃されることを欲していた。老いてからは気難しく、他人を容赦しない一方で自身にも妥協せず、「神のよろこび」と「人間のよろこび」があまりにもしばしば対立することに絶望していた。自らを語ることを好んだこの男はまた、中世ヨーロッパの思想を理解するために欠かせない書物の著者でもあった。

論理学の分野で、アベラールは、当時としてすでに古臭く、垢にまみれたような材料をもとに研究をすすめなくてはならなかった。やがてギリシア哲学が、アラビア語からの重訳により導入されて一新を見るのだが。ピエールの思想と学説は「学校や伝統ではなく才能の産物」と彼自ら自負している。それは、認めないわけにいかない。

神学の分野では、論敵どもが彼の能力を否定し、皮肉たっぷりに「超合理主義」と呼んで遠回しに悪口をたたいたが、彼の着想は非凡にして大胆であった。たとえば、キリスト教の文化は、はるか昔の闇の時代にすでに成立しており、その後絶え間なく進歩をとげながら、形而上的なまた自然にまつわる啓示、すなわち神のメッセージを定着させた、という着想である。そこで彼は、プラトンが神であり、「キリスト教会はユダヤ教会をモデルに作られた」と言うことができたのだ。瞑想するうちに、キリスト教が哲学と宗教をひき裂くのでなく完成を成就するものとなった。

サン・ドニ修道院でのアベラールは、やがて窮地に陥る。修道院の公私にわたる暮らしぶりを、軽率にもきびしく批判したためである。

彼がそうした振舞いに出たのには、客観的な理由があった。「修道院は世俗化し、堕落し、アダム修道院長自ら放埒な悪習を率先している」状況がその根拠であるが、これを裏付ける資料がある。その多くは、アダムの後継者として院長の座についたシュジェに負うもので、彼もはじめて訪れたときの嘆かわしい模様を証言している。聖ベルナールも「回廊には兵士や商人があふれ、若い男とともにまぎれ込んでも追い返されることのなかった女たちのばか騒ぎに沸き返っていた」とある書簡に書き記し、修道院とは名ばかりの「悪魔のユダヤ教会《シナゴーグ》であった」と歯に衣きせずに糾弾している。

アベラールとベルナールが意見を一にしたのは、後にも先にもおそらくこの点においてのみであったろう。

こうした環境に気のふさいだアベラールは、かたちの上ではこの修道院に所属しながら、許可を得ていそいそと遠ざかり、教鞭をとりながら『三位一体論』を書いた。

思想史を研究する者にとって、著作がどのような状況で誕生したかを想像するのはいつでもたのしいものだ。着想がどのように生まれたかをほのめかしたり、その瞬間を語るのが著者自身であればなおさらである。たとえば、デカルトの『方法序説』が誕生したいきさつは忘れがたい。心の動揺のなさ、情熱にとらわれない落ち着き、瞑想にふさわしいあたたかな部屋など。

アベラールの論文は、教師にとって自然な環境、著者にとって好ましい場所、すなわち学校で生まれた。この論文に対するアベラールの執着と愛情が「エロイーズへの愛に劣らぬ」ものであったと『不幸の物語』に記されている。おかげで誕生の経過を幸運にも知ることができるのは感謝すべきだろう。「わが弟子たちのために」と記されているところからも判明するとおり、若者たちの要求に応えて教室から生まれたものである。アベラールはとりわけ神と三位一体を示唆する言葉の意味に注意を払った。論敵や不信心者の反論に応えるべく、第三巻および最終巻において、キリスト教の概念を説明するために、プラトンをはじめとする古代哲学者の「理性的かつ哲学的な比喩」を援用している。

彼によれば、たとえば聖霊は、プラトンの『ティマイオス』における「死者の霊を呼び起こすきわめて美しい姿」によって予言されている。そこでは「世界は魂を持つひとつの生き物であり、世界を息づかせている魂は《同一のもの、および多様なものによって《エクス・エオデム・エト・ディヴェルソ》》構成されている。つまり、単一でありながら多様である」とされている。神の本質においては単一であり、その恩恵の結果である個々の存在においては多様化している、ということである。

古代の哲学者たちは、信仰と自然の同一性を、「書物と行動において」つとに示している。魂の不滅、モラルのうえでは「現世を軽んずることによって」実現する生命の超自然的な価値の徴しといった、キリスト教徒にとってきわめて重要な原理をはやくも明らかにしていたと、そうアベラールは確信する。その確信に秘められていたのは、切り込みの斬新な、大胆な意思による企てであった。キリスト教の信仰の力を、ほかならぬ理性によって示そうというのである。アベラールは、最大の論敵ベルナールと異なり、古代哲学の思想のなかにキリスト教の根拠を予測することは信仰にとってマイナスにはならないと考えた。キリスト教の普遍性と、有史以来真実を示そうとしてきた神の摂理の、時代を超えた構図がむしろ浮かび上がってくるとする立場である。

「論文は多くの人に読まれた。すべての問題に満足のいく答えを与えていると思われたのでだれからも好まれたようだ。問題が難しく複雑であればあるほど、それに解答を出すことのできた者は、尊敬され賞讃される」とアベラールは書いている。だが、このときは、アベラールのふたりの仇敵がただではおかなかった。そのふたりとは、アルベリック（アルベリクス）とロチュルフ（ロトルフス）。一一一三年、若きアベラールが面目を失わせたランのアンセルムスの弟子である。

ふたりはランで教師をしており、恩師であるアンセルムスとシャンポーのギヨームの後継者をもって任じていた。アベラールごときの「パンフレット」によって伝統的な方法論が危うくされたのはけしからぬとして、これを擁護すべく立ち上がったのだ。

ピエールによれば、「私への中傷を絶やすことなく、彼らは大司教ラウルを説き伏せてそのころ教皇使節としてフランスにいたプレネストの司教を呼び寄せたうえ、公会議の名のもとにソワッソンの町で集会を招集した。もちろん私も出席するよう、三位一体についての評判の論文を持参するようにと求められた。私は言われたとおりにした。ところが、私が到着する前に、ふたりの敵が聖職者や大衆に向かって私をひどく誹謗していたために、私と随行した弟子たちも、着いたとたんに群衆の投石にあった。人びとは、ふきこまれたままに、三つの神が存在すると私が主張しそう書いていると思いこんでいたのである」。

実にばかげた糾弾である。この方面に暗い人のあいだにのみ通用するものとしか考えられない。実は、赤髭王《バルバロッサ》の伯父にあたるフライジングのオットーが、一一三六年パリでアベラールの弟子となるのだが、彼が残した記録からわかるとおり、のちに公認される告発は、まったく正反対のものであった。アベラールは「サベリウス派の異端」とされたのである。三世紀のサベリウスと同じく、彼は神の単一性の支持者であって三位一体は否定しているとされたのだ。アベラールはこのときの群衆の反応をほのめかすにとどめ、真実を言わずにおいたのか。そういうわけではなかろう。三つの神が存在するという主張を糾弾するほうが、三つのペルソナがあるのに神は完全にひとつだという主張を糾弾するのに比べれば簡単で、雑駁ではあるが説得力はある。後者の誹謗では難解にすぎ、大衆を説得してアベラールへの反感を扇動するのはむずかしかったろう。世論の理屈はすり替えられていたが、そのようなことはどうでもよかったのだ。

少なくとも、論理学的な見地からすれば、そのすり替えは不当ではなかった。アベラールは、言葉の持つ意味を分析し、それに対応する概念を規定するのが必要不可欠なこととは考えていなかったのかもしれない。

第一巻で彼は、「神は三つのペルソナである」という命題の意味を厳密に定義するよう主張していた。主語である神が単数であるのに述部が複数で、曖昧な印象を与えたからだ。つまりアベラールは唯名論の限界と条件を意図的に越えたことになる。「頑迷な不信心者を打ち負かすためには、聖者や哲学者の権威にたよるのでなく、純粋に人間的な、あるいは自然の理性に訴えるほかない。人間の理性しかわからない愚かな者に対しては、その愚かさにふさわしい方法で応え、彼らがわれわれを攻撃するのに用いるのと同じ道具をもってその攻撃に立ち向かう。小さなダヴィデは神の助けを得て巨人ゴリアテを自らの剣でうち倒した。われわれの論理が単純であるとして攻撃をしかけるときに彼らが使うのと同じ論理の剣をもって、われわれは彼らの力をへし折るのだ。そういうわけだから、われわれは真理を教えているつもりはない。教えているのは真理の似姿、影のようなものにすぎない。人間の理性に近いところにあって聖書に反することのないものをわれわれは提示しているのだ」

しかしながらアベラールの敵が関心を寄せたのは、学問的な、というよりむしろ政治的レベルの解釈であった。聖書の哲学的分析が、世俗の書物に対するような脇道にそれた方法で行われていたのは、それなりの正当性があってのことではある。

ソワッソンの会議が複雑な経緯をたどったわけも、これで納得がいく。ピエールはこの会議に、自分がかかわっているからというよりむしろ客観的な関心から参加していたと言えるのかもしれない。結審にいたるまでの経過を、苦い記憶とともに語っている。

「町に着くとすぐ教皇特使のもとに参上し、私の論文を検討し、判断を下してくれるようにとそれを提出した。私の学説に誤りがあるなら、どのようにでも訂正し手を加えることにやぶさかでない旨を述べた。ところが特使は、論文を、大司教とふたりの論敵に渡すよう命じた。そのため、私を糾弾しようとする当の本人たちが直接判定を下すことになったのだ。《我が敵なるものこれを裁けり》(『申命記』三二・三七)という主の言葉はそのまま私にもあてはめられることになった」

「しかし、彼らがいくらその頁をめくってみても、審問の席で私を非難できるような箇所はひとつも見つけることができなかった。彼らが望んでやまない有罪判決は会議の最後に持ち越されることになった」

「そうするうちにも、連日会議に先立って、私は、出席者全員を前にして、信仰を私の論文にもとづいて講じた。私の話を聞いた人は残らず、私の解釈と私の道標たる精神を無条件に評価してくれた。それどころか、ことの成り行きを見守っていた大衆や聖職者たちまで、このようなことを囁きあうようになった。《皆の前で語っているこの男に反駁する者はだれひとりいないではないか。この男をやりこめる目的で招集されたという会議もまもなく終わろうとしている。裁く立場の人たちが、間違っているのは自分たちであってこの男ではない、と判ったのではないか》こうした噂は、わが論敵たちの怒りを日増しにあおる結果を招いた」

次のエピソードはあまりにも重要なので無視できない。しかも、本人の言葉を引用する以外に方法がない。「ある日、私の心中を探りたいと思ったアルベリックが、弟子を数名伴って私を訪ねてきた。儀礼的な話を少ししたあと、私の論文のなかにとんでもない一節を見つけたと言った。神が神ご自身をお創りになり神が唯一であるにもかかわらず、なぜ、神が自らをお創りになったことを私が否定できるのか、と言うのであった。お望みならそれを説明する、と私はただちに答えた。(略)彼は反駁した。この分野では人間の理性は問題にならない。考慮すべきは権威ある書物に書かれたことのみである、と。(略)その頁を開いて見るがよい。権威ある言葉がそこにあるはずだから、と私は彼に言った。(略)その本は彼が携えてきていてそこにあった。私はそれを取り、心あたりの箇所を開いた。私をやりこめることのできそうなところばかり探していて、おそらくそのために彼が見逃していた箇所であり、神が私の目がとまるように望まれた箇所であった。それは聖アウグスティヌスの『三位一体論』第一部からの引用であり、神が自らを創りうるほどの力を有すると考える者は間違っている、云々、と書かれていた」

「居合わせたアルベリックの弟子たちは、赤面した。彼はなんとか辻褄をあわせようとして、大切なのはよく理解することだ、とつけ加えた。私は、それが今さらとりたてて言うべきものではないこと、さしあたり問題になるものではないことを指摘した。なぜなら、彼が求めているのは権威ある言葉だけであって、その意味ではないのだから。しかし、もしも理性を通じて意味の深奥に迫ることをお望みならそれを示してさしあげてもよい、と私はつけ加えた。（略）これを聞いて彼はかっとなり、私のいかなる理論も典拠も、あの裁判ではなんの役にも立たないと捨てぜりふを吐いて私を脅した」

「会議の最終日、開廷を前にして、特使と大司教は私の敵を含めた何人かの人物と、いかなる裁定を下すべきかについて延々と協議した。（略）私の話のなかにも、検討した論文のなかにも、私を告発するための論拠は見つからなかった。一瞬の沈黙があった。最も強硬な私の敵たちもなんと言えばよいのかわからなかったようだ。慈愛の深さで知られ、地位の高さでも他の司教にぬきんでていたシャルトルの司教ジョフロワが口を開いた。《皆さんは、この男の教養と才能が、どの分野にあっても大勢の共感を呼び、多くの弟子を生んできたことはよくご存じです。はっきり申して、あの男は、彼およびわれわれの師の名声を翳らせました。あの葡萄の樹が、海から海へとつるを伸ばしてきたのです。そのようなことはないと思いますが、もしも皆さんが、単なる恨みのゆえにあの男を有罪にしようと考えておいでだとすれば、仮にその判決が正しくても、多くの人びとの反感を買うことになり、彼を弁護する者が現れるであろうことを覚悟しておくべきでしょう。（略）真っ向から対立して、彼の名声をさらに高くするだけの結果を招くのは避けられるよう。（略）そうではなく、教会法によって裁こうと考えておいでなら、彼の教説と著書を注意深く検討したうえ、個人的に質問して自由に答えてもらうことが必要です。その結果有罪であると判明し、彼自身もそれを認めれば、以後、彼は永久に沈黙せざるをえないことになりましょう》こう言われて、敵どもは色めき立った。《なんと結構なご意見だ。あの男の能弁にかなう者はいないというのに。あいつの論の立て方と詭弁に勝てる者など、世界じゅうどこを探したっているわけがない》」

アベラールと論敵とのこの論争は、「理性による」哲学的な読解と、聖書に即した「権威による」読解とのあいだに生じたものである。ここには、その時代と当時の学問に特有の歴史的対立の一例がみとめられる。矛盾するようだが、聖書に即した解釈も、そもそもは「哲学的」であってもおかしくはなかったのだ。時代の経過とともに、そしてまた、過去が暗闇のかなたからとでもいうように感性（知性ではない）に及ぼす引力に影響されて、権威による読解として安定し、ゆるがしがたいものとなってしまったのである。アベラールが、最後の作品『哲学者、ユダヤ人、キリスト教徒の対話』において、そうした姿勢を、受け身的で知的に不毛なものと判定したのは当たっている。のちになって、彼はこのように述べている。「時代を経るうちに、あらゆるものが科学的に理解される度合いは高まるのに、信仰という、誤りの危険がより大きい分野でなんの進歩もみられなかったというのは、きわめて特異なことだ。しかし、偉大な人もそうでない人も、教養のある人も素朴な人も、どんなことをしても常識ははずさないと確信したがる。なぜ、このようなことが起こるのか。それは、信仰の対象について研究することが許されず、だれもが信ずると言うものに対して疑念を表明することが許されていないからだ」

彼を積極的に糾弾しようとはせず、率先して調停役を務めることになったのは、シャルトルの司教と教皇特使であった。ふたりは、中間的な道を選んだ。アベラールをいったん所属の修道院に帰らせ、その地で専門家による会議を開いて問題の書物をゆっくり吟味する、というものであった。

アベラールは、これにうがった見方をしている。「私の敵たちは、審議が彼らの教区の外で行われるなら、圧力がかけられなくなるのをよく承知していたので、この正当な方法をとるのを潔しとしなかった。審議がよその場所に移されて私が有罪とならないとすれば、それはたいへんな不名誉になると言って、大司教を説得した」

彼らは教皇特使のもとに駆けつけ、アベラールの論文に有罪の判決を言い渡し、皆の目の前でそれを焼却すべく、考えを変えさせた。

「私の著書の罪名を正当化するために、彼らは、私が教皇庁と教会の許可を受けずにあつかましくもそれを公衆の前で講じてみせ、写本のために大勢の人にこれを貸与したという、それだけでじゅうぶんだと主張した。私を断罪することはキリスト教信仰にとって役立つ。なぜなら、他の人びとが同じような僭越な行為に出るのを防ぐことになろうから、とも言った」

告発そのもののいい加減さと、中立の立場の人びとの教養および人間性の脆弱さが呼応しての、いわば、責任のなすり合いゲームであった。断罪が、正当ではなくとも、見せしめとして重要な意味を持つ、政治的もしくは宗教的裁判にはつきものの、古典的な(そして残念ながら今日も皆無ではない)ゲームのひとつである。「呼び出されて、私は会議に出頭した。なんの審議も討議もないままに、私は私の手で、その書物を火中に投ずるよう命ぜられた。書物は炎のなかへと消えた」

アベラールが「公会議ごときもの」と呼ぶこの集会には、なお注目すべき点がある。公式の記録は残っていないが、アベラールの描写からもこれが実際に開かれたものであることは確かである。それから二〇年の後に聖ベルナールが、そしてフライジングのオットーもこの会議にふれている。

その「火刑」の場には、もうひとり、著名な人物が立ち会っていた。一一二一年から一一五五年まで、シャルトルの教会付属学校長を務めることになるティエリ(テオドリクス)である。

シャルトルのティエリは、そのときすでにアベラールの敵側についていた教皇特使に、皮肉をこめて反論した。シャルトルの司教にその非礼をとがめられるに及んで、彼は興味深い弁述を、力をこめて行っている。「イスラエルの愚かな息子たちよ、あなたがたは判断もせず、真実を知ろうともせずに、イスラエルの息子をひとり断罪した。判断するがよい。そしてあなたがた自身で判断する者を裁いてみよ。信仰においてあなたがたを導くために、過ちを犯す者を正すために、あなたがたがその人を選んだのだ。判断を下すはずであったその人は、自らの言葉をもって有罪とされた。その一方で、神のお慈悲が、きょう、ひとりの罪なき者を、皆の前に送りたもうたのだ」

ティエリがこの弁論のモデルとしたのは「ダニエル書」の一節であった。慌ただしく出会うことになったこのふたりの師は、知の傾向において少なくとも二つの共通点を持っていた。シャルトルの師は「科学的な」読み方を、アベラールは「論理的な」読み方をしているものの、ともに聖書や哲学書に対して自由な解釈を行っている。これは伝統の安寧をなんらかのかたちで打ち破るものであり、論敵からは「俗な」解釈とのそしりを受けた。また、プラトンの『ティマイオス』に熱い関心を寄せた点でも、ふたりは共通していた。とりわけシャルトルの師はこの書に、信仰にも近い想いを寄せていた。

裁判の責め苦はまだ終わっていなかった。ピエールは「ため息とすすり泣きのうちに」「使徒信経《クレド》」を読まねばならず、その後、ソワッソンに近いサン・メダール修道院に、「まるで牢獄につながれるごとく」幽閉された。

サン・メダール修道院の院長はじめ僧侶たちは、ピエールが長くそこにとどまるつもりでやって来たのだと思い、「きわめて好意的に迎え入れ、こまやかな配慮で彼を慰めようとした。しかし、彼らのそうした努力も無駄であった」。

うちひしがれたアベラールには、まだ生々しい大きなふたつの侮辱の、似通ったところが目につくようになった。「そのとき置かれた立場を、それに先立つ、肉体的損傷をも伴う侮辱と比べてみた。私こそ、だれにも増して不幸な人間であると感じた。今受けている苦しみに比べれば、かつてのあの裏切りはささいなことと思われた。肉体が受けた傷よりも、名声が傷つけられたことのほうが私を苦しめた。体に受けた傷は私の過失による報いでもあった。しかし、今私に向けられている非難は、真摯な意図により、信仰を愛し尊ぶがゆえにやむにやまれず筆をとった、その結果生じたものなのだ」

裁判の結果は、学者ばかりでなく一般の人びとのあいだにも反響を呼ばずにはおかなかった。後世のように、こうした論争は大学の教室や法廷の密室のなかに閉ざされたものではなかった。さまざまな面で、それは今日の政治討論に似ていた。宗教の基本的なテーマをめぐってどの立場をとるべきかということについては、公の機関による認可がなく、流動的であった。宗教の世界に中心的なものがひとつに定まっておらず、肯定的とも否定的とも決しがたいさまざまな傾向がまかり通っていた。だからこそ、このような討論が、まったくオープンなかたちではないにせよ、可能だったのである。

ピエールに不利となるべくとられたこの措置は愚かしいものだった。大勢の人がはげしく抗議し、反発を呼んだことは想像にかたくない。会議で彼を断罪した出席者たちが、判決の責任をなすりあい、アベラールの論敵その人たちが最終的な決定には関与しなかったと言い張るまでになった。そこで教皇特使は、会議において「フランス人たちが」アベラールに向けた強硬な敵意に対する遺憾の意を、公の場で何回となく表した。

アベラールをサン・メダール修道院から出して、サン・ドニ修道院にもどす決定を下したのは、あちこちからの糾弾に身動きのとれなくなった教皇特使自身であった。

サン・ドニにもどったのちのアベラールの行動は、心理学的視点に立ってみるときわめて理解しやすい。被害妄想のためにたえず神経をとがらせて執念にとらわれる男となった。それにしても、窮地に陥っていながらも、ことを成就しようとするときのピエールのたゆまぬ力にはそのつど瞠目せざるをえない。アベラールが、サン・ドニ修道院を腐敗した場所と評したために、同僚の僧侶たちの反感をかっていたことは記憶に新しい。そしてまたもや恨みをかうことが起こる。今度は純粋に知識のレベルでのものであった。ことの発端は、九世紀のイギリスの学僧ベーダ・ヴェネラビリスの著作の一節であった。ベーダは広く科学、歴史に通じ、聖書の注解者としても知られていた。十二世紀にあってなお、学問の権威としての影響力は大きかった。彼による「使徒行伝」の注解を読んでいたアベラールは、ディオニュシオスが、アテナイではなくコリントの司教であったと記されているのを目にとめた。ベーダのその一節を、アベラールは、「ほとんど冗談半分に」軽い気持で同僚の修道士たちに見せた。当然の結果として、いさかいと言うには激しすぎる衝突が生じた［サン・ドニの修道院名はディオニュシオスからとられていた］。

院長や修道士たちは、これを彼らの栄誉を傷つける挑発と受け取った。軽く受け流されるだろうとピエールが考えたなどということが、果たしてありうるだろうか。それより三世紀ほど前、サン・ドニ修道院長であったイルデュアンは、ギリシア各地を遍歴し、修道院の創立者たるドニすなわちディオニュシオスが、殉教したパウロの弟子にほかならず、アテナイの司教ディオニュシオス・アレオパギテースであったとしていた。それが事実であれば修道院にとってきわめて好ましいことである。実際の創立者は、三世紀に没したガリアの伝道者である別人のディオニュシオスであった。無意識の願望ゆえの混同であったのだろう。われわれの目にはいたって無邪気なものと映る。

アベラールの発言はたしかに重大であった。四〇歳を超え端正とはいいがたいが負けてもくじけぬこの男、注意深い読書家であるこの男が、散漫で無知な修道士たちの怒りを「ほとんど冗談半分に」もてあそぶさまが目に浮かぶようだ。侮辱され怒り心頭に達した僧侶たちは、彼の「修道院に対する憎悪がついにフランス王国の威信を傷つけるにいたったとわめき出した」。「そのようなことは言っていない」とアベラールは反論する。「サン・ドニ修道院の創立者がディオニュシオス・アレオパギテースであろうと別のディオニュシオスであろうと、それは大したことではない」と。修道士たちはただちに院長のもとに駆けつけ、「悪意をこめて大袈裟に」言い付けた。どうしても、「大袈裟に」告げることになったであろう。ピエールの「大したことではない」という応答の無頓着さが、独特のものなのだから。

アベラールは王権を侮辱したとして批判されることになった。じっさいピエールは、自らのおかれた立場を理解していなかったように見える。「サン・ドニはほんものかにせものか」をめぐるこの事件で彼が示した態度は、皮肉っぽいが、あふれる好奇心ゆえのものであった。洗練された知識人の好奇心であり、現代におきかえれば歴史家、物知り、あるいは収集家のそれである。彼が生きた状況には馴染まない姿勢であった。彼がおかれていたのは、修道院という制度の内部である。さしずめ今日なら、プルードン、カッターネオ、ジョベルティではなしに、ひたすらマルクスの著書を聖典とする政党にあてはまるように、そこにおいて基本的な意味を持つのは、政治的権力の確立と威信である。歴史的事実の確認にのみ興味のある知識人が楽しみながら軽く対応すべきでない事がらもあるのだ。アベラールという人物とその時代の特性を体現する人びととの「落差」、このコントラストこそ、今日なおわれわれがアベラールに引きつけられるゆえんであろう。

友人の助けを借りて夜逃げを果たし、彼は一時的に苦境を脱する。とりあえず、隣接するシャンパーニュ地方の小さな村に潜み、トロワの修道士たちの隠遁所に身を寄せた。そこの院長はかつてピエールのよき友であったし、そこの領主ティボー（テオバルドゥス）伯も味方になってくれるものと彼は確信した。

妥協することを知らず、頑固さのあまりときには自分の立場を危うくするアベラール。その彼が、ソワッソンの判決以来心もとないものであった状況から抜け出すために知力を総動員しようと決意したかに見えたのは一一二二年初頭のことであった。「世界じゅうが私を迫害しているような気がした」彼は後に何度もこう繰り返す。規則や因習を打ち砕こうとしながら、それでもなお彼が世間の同意と賞讃をも欲していたことを、このひと言が明らかにしている。敗北感、だれからも迫害されているという苦い驚きは、そうしたところに端を発しているのだ。

サン・ドニ修道院長がたまたま領主ティボー伯に会う機会があった。アベラールはティボー伯のもとに走り、伯爵を介して、自分にふさわしい場所で修道士として暮らす許可を出してくれるよう修道院長に頼んでもらった。修道院長アダムとその随員は一考すると約束したが、けっきょく何もなされなかった。アベラールは、いつもの自負ゆえに、自らのためにそうした配慮がなされるのは当然と考えていたのだ。しかし、あのソワッソンの判決も知れ渡っていることであり、それで悪名をとどろかせた人物が去って行くにまかせたところで大した不名誉にはならない、サン・ドニの修道院長がそう考えたとしても、不思議はないだろう。

修道院長アダムの硬化した態度にピエールは怒り、絶望した。

だが、それから数日の後にアダムが死去して、一件落着となる。会ってから彼が亡くなるまでの短い間に、アベラールは「ベーダかイルデュアンか」をめぐってきわめて如才ない手紙を彼に書き送ったらしい。アベラールが如才なさを発揮するなど稀有のことなので、それが本当に彼の手になるものかどうかいささかの疑問はあるが一読に値する。それは、こんな具合に始まっている。

「神の御恵みにより、栄光に輝く殉教者ディオニュシオス、ルスティクス、エレウテリウスの眠る修道院の長であられる敬愛するアダム神父様、そして修道生活をともにしたいとしい兄弟と仲間の皆様へ、修道士でありながらその行いゆえに罪人《つみびと》であるピエールより。使徒ペテロの言葉をもって主の御恵みと平安のあらんことを。

ひとりの人間の過ちがたくさんの人を巻きこんでしまうのはよくあることです。悪へと傾きがちな人間は、大勢の力によって真実へと導かれるよりは、たったひとりの手引きによって、容易に過ちへと引きずられてしまうものです。私がこのようなことを申しますのは、ディオニュシオス・アレオパギテースに関してわれわれが表明する真の説に対抗して、ユニークなベーダの権威をふりかざし、悪意をもって、そしておそらくは無知のゆえに、われわれが好む、それに勝る権威を拒否する者があるからです。たしかにベーダはディオニュシオス・アレオパギテースがコリントの司教であったと言っております。しかし、それよりはるかに信頼できる権威が、そうではなく彼はアテナイの司教であったとの証拠を打ち立て、ディオニュシオス・アレオパギテースとコリント司教のディオニュシオスはまったくの別人であったと明言しているのです。ですから私は、双方の主張をとりあげて、それが単なる見解の相違にすぎないのか、それとも真の対立や矛盾を孕むことであるのかを、検討してみたいと思うのです」

アベラールが有名な『然りと否』を完成したのはちょうどそのころで、最初の草稿は一一二三年に書かれている。手紙の最後の文言が『然りと否』の冒頭においた方法論についての叙述に類似していることは注目に値する。「聖者たちの言葉に食い違いがあったり、あるいは完全に矛盾している場合には、あえて明確な態度をとるべきである」

アベラールにとって最も重大な矛盾は、どちらか一方の論理を放棄してしまうことである。ここで彼は矛盾が生じないための方法を見いだしている。ベーダでなくイルデュアンを採用したのは、かつてイルデュアンでなくベーダを採用したときと同じ方針によってのことなのだ。ここではイルデュアンのほうがはるかに重要な権威であると思わせている。外側から、また内側から、さまざまな基準で検討する結果、肯定と否定が入れ替わり、以前とはまったく逆の命題が生まれてくる。その手紙を「皮肉な笑いをうかべて書いた」という。さもありなん。

いかにも詭弁に長けたすぐれた弁証家らしく、ピエールは、アダムにあてた手紙のむすびをベーダ讃歌に捧げている。だからといって、イギリス人ベーダの権威はいささかも揺らぐものではない、と。さらに、のちに『然りと否』で用いる方法論的批判の法則を援用して、ベーダのような神父でも、信仰についてではなく歴史について語れば間違いを犯すかもしれないこと、さらに、ベーダが彼自ら直接資料にあたったのでなく、他人の見解に依拠しただけかもしれないといった可能性まで指摘している。

手紙は以上のとおりである。アベラールの論証の力をペストのごとく恐れていた論敵たちの不信感と苛立ちを今一度あおるに十分な、一種のゲームであった。アベラールがようやく外交的な動きに出たのだ。しかし、その後まもなく、一一二二年二月九日に、アダムは世を去った。

後任のシュジェは、ルイ六世の顧問であり、ルイ七世の第二回十字軍に際して摂政をつとめた人物であった。アベラールとエロイーズの行く手でわれわれがふたたび出会うことになる大物である。

新修道院長は、当初、アベラールを放免するのに反対していた。そこでアベラールは有力な友人に働きかけて国王に訴える。王家の家令をしていたステファヌスが彼のために宮廷との仲立ちをする。ピエールは、「修道院が犯した不正のために」修道院と宮廷のあいだに一時的な不和が生じていたところにうまく付け込むことさえした。サン・ドニ修道院の弱みを利用して、待望の許可を得るにいたったのだ。「私が一員であるために修道院が享受している栄誉を損なわないよう」公式には修道院を去ることなく、好きな場所にこもってよいというものであった。

「そこで私は、前から知っていたトロワ地方の人里はなれた場所に移り住んだ。何人かの人が土地を献納してくれたので、そこの司教の許可を得て、葦と藁で礼拝堂を造り、これを三位一体にささげた。ひとりの聖職者とともにおもむいた人気《ひとけ》のないその場所で、わたしは心から主に向かって叫ぶことができた。《見よ、われははるかに逃げ来て荒野にとどまりぬ》〔「詩編」五五・七〕と。」

のちに見るとおり、この安らぎのときもわずか五年しか続かないのだが、これを手に入れるために、アベラールは持てるもののすべてを使い果たしたかにみえる。和解を求め、圧力をかけ、妥協をよしとしない誇り高き姿勢を捨てた。好戦的な頑固者でありながら、世渡りをうまくこなした戦士であり、勝者であった。こうした世間的な能力を、今度はひとつの施設を創るために用いることになる。そしてそれが彼を、ふたたびエロイーズに接近させることになる。

第八章

神よ、日々の大いなる御恵みを思いおこすのに
どれだけの時間があれば足りるのでしょうか。
アウグスティヌス

相次ぐ不幸ののち、アベラールを大いになぐさめる事態がふたたびおとずれる。弟子たちが彼の新しい隠れ家を「発見し」、フランスの全土から押し寄せて来たのだ。彼らの動機はもちろん、敬愛する師の教えをもういちど聞きたいという願望であったが、今回はその群れがもうひとつ別の心情をもいだいていた。若者たちはピエールの「哲学者としての孤独」を分かち合うためにやって来たのだ。ペトラルカも『不幸の物語』の写本の余白に「祝福された孤独」と大きな文字で記した、あの孤独である。

「学生たちは荒野に住むために町や村を捨ててやって来た。住み心地のよい家を捨て小さなあばら家を建てた。慣れ親しんだ食事を捨て、野草と固いパンを糧とした。やわらかなベッドを捨て、自らの手で作った藁の寝床を寝所とした。テーブルを捨て、土塊で作った食卓でこと足れりとした。《感覚は窓のようなものだ。それを通して悪が心のうちに入り込む》と述べた聖ヒエロニムスをはじめとする古代の哲学者

たちを彼らが模倣したと言って過言ではない」

アベラールが、時間を超えて持続するものであると強調し、理想としたのは、孤独、それも特別な孤独である。その理想郷では、制度にしばられた社会的な生活から隔離され、庭園、道路、暖かで心地よい家など、便利さと美しさをそなえた町から離れ、偶然の出会いによる交友を避けて、同じ理想、同じ願望を持つ、気の合うわずかな仲間との友情だけを大切にしようとする意思が尊重される。これはキリスト教以前のトポスである。したがって、アベラールが古代の哲学者を援用するのはもっともなのだ。疎外された人間であればこそ感じる、町や政治など公的な生活にともなう雑事への嫌悪と、どこかで結びついている。

こうしたイメージの源にあったのは、政治の中心であり、腐敗した権力と不安のうごめく古代都市であった。幻滅し「だれもやって来ることのできない」荒野に逃れたいと思ったキケロに、そして陰惨で悲劇的な筆致でローマを描いたセネカに、隠栖と孤独のトポスを求めるのはごく自然なことだ。ヒエロニムス、そして、カシキアクムの地での安らぎや友との哲学的な会話をなにより望んだアウグスティヌスの著作においてようやくそうしたイメージはキリスト教的なものとなり、新たな感覚に彩られていく。孤独は、もはや静穏なものではなく、そこに、哲学的かつ宗教的な対話が入り込んでくる。

「友と分かち合う孤独」のトポスは、人口が増大し、政治権力によってゆがめられた都会に煩わしさをおぼえる感覚と相俟って、時代を下って中世においても求められたのだ。中世とて、われわれの目にはじゅうぶん孤独で、静けさに満たされているように映るのだが。

セネカの時代の大国ローマは、十二世紀のつつましやかなパリとは似ても似つかぬものだったらしい。どちらも不安と幻滅の時代にあって、耐え難く威圧的な現実にさらされていた点では共通していたであろうけれども。

ペトラルカは、ピエールが礼拝堂を創ったことに心をとめた。孤独も、夢みる人が詩人ペトラルカであると、また違った様相を呈してくる。それはヴォークリューズ［南フランスのこの地でペトラルカは瞑想の日々を過ごした。恋人ラウラに出会ったのもそのころ］での安らぎ、愛の夢と空想に満たされた甘美な孤独であった。

そもそも三位一体に捧げられたその礼拝堂は、アベラールを真になぐさめるものとなり、やがて彼はこれを「なぐさむる者《パラクレ》」（三位一体の第三の位格《ペルソナ》スピリトゥス・パラクレートゥス）に捧げた。

以後、パラクレと呼ばれることになるアベラールの共同体は、さながら羽音をたてて勤勉に働く蜂の巣と化す。弟子たちは木の葉と小枝で四阿屋《あずまや》を造り、師のために食料と衣服を調達し、畑を耕し、大小さまざまのいかなる仕事もいとわなかった。労働に勤しみ、熱心に向上を目指すたのしげなさまが目に浮かぶようだ。

パラクレの最初の何か月かがどのようなものであったのか、さまざまなイメージが沸く。想像をかきたててくれるからこそ心惹かれるものがある。聖ヒエロニムスをはじめ、そこで読まれた哲学者たちが彼らに語りかけたことだろう。ローマ帝国を小さなパリに当てはめてみるといった、歴史的には必ずしも適切でない空想がなされたかもしれない。信仰への渇望もあったろう。かつてのサント・ジュヌヴィエーヴやノートルダムにおけると同じように向学心に燃え、熱心に耳を傾け、質問を浴びせる若者たち。彼らとともにある幸せをかみしめながら、アベラールは教師であることを決してやめようとはしなかった。

「学生の数が増大し、私の講義を聴くために生活の不自由が昂じても彼らがそれを厭わぬさまを目にすると、相変わらず私に敵意を燃やす者たちとて、私の名誉と自分たちの敗北を認めないわけにはいかなかった。私を陥れるために彼らが何を企んでも、けっきょくは私にとってプラスの結果となるように思われて、それが彼らを少なからず苛立たせた。（略）ひそひそと、彼らは愚痴を言って歩いた。《猫も杓子もみんなあいつのもとへ行く。やつをいじめても何にもならない。それどころかあいつの名声を高める片棒をかついでやるようなものだ。やつの名声の炎をかき消してやろうと思ったのに、逆にもっと燃え上がらせてしまった。あの弟子たちときたらどうだ。町なかにいれば欲しいものは何だって手に入るのに、文明の御利益をばかにして何もない荒れ野で暮らしているのだ。貧しい生活にすすんで甘んじておるのだ》」

市民社会の時代を迎えようとする当時の都市社会と、アベラールの生まれ故郷である封建制下のブルターニュには大きな隔たりがあった。それでも彼は、新しい社会のなかで自らの仕事がもつ意味を根本的に理解していたようだ。

「ふたたび私に学校を開かせたのは、ほかでもない、極度の貧窮であった。(略)手を使って働く代わりに、私にできるただひとつの術に立ちかえった。すなわち言葉をもってする労働を花開かせたのだ」

教師は商人と同じ世界に属していた。商人が品物を売るように、教師は知識を売っていた。商人の倫理が容認されるまでのキリスト教世界における闘いは、われわれも知っている。ものも知識も、明白に神から与えられた現実、否むしろ神に属する現実であった。商人は金を稼ぐことに対する道徳的な非難を打破するために長いあいだ闘ってきた。町の教師たちは、修道院という制度の管理も保護も受けずに学説を打ち立てては不信の目を向けられ、偏見を打破して自らの学説を権威づけようと闘った。アベラールの場合もそうであり、教義の方向は、しばしば世俗のことへと向けられた。

長大なふたつの著書『論理学』と『神学』においてアベラールは、純粋な学問の権利を「真理の探究」と呼んで熱をこめて擁護している。真実を理解しようとする願望は、たとえその分析対象が悪であっても、それ自体悪しきものではない。「悪をも知る必要がある」人間の他のいかなる営みにも増して、また、論理的探究と知性を前提に善を実践する以上に、善と悪の認識こそがすぐれたものなのだ。

この積極的な弁論の裏に隠されているのが、新しい社会意識であることも読み取らねばなるまい。きわめて独創的に、ピエールは、純粋な探究の価値を認めることはすなわち、ひとつの社会状況のなかにあってそうした探究に身を捧げる人物の価値を認めることである、とした。彼ができる唯一の仕事は知的労働である。これに報酬が支払われて生まれる物質的世界の構造は、その新しい理論の価値を反映させるものであった。

　自伝の、これに続く記述に見られるとおり、修道士でありながら同時に教師でもあったアベラールが、何にも増して興味を惹かれ、魅力を感じたのは、ほかならぬ言葉の世界であった。パラクレで最初に行きあたり、何頁かをその説明に費やしたのも、やはり言葉の問題である。われわれにはどうでもよいことと思われるが、当時としては根本的な問題を孕んでいたのだ。

　かろうじて危機を逃れ苦悩を乗り越えることができたという思いから、ピエールは自らの礼拝堂を「パラクレートゥス［なぐさむる者］」すなわち「聖霊」に捧げた。この命名に、慣習を重んずる大勢の人びとは驚き、憤った。慣習に従えば聖堂は、三位一体のすべてに捧げられるべきであり、仮にそのなかのいずれかひとつを選ぶとすれば「子」に捧げられるべきであった。しかし、「聖霊」に捧げることへのこだわりを捨てられなかったアベラールは、自らの学説と論証力を総動員した。人びとの批判は、彼からすれば誤りであった。三位一体のそれぞれのペルソナが救済者であるごとく、パラクレートゥスもまた、ペルソナなのだとアベラールは言う。そのうえ教会がすべて三位一体の名において奉献されるのである以上、「神の家が、父、子、聖霊のいずれかに捧げられることを拒める者があるだろうか」とも言う。

　もうひとつの論法はこうだ。祭壇を、父に捧げるか、それとも犠牲となった子に捧げるか、といったことがそれほど重要な問題だろうか。そのようなことはないはずだ。使徒たちの目に聖霊降臨《ペンテコステ》のかたちではっきりと認められた聖霊に祭壇を捧げることが不合理であるはずはない。それどころか、『聖書』のなかで使徒パウロが「あなたがたは、あなたがたの肉体が聖霊の聖なる棲家であることを知らないのか」と言っている以上、聖霊こそ、聖堂を捧げるにふさわしい。

「使徒パウロその人が特別な霊の棲家をあてがったそのペルソナに、現実の聖堂を捧げてなんの矛盾があろう。教会は三つのペルソナのどれに属するのが最も合理的だなどと、言うことができるだろうか。（略）したがって、礼拝堂にパラクレートゥス（パラクレ）という名をつけたからといって、私がそれを三位一体のたったひとつのペルソナに捧げていることにならないのは、言うまでもない。私がそう名づけたのは、先に述べたとおり、そこに私が見いだしたなぐさめを記念してのことである。仮に、百歩ゆずって、人びとが考えているような理由で私がそう名づけたのだとしても、慣習からはずれているというだけであって、悪をおかしていることにはならない」

このあたりの記述には、独特の姿勢と論拠が反映している。慣習や伝統にとらわれない道理の正しさ、そうした動機の明敏さを彼は選んでいるのだ。のちに、キリストが「私は真実であって慣習ではない」と述べたことにも、彼はふれる。命名の問題に彼は関心を寄せた。命名は典礼を越えて重要な意味を持つと考えたのである。聖職者でありながら彼は、典礼や秘蹟はそれが「意味を帯びた」ときにのみ価値があると主張してやまなかった。こうして宗教を、論理学という彼の好きな学問に結びつけたのだ。

パラクレートゥスすなわち「なぐさむる者」を、アベラールは安らぎのうちに得たいと思っていた。パラクレでの日々の始まりは、晴れやかな喜びとともにのびのびと語られる。しかし、その後は彼の脳裡を急速に駆け抜けていったようだ。しあわせな時期であったから、語るべきこともなかったのだろう。

しかし、そのころひとつの闘いが準備されつつあった。それまでのいかなる対立よりも規模が大きく、かつ意味深い闘いであった。戦場の向こう側にいたのはふたりの聖者、ピエールの言葉を借りれば「人びとに支持されている新参のふたりの伝道者」であった。ひとりは、おそらくプレモントレの教会参事会創設者である聖ノルベール、もうひとりは、学者の説にしたがえば聖ベルナールであったかもしれない。

「彼らは説教しながら世間を渡り歩き、私を激しく、無遠慮に非難した。おかげで一時は聖職者のあいだでも世俗の人のあいだでも、私の名声は傷つけられた。それればかりか、私の生活と信仰についてまで、奇怪なものだとの悪評を広めたので、最愛の親友までが私から離れて行った。私に好意をいだいている者たちも、彼らを恐れるあまり、私への愛情をひた隠しにしようとした」

ピエールは「恐れおののいた」。異端者あるいは冒瀆者として、聖なるものと世俗のものを混同した、つまり、宗教の問題を歴史上のできごととむすびつけてあまりにも人間的な基準で扱った者として、いつなんどき公会議の場に引きずり出されるかわからなかった。これについてアベラールはわずかな記述しか残していないが、次のような対立があったのは明らかなようだ。敵対者たちは、キリスト教的なものが人類の歴史のなかをつき進んである場面に遭遇したときに示す排他性を擁護する文化に属している。時間的にはすぐれて哲学的かつ合理的なものである古代の文化に対して、空間的には武器ではなく理性をもって打ち負かすべき異教徒に対して、彼らは己の、宗教のメッセージへのいっそう幅広い理解を切り開こうとする。

絶望のうちにあってアベラールが想いを寄せたのは、ほかでもない、キリスト教の神を信じない異教徒たちであった。「キリストの敵のなかにあっても、貢ぎ物さえ納めていれば平和にキリスト者として暮らすことができるだろう」異教徒とは、スペインに住むイスラム教徒を指している。考え、感じる自由を金銭で購入するほうが筋に合う。少なくとも、キリスト教世界にあって迫害と糾弾にさらされているよりは理にかなっているとアベラールには思われたのだ。

パラクレにおける労働と隠棲の物語もまた、苦い言葉で締めくくられることになる。すぐそこまで達した敵たちの悪意に満ちた声。それはアベラールの自由を脅かすほどに大きかったのだ。平和は打ち砕かれた。自らの手で作った共同体、トロワの野の弟子たちについて、以後、すすんで語ろうとはしなかった。かなり後になってはじめて、エロイーズにあてた手紙のなかで、彼は、一一二二年から一一二六—二七年までのパラクレでの生活で物資が不足していたこともほのめかしている。賢く有能なエロイーズなら、彼が「百年かかっても手にいれることのできない」物資の豊かさを、すぐさま礼拝堂にもたらしたであろうと記している。

パラクレでの共同生活が楽なものでなかったであろうことは容易に想像できる。多くの若者たちが集まってくるのを目にして、アベラールも最初のうちはうれしい感動を覚えた。しかし、その一時期が過ぎると、広い世界を町に残して、ひとり遠く離れてあることが耐え難かったにちがいない。

修道士と修道女の在り方についてエロイーズに説いた書簡のなかで、アベラールは、修道生活における重要なポイント、というよりその本質として、貞潔、沈黙、清貧、共同生活、そして学究をあげている。これこそがパラクレの生活の理想であった。

教会法にくりかえされているとおり、ギリシア語のモノスに由来する修道士《モナクス》が本来意味するところは、世間との接触を断ち隔絶されて生きる者、すなわち隠者にほかならない。ベルナールも「修道士という名は敬虔で孤独な生活を意味する」と述べている。しかし、ここで重要なのは、物理的に世を離れて生活することよりも、世界から切り離されることによって生じる孤独を受け入れ、内面へと向かおうとする姿勢である。規則のなかで共同生活を送るのが修道士である。アベラールの時代にはベネディクト派の戒律にしたがって規則が作られていた。共同体としての修道院は、世俗のこと、政治、経済、組織的な活動に巻き込まれないことを、その特徴とする。修道院は完璧な生活の模範であろうとし、修道生活は肉体から解放される生の予告であろうとした。とはいうものの、アベラールもパラクレでの生活で痛感せざるをえなかったとおり、わずかではあっても物質的要求は存在する。修道院とて、基本的な生活のひとつの単位をなすものとならざるを得ない。そこでは、財産、必要とされる物資などが、ひたすら「有益性」という視点からのみとらえられる。所有や物がもたらす喜びは度外視される。喜びこそ、そこでの生活の目標であったのだが、それはもっぱら精神的なことにかぎられていた。

世俗からの隔絶は徐々に達成されるが、そこには清貧も一役かった。アベラールも他の者たちと同様財産を共有することによって、それは実現する。清貧とは「われわれの所有物、ひいてはわれわれ自身を完全に放棄し、私有の財産はいかなるものであれ排除して、あらゆるものが共有とされる使徒としての生活を始めることである。それは福音書に記された、ちょうど次のような生活だ。《信仰するにあたり彼らの心はひとつであった。信じるというのは、心によって行うことである。魂もひとつであった。愛ゆえに、彼らの意思もひとつであった。だれもが、己の欲するところを他の人のためにも欲したからである》使徒の生活においてはすべてが共有であった。なにかを所有するということは、野心のひとつの形態であったのだ」。

修道士アベラールはエロイーズに、神との対話である沈黙、ひとりで祈ることを勧めるが、同時に人とともに捧げる祈りについても、多くを語っている。

エロイーズをなぐさめるためにしたためた手紙で、彼の祈りに声をあわせてくれるようにと、彼女にたのんでいる。ふたりが熟知し愛唱したグレゴリウス一世の説教第十八番に、多くの心が願うことをひとつの声で祈るのは有効だとあったではないか、と指摘する。そこに語られていたのは、病のために死に瀕した僧侶が、床のまわりで涙に暮れる同僚の僧侶たちの心を一にした祈りゆえに蘇生したという逸話であった。冥界から妻を連れもどしたオルフェウスの、竪琴ならぬ合唱によるキリスト教ヴァージョンといったところか。

宗教的対話の内面的価値とその特性を重視したこの師も、集団の祈りが有する物理的な力を軽視してはいなかった。エロイーズとパラクレの女性たちがともに唱えるための祈禱書を、彼は後に書くことになる。「あなたの徳の高さに敬意を表して、一年のそれぞれの日のための頌歌を書くことにした。あなたがたは皆でそろって、私のために祈ってほしい。(略)私の負うた重しを手をあわせてかかげ、少しでも軽くしてくれることを願う」

修道院での共同生活のリズムをきざむのは、日夜の祈りであった。古《いにしえ》の聖歌は、グレゴリウス、アンブロシウス、プルデンティウスの言葉を歌詞として、「夜なかに起きて共に目をさましていよう」とか「歌声で夜の闇を打ち砕こう」、あるいは「ほら、昼の黄金の光がのぼってくる」などと歌ったものだ。

そうでありながらもなお、アベラールは、共同生活を考えるにあたって、各自が感じる内面的なものの価値に注意を怠ってはいない。著書のなかで彼は、一度ならず、ある者たちの浅薄さに苛立ちを見せている。「このところ、修道院で教育を受ける者は無知を恥と感じない。言葉の響だけに甘んじてそれを理解しようと心を砕くすべを知らない。彼らが神を愛することも神のために情熱を燃やすこともできないのは歴然としている。神を知るための導きの書である聖書の意味の理解から、彼らはとてつもなく遠いところにいるのだ」学問は、最優先されるべき活動であり、アベラールにとっては真の意味でもっとも宗教的な活動である。彼が師とあおぐヒエロニムスは「学問を愛せ。そうすれば肉の悪徳を覚えることはないだろう」と言った。禁欲と学問をかたく結びつける言葉である。

静謐と孤独につつまれたパラクレでの日々は、何にも増して彼の学問にとってまたとない好機を提供したことだろう。「聖書の隠された意味を深く掘り下げること」ができたにちがいない。

アベラールの思想を検討していると、ある種の円環運動的なサイクルを感じないではいられない。彼のような人物が、そして彼の生きた時代が、われわれにとっていかに遠く、かつまた近いものであるかを考えさせられる。アベラールの著作においては、学問がしばしば実践的な事がらとは切り離されてそれに関与せず、そうでありながら同時に実践的な事がらを可能にする活動として現れている。アベラールにとって、学問とはすなわち最高の水準における理論の探究、ひとことで言えば「真理の追究」であったことは疑いをはさまない。こうした様相を見せるがゆえに彼の学問は道徳の支配の外にある。むしろ、最高の道徳的価値である善と結びついている、と言うほうが妥当かもしれない。知的労働である学問とはすなわち実証であり、実証によって神の存在を映し出すものなのだ。

神性とは目に見えないものだ。聖書のなかに隠されていることが、信心深いキリスト者にのみ見えるのである。これについて修道士は沈思黙考し、教師は情熱をこめてこれを音声や文字にした。当時の人びとが、現代を含めた他の時代の人びとと異なるのは、学問が究極的に行き着くのは道徳であると根本的に信じていた点である。彼らにとって学問とは集団的努力であった。隠された、あるいはほとんど失われかけた真実を取りもどすことができると信じて行う、集団的大事業であった。成果を信じて疑わないがゆえに、活発で忍耐強い作業となりえたのである。未来に向けて感知すべき、あるいは発見すべき何かではなく、取りもどして「享受」すべきものであった。これによく似た、しかし進歩という概念を取り入れるとむしろ年代的に逆行しているように思える現象が、前世紀までのヨーロッパに認められる。啓蒙主義と実証主義である。このふたつの思潮には、手に入れるべき真理はより高い次元に属するものだという確信が欠けていた。真理に達すれば、人間もそれだけ高い次元で生きることができると説得し、感情を揺り動かす大きな力に欠けていた。かたや、中世のキリスト教徒たちは、理想に胸おどらせていたのである。アベラールを理解するためには、彼の態度を歴史の流れのなかに組み入れて考察する必要がある。論争にかける情熱や執拗さは、彼が属していた世界のひとつの側面であり、その時代に共通の知的プロジェクトの印である。

パラクレのアベラールは学問に勤しんだ。論文に手を入れ、注解法序論の基本文献である『然りと否』を書き、『論理学』のための準備をした。

静寂と孤独は、悲劇ののちの彼が必要とした安らぎをたしかに与えてはくれただろう。だが、同時にまた彼から何かを奪ったと考えることもできそうだ。次の第九章がわれわれにそれを示してくれるだろう。

第九章

いとかしこきエロイーズはいずこ……

F・ヴィヨン

「波音轟く海辺の」地、ブルターニュ地方にあるサン・ジルダ・ド・リュイスの修道院に院長として就任しないか、という申し出があった。アベラールはそれを受ける。今にも攻撃をしかけられるのではないかという恐れがあったから、修道院長という立場で身の安全は確保したい、と考えたためもある。そしておそらく野心もあっただろう。パラクレでの困難な生活に疲れ孤独に倦んでいた、ということもある。ともかく、記述に残るかぎりでは、「古代ローマの敵意がヒエロニムスを東国へ追放したごとく」ブルターニュへと遠ざかって行く。

修道院長に就任したアベラールは新たな役割を担うことになる。これは、階層がはっきり分けられていた当時の社会にあって、大きな変化を意味するものであった。さまざまな責務ばかりでなく、社会という共同体内部におけるもうひとつ別の意味が、この人物に付与されたのである。

当時の社会を構成する身分が、聖職者、騎士、勤労者の三者に、ときにはさらに細かく分類されていたことは知られている。たとえば、アベラールと同時代の人であるオータンのホノリウスは、キリスト教社会をいくつもの位階に分け、その各部分を象徴すべく二種類のアレゴリーを作った。ひとつは古くアグリッパと聖パウロも用いた人体になぞらえるメタファー。もうひとつは、自然界になぞらえたメタファーである。

アベラールは、教師から修道士を経て修道院長となるまでに、六つの段階を経過したことになる。人体のメタファーによれば、話し教える「唇」に始まって、支え耐える「膝」、考え肉体に指示を出す「頭」たる修道院長にいたる。自然のメタファーに従えば、修道院長は「金」、修道士は「香料」、教師は「知の百合」である。

サン・ジルダの修道士たちがアベラールにこの申し出をしたのは、おそらく一一二七年のことである。それから二年の後、アベラールが一〇年前から所属するサン・ドニの修道院長シュジェールが、はからずもエロイーズとアベラールを接近させることになる。

ふたりの物語がこうした展開を見せなかったなら、ミシュレ、ド・ヴィニ、シャトーブリアンのロマンティックな詩句、さらにはそれに先立つ十八世紀の涙をさそう詩の数かずは生まれようもなかった。一〇年前とはうって変わった状況のもとでの、哀れをもよおす出会い。それは、この愛の物語にひとつの意味を与え、昇華させるようなある種のハッピーエンドへと導いている。何が起こったのか。

アベラールはこれを言葉すくなに述べている。「私の属するサン・ドニ修道院の院長が、かつては直接の管轄下にあったからという理由で、アルジャントゥイユ修道院をなんとしても取りもどそうとした。アルジャントゥイユ修道院といえば、私の、もはや妻ではなくキリストにおける妹であるエロイーズが聖衣をまとった場所だ。シュジェは、アルジャントゥイユから、修道女だけを無理やり追放した。彼女らはちりぢりにならざるをえない。エロイーズは、アルジャントゥイユの修道女団を率いる立場にあった。これは神のご配慮だ、パラクレの私の礼拝堂を彼女らに提供する機会を与えてくださっているのだ、私はそう直感した。私はふたたびそこにもどり、エロイーズをはじめとする修道女たちを招致して、周辺の土地ともども礼拝堂を彼女たちに贈った。その後まもなく、土地の司教の肝入りのおかげで、教皇インノケンティウス二世が特権を行使したため、贈与されたその土地に対する彼女らおよび後継者の永久所有権が認められた」

ロマンティックな詩句に歌われたものとは異なるが、彼もまた、「真のパラクレートゥスが真のなぐさめを導き、自ら礼拝所に必要なものをもたらした」と、この展開にひとつの意味を見いだしている。

一一二一年以来の、サン・ドニ修道院長シュジェの再登場である。

ことの発端は、パリの司教の、アルジャントゥイユ修道院に対する苦言にあった。その頃、若きエロイーズはアルジャントゥイユの分院長となっていた。おそらく一一二三年よりも少し前、つまり二〇歳をわずかにまわったときからその地位にあったと思われる。紛争の種は、七世紀、メロヴィング朝のクロタール三世によって設立され、当時最大であったサン・ドニ修道院の管轄下に置かれたこの修道院の歴史のなかにあった。設立の経緯と、シャルル・マーニュの娘である美貌のテオドラダに譲渡されたいきさつを記した史料がある。おそらく八二八年のものである。史料はまた、テオドラダの死に際してふたたびサン・ドニ修道院の管轄にもどすべく要望があったことも伝えている。敬虔王ルイ一世は命令を出し、そうなるようにはからった。

ノルマン人との戦いで、アルジャントゥイユ修道院は荒廃した。アベラールはこっそりエロイーズに会いに来ると、戦乱でできた壁のひび割れを通りぬけたのかもしれない。修復はようやく十一世紀に入ってから、ロベール王の母アデライドによってなされたのである。母の要請に従い、一〇〇七年、ロベールは広大な土地を、ここで生活を始めた修道女たちに資産として譲渡している。

譲渡の契約が成立したときサン・ドニ修道院側から何も要求が出されなかったというのはおもしろい。アルジャントゥイユ修道院が発展していけば、それに伴って大きく利するところがあるはずだ。当然なんらかの要求があってしかるべきだったろうに。

シュジェの時代になると事態は変わっている。シュジェはさまざまな方面で指導的な役割を果たし、社会的にも重要な人物であった。フランス王制の刷新にもかかわり、かつまたゴシック美術にも積極的な関心を寄せている。政治家らしく、彼は自らの修道院の財産をゆるぎないものとするためならいかに小さなことでも行った。彼みずから次のように述べている。「青年時代に学問をするかたわら、私はわれわれの修道院の所有に関する記録をしばしば読んだ。そしてそこに、少なからぬ矛盾があるのをみとめた。エルメネリクとその妻ヌマナによる修道院設立にまつわる史料も何回となく手にした。それらの史料から、ピピン王の時代以来サン・ドニに付属していた修道院が、ある偶然からシャルル・マーニュに引き渡されたという事実が判明した。シャルルの娘は生涯独身で、彼女の死後、修道院をサン・ドニの管轄にもどすという条件で院長となった。しかしシャルルの息子たちの時代に王国を乱したいくつかの出来事や、ルイ敬虔王がらみの出来事が原因となって、そのとおりにはならなかった。つまり、修道院の所属をめぐって祖先たちがさまざまな努力をしたにもかかわらず、成果はなかったのだ。私は兄弟たちと相談のうえ、教皇ホノリウス二世にあてて贈与にまつわる古い書類を付した手紙を送った。教会法に照らして検討し、結論を出して書類を送り返してくれるようにと依頼した。教皇は思慮深い人物であり、法の保護者でもあったから、われわれの当然の権利を認めた。さらにその当時、尼僧院に暮らす修道女たちの不品行が悪評を呼んでいたこともあり、修道院を、その所有権ともどもわれわれのもとに返してくれた。修道院の刷新を、教皇は望んだのだ。フィリップ一世の息子ルイ六世は、われわれの領主であり友であったが、修道院に対する権利の放棄を勅令によって明らかにした。この返却の過程についてより多くを知りたい者は、王宮および教皇庁の資料にあたってみられよ」

一一二九年、サン・ジェルマン・デ・プレで招集された公会議の席で、協定が成立した。アルジャントゥイユ尼僧院では「修道女たちが破廉恥なふるまいをほしいままにしており、修道院の外でまでみだらな行為にふけり風紀を乱している」との世論の批判も、この決定に一役買った。

もっともこのスキャンダルは、書類を手にしたシュジェが、アルジャントゥイユはサン・ドニに属するものであると証明するために、世論の怒りを煽りたてるべくでっちあげたのかもしれない。やがて教皇ホノリウス二世は公会議の決定を認可し、告発された修道女たちは追放されて、代わりにサン・ドニ修道院の僧侶たちが移り住んでくる。ただし、法王庁の告発文は「一部に、ふさわしくない生活を送る修道女もいると言われる」と、ゆるやかなものになった。

あくる一一三〇年の史料では、教皇インノケンティウス二世は、抗争の引き金となった修道女たちの悪しきふるまいにいっさいふれていない。さらにその翌年には、パラクレの礼拝所がエロイーズに贈与されることになる。勅書の記述は、彼女とその姉妹たちに対する敬意に満ちている。

「アルジャントゥイユ事件」の真相が明らかになることはあり得ないのかもしれない。シュジェの権力の行使が明らかな一方で、「修道女たちの不品行」は霧につつまれたままである。矛盾することがあまりにも多い。

当時の文学作品や年代記にしばしば記されているのを見ると、シュジェが糾弾した尼僧たちの不品行は特異な例ではなかったようだから、事実であったろうと考えることもできる。たとえば、十二世紀初頭の韻文パロディー『レミルモン宗教会議』は次のとおりだ。恋愛において聖職者が騎士に勝っているかという問題が、レミルモン修道院の一室に集まった修道女たちによって論議される。オウィディウスの小詩が聖書にとって代わり、「尊敬すべきオウィディウス師の掟が、列をなして招き入れられた処女たちの前で、ほとんど聖書のように読み上げられる……」。パロディーは現実そのものを語るわけではないが、現実性のこもる断片によって構成されるものだ。

われわれの物語においても、不可思議なことがふたつある。アベラールとエロイーズがしたように、愛の邂逅を食堂で公然と行いうる修道院とは、いったいどういうところなのか。そしてアベラールが自伝のなかで、修道女たちのアルジャントゥイユからの「暴力的」追放についてほとんど語らず、かるくほのめかしているにすぎないのはどういうことか。シュジェが不道徳を糾弾すれば、それは当時女子修道院長として修道院全体のなかでは上から二番目の地位にあったエロイーズにとって、明らかに不利につながる。これに、ピエールはほとんどふれていないのだ。にもかかわらず、実情を検証するために細かく気を配り、わずかな証拠も見逃すまいと努めたことも知られている。もしもシュジェの糾弾がまったく事実無根であったとしたら、はたして彼は黙していただろうか。当時のフランスで、シュジェは政治的にも力のある人物であったから、敵にまわさないほうが得策であったにちがいない。こうした事情も見逃すことはできないが、それにしても、ピエールは、それまで、第一級の重要人物であっても懲りずに怒らせてきたではないか。ふたりの有力者を「新しき使徒」と皮肉たっぷりに呼んだのも、記憶に新しいところである。

シュジェを非難し、修道女たちを擁護しようと思えば、教皇ホノリウスとインノケンティウスの勅書をもち出せばよい。そこに大修道院長の告発に関する記述はほとんどない。黙殺されたのであれば、たいしたことではない。エロイーズと尼僧たちに有利となるべく思い出せることはまだほかにもある。修道院を改編する目的で修道院から修道女たちを立ち退かせるのは、当時珍しいことではなかった。たとえば一一〇七年には、サンテロワの修道女たちがスキャンダルを理由に追放されている。実際は王が通る道を造るため、修道院の壁を壊して縮小する必要があってのことであった。サン・ヴィクトール修道院もシェル修道院も同様の試みをし、後にはコルベーユ修道院もそれを果たしている。歴史のある修道院のなかには、このように、政治の力に動かされて買収されたり、併合されたり、贈与されたりするものがあった。こうした大きな構図のなかで、個人的な思惑や事情はほとんど顧慮されなかった。

今日でも、「アベラール信徒」の多くは、そのようなスキャンダルにエロイーズが巻き込まれたのかもしれないと考えるだけで背筋が寒くなる。修道女としての彼女ではなく、恋をしながらなお信心深かった情愛豊かな彼女のイメージが汚されてしまうからだ。エロイーズは、つねに申し分のないふるまいをしてきたことをのちに手紙に記しているし、それについての証言はほかにもある。たとえばクリュニー修道院長ピエール(ペトルス・ヴェネラビリス)のそれである。

しかし、手掛かりを頼りに推論していくと、込み入った経過をたどらねばならない。認識論的倫理学の師でもあったアベラールの忠実な真の弟子であった者にとって、行動はかぎられた意味しか持たず、それが人格を傷つけ責任が問われるほどに重大な意味を持つのは、完全にその気になり積極的な意思にもとづいた場合のみであったのかもしれない。意思とはうらはらに、不承不承に不道徳なふるまいに身をまかせ、権力や圧力に屈してその人らしくない行動をしたとしても、それは、たいして重要なことではない。若きエロイーズの本性、女性としての弱さゆえのことにすぎない。そうであったとして、それが彼女の愛と人格を否定することになるだろうか。

「肉体にのみかかわることに私は重きをおこうとは思いません」と、のちにエロイーズは言う。

ロマン主義は、エロイーズに、愛のヒロインとしての消すに消されぬプロフィールを刻印することになる。しかし、中世における「けがらわしい淫乱」は、十九世紀の歴史家が考えたほどすべての人を巻き込んだものではは、どうやらなかったらしい。

パラクレでの生活の始まりは、まちがいなく、エロイーズにとって人生の一大転機であった。アベラールにとってそうであったように。

第十章

すべて、ことは穏便になされよ。
「ベネディクト派会則」四八・二〇—二一

パラクレに移り住んだ女性たちを待っていたのは窮乏の生活だった。アベラールが彼女たちに贈ったのは隠れ家以上のものではなかったのだ。だが、周囲の者たちが彼女たちの困窮ぶりに心を動かされ、しだいに寛大な態度で接するようになる。アベラールが語るところでは、彼なら百年かかっても到達しえない快適な生活が、たった一年のうちに実現した。ことのなりゆきを語るアベラールは、妻であった女性を誇らしく感じている。

「主のおぼしめしにより共同体の長となったわが妹エロイーズは、だれの目にもすばらしい女性と映った。司教たちは娘のように、修道院長たちは妹のようにかわいがり、世俗の者たちは母のように慕った。だれもが、彼女の信仰の篤さと聡明さを愛で、どのような状況にあってもみせる類のない善意と忍耐強さを讃えた。それればかりか、瞑想と祈りのために個室にこもり姿が見えなくなると、外部の者たちが彼女と話をしたいと懇望したのだ」

エロイーズとアベラールがふたたび定期的に逢うようになったのは一一三〇年ころのことである。ふたりがともに認めているとおり、双方にとってこれは大きななぐさめであった。説教者としてのピエールの名声は、苦境におかれた小さな修道院には救いとなる。彼がいるおかげで、説教やミサは頻度を増し、寄進する者たちはますます気前がよくなった。

十九世紀に出版されたアベラールの『自伝』は、中世よりもむしろスタンダールの『パルムの僧院』を髣髴させる挿絵を見せてくれる。ゴシック的な雰囲気のただよう建物のなかで説教壇の高みから、霊感を受けたアベラールが聴衆に向かって話しかける。うっとりとしてそれに聞き惚れるエロイーズの恍惚の表情。まさしく、ファブリス・デル・ドンゴの言葉に耳を傾けるクレリアの姿である。エロイーズが、そのころアベラールがパラクレで行った「施しについての説教」をこのような表情で聴くことがはたして実際にありえたのかどうか、われわれには知るすべもない。わかるのは、愛する師の説教を聴くのが彼女にとって一〇年ぶりだったということである。彼女は、ようやく三〇歳になったばかりであった。

敵対者たちがパラクレでのふたりの出会いに陰口をたたいていたにはせよ、一年ないし二年の歳月が平穏のうちに過ぎた。ピエールのかつての師であるロスケリヌスの書簡が、もしもこのころのものであるとするならば、これこそふたりが立ち向かい、いく年かのあいだ耐え忍ばねばならなかった暴力の見本のようなものである。

ロスケリヌスはかつての弟子を、「自らの女である娼婦にとどける金をかき集めるために嘘を教えた修道士づらの男」と呼び、愛人に捧げるべく、修道院長の印章に男ひとり女ひとりの頭部を彫ったと言って口汚く非難した。ソワッソン時代にアベラールに糾弾されたことへの恨みもこめての雑言であろうが、そのころのピエールには的はずれな非難であった。ピエールは「身をひそめ息をつくことのできる、港のような静かな場所」を求める男となっており、健康を害してもいた。後の手紙からうかがえるように、エロ

パラクレで説教するアベラール。銅版画家ジグーはパラクレを理想化し，立派な聖堂のように描いている。手前のエロイーズは両手を組み，アベラールにうっとりと見入っている。

イーズが今なお彼に対して見せる情熱を恐れてすらいたのである。自信をなくした不幸な病めるピエールというイメージのほうが、ロスケリヌスが意地悪く描写した姿よりも真実らしく思われる。ロスケリヌスの描き出したものが歴史的真実であるとするならば、清廉な修道院長としてのエロイーズの名声も、これによって汚されたはずである。さらに、それとは真向から対立する証拠もある。たとえばクリュニー修道院長はエロイーズの行いはつねに非のうちどころのないものであったと賞讃しているし、クレルヴォーのベルナール（ベルナルドゥス）は、後にアベラールに送ったおびただしい数の手紙のなかでもこの件についてはいっさい語らず、エロイーズに対する反感を感じさせる文言やパラクレでのふたりの不道徳なふるまいへの言及も見当たらない。ベルナールは、アベラールに対してははげしい非難の言葉を浴びせているが、それはむしろこの男に対する全般的な告発となっている。エロイーズとのことで、もしもそうした事実があったなら、彼がそれを見逃すはずはない。

ベルナールは、ちょうどこのころパラクレを訪れている。視察あるいは監督を目的とする訪問であった。アベラールとベルナールは、表向きはうまくいっていた。しかし、アベラールがベルナールに宛てた一通の手紙は、丁寧な言葉を連ねてはいるものの、ある種のぎごちなさ、底にひそむ敵意を覗かせている。対立の原因は、またしても、神学と典礼にかかわるものであった。当時の文化と人間関係において、これが、いかに大きな意味をもつ問題であったか。ちょうど今日、政治をめぐる論議がプライベートな人間関係に影響を及ぼすようなものなのだろう。それを思えば驚くには値しない。昔は神学が、今日は政治が、人間どうしのコミュニケーションのネットワークを制御したりおし広げたりする。価値観の境界を明確に定め、相反する二者の配置を決める。かつては神学上の、今日では政治上の立場の違いが、しばしば相手の言い分を理解するのを困難にする。それはやがて激情となり、激情がつねにそうであるように、それだけがすべてであると信じるにいたる。

アベラールは、手紙の冒頭に、ベルナールのパラクレ訪問がエロイーズを喜ばせたことから書き始め、客は人間というより天使に似ていたとまで述べる。が、すぐにいつもの皮肉な調子でベルナールのエロイーズ批判の検証にかかり、「ある新奇さ」という言葉で彼女を叱責したことに非難の矢を向ける。

ベルナールは、修道女たちの唱える主禱文のなかに斬新で大胆な言葉があることを指摘し、その新奇さはアベラールの書き換えによるものであろうと推定した。事実そのとおりだった。パラクレの尼僧たちは「日常の糧であるパン」と言う代わりに、「キリストの体であるパンを、今日我らに与えたまえ」と唱えていたのだ。緻密であるばかりか、原典に立ちもどった論旨で自論を守るのは、アベラール一流のやり方である。「ルカではなくマタイの福音書にあたるべきである。主の祈りを直接に書きとどめた弟子は、ルカよりもむしろマタイであるから」と反論した。正確でないものよりは確実なもののほうを選ぶ、というわけだ。

書き出しは慇懃であったが、手紙の語調はしだいに厳しさを増していく。ベルナールは『聖書』に従おうとせず、これに勝手な改竄をほどこす者であると、その思い上がりを糾弾される。ベルナールの方法が一般に通用するものであることはアベラールもわかっているのだが、彼らしいいつものスタイルで意味深げに、「理性や真実をおいて、習慣やならわしを尊ぶのはよろしくない」とつけ加えている。

ここにもまた《理性》対《慣習もしくは伝統》という公式がある。これが導き出した神学論争にピエールは何よりも本腰を入れて取り組んだし、結婚に断固として反対したエロイーズの理屈にまでこれが反映している。アベラールのこの手紙は、史料として興味深い。自らの見解を断固として擁護するうちに、制御されていた怒りがしだいに高まっていく。まるでその声が聞こえてくるようだ。影響力のある人物であるからとこだわっていたものが、徐々に消滅していくのを感じとることができる。

ベルナールもまたおもしろいことに他人の発言には耳を貸さないでいるようだ、とピエールは指摘する。聖務日課のなかに彼が独特の目新しさを導入したために、「なかには驚きのあまり自信が持てなくなり、賞讃ではなく幻滅のあまり茫然としている者もいる」。そして、「どこの教会でもあげられる祈り、聖者たちの祈禱といわれる祈りを、あなたは断固として禁止なさった。まるで世界があなたの祈りをもはや必要とせず、あなたは聖者たちの祈りを必要としない、とでも言うように」と意地悪く付け加える。

ピエール自身の意見はどうかと言えば、祈りがどのような言葉でなされようと、それは大した問題ではないとして、「各自が好きなように祈ればよい」と断言する。どのような祈りを唱えようと反対するつもりはないが、「言葉が本来持つ意味を変えないよう最大の努力をすべきである」と、論理学の徒たるにふさわしく素っ気ない教訓をたれている。

これは、おそからずふたりのあいだで火花を散らすことになる論戦、大きな、そしてアベラールにとっては不幸な反目の、小さな前ぶれであった。少なくとも、この手紙を境に、ふたりのあいだが険悪なものとなったことは確かである。アルベリックとロチュルフのアベラール批判を、ベルナールは耳にしていただろう。彼らの非難が根拠のあるもので単なる陰口以上の真実を含んでいるのなら、この男に対する、ひいてはエロイーズに対する糾弾を、黙って見すごしはしなかったはずだ。ベルナールが挑んだ論戦は高潔さを失わず知的であったが、その時代には珍しくない口調の激しさも備えており、ピエール師の人格をおとしめようとする意図が見えていた。これほどの悪意は、当時のアベラールの状況からして理解に苦しむが、あまり詮索はしないでおこう。「良心とよき評判とは別のものだ。良心は己自身のためのもの、よき評判は他人のためのもの」とアベラールがいくら述べたところで、ベルナールの糾弾は深い傷あとを残す

パラクレにエロイーズを訪ねるベルナール。ジグーが描こうとしたのは，アベラールの最大の敵と目されるベルナールを冷たく，不信の眼差しで迎えるエロイーズである。

ことになる。

このころ受けた非難を自伝のなかで回想するうちに、彼はこれに理想的な答えを見つけ、教師にふさわしい文体であざやかに証拠を積み上げていく。キリスト、使徒たち、教父たちの傍らにはつねに女性の存在があった。彼が好んで援用するのはヒエロニムスであり、エロイーズも返事の手紙のなかで自らヒエロニムスの弟子マルセラをもって任じることになる。権威ある教父も、旅の途にあるときはつねに敬虔で学識豊かな女性たちがそばにいて、彼の話に耳を傾けた。聖者であっても避けて通ることのできない運命なのだ。

自らパラクレに滞在することを客観的かつ歴史的に是認するための理由を探していくうちに、アベラールは使徒パウロの例に行きあたる。「弱き性」は「強き性」を必要とすること大であるので、男性が女性を導くことをパウロは欲した。修道院において、僧侶たちの頭に男性のリーダーをおくので、当然のように尼僧のリーダーとして女性を院長にすえる風習がまかり通っていることを不可解とする。「多くの修道院では自然の秩序が覆され、人びとが信頼をよせる聖職者たちの上に女性の修道院長や修道女がいる。とりわけ、彼女たちがきびしく行使すべくゆだねられた力をふるえばふるうほど、聖職者たちが恥ずべき欲望へと誘われる可能性があることをわれわれは知っている」

第七書簡と第八書簡でこの問題をとりあげ、パラクレの見取り図を大まかに示すが、その前にも、アベラールは女子修道院の基本的な性格についての見解を述べ、修道生活についてのモデルを描いている。女子修道院のありかたに関する彼のデッサンを完全に描き出し、その理想的な姿を細部にわたってまで情熱をこめて提示するのは第八書簡である。よく知られた手紙であるが、これには、さまざまな読み方が可能である。なによりもまず、一哲学者によって書かれたものであり、修道生活と典礼の具体的な見取り図を

僧服に身をつつむエロイーズの表情。一見，熱い信仰を思わせる。が，彼女が両手に握り締めているのは，きっと，アベラールからの手紙であろう。

描いているがゆえにまたとない史料である。そしてまた、アベラールの倫理思想とキリスト教思想の精髄の証言であり、かつまた、ふたりの恋人の物語のなかでも最も精神的で高邁な瞬間を述べるものである。愛してくれた女性の傍らに静かに横たわることをアベラールが老いた自らの姿として夢みるといった、胸をうつ叙述が行間に滲み出る。

願望を、単に表明するというにとどまらず、幅広く論理的な知識人らしい構想のうちに書き込んでいる。「秩序の保たれる静謐な修道院にだれしもひきこもることができる。妻、母、姉妹、娘、あるいは援助の手をのべられる女性の傍らにあって生きることに、永遠の意味を見いだしたいとだれしも思うはずだ。すべての男が完璧なおだやかさのうちにそれをなしうるはずである。修道士の僧院と修道女の尼僧院は、血の絆によって強められた愛と、平等に奉仕しあうことによって生まれる使徒的な社会の復活への期待において結ばれることになるだろう」

人生は旅である。そこでは愛こそがなぐさめであり、時を超えた存在へと向かう旅の途上での連帯感をもたらすものと考えられていた。今日とは大きく異なるこうした発想に目をむけてはじめて理解しうる言葉である。

「パラクレの修道女規則」と呼ばれる第八書簡は、書き手の言葉どおりに解釈するのがよい。書物に示唆されてのさまざまな講義や人生経験に基づく長きにわたる瞑想のなかから培われた熟考が「まとまりよくおさまった」小品である。拠りどころはさまざまだが、内的意思に統一がとれているので、ちぐはぐな印象は与えない。「魂の美しさを描き、キリストの花嫁すなわち修道女のあるべき美質を示すため、処々の修道院で依拠している規範や聖なる教父たちの数ある教えに基づく規範を集め、そのなかからいくつかを選び出して花束のようにまとめてみよう」

格調高い書き出しだ。アベラールが提示するのは、世俗からの完璧な離脱、沈黙と勤勉のうちに隔離された生活、男性にも女性にも共通すると彼が考える修道生活の真理である。戒律にはふたつの次元があるが、そのいずれも、今日のわれわれを魅するものだ。

さまざまな指示や忠告から、小さな尼僧院の日常生活の様子、時間が、行動やときには思考にまでリズムをつけるさまや、職務、日用必需品、つつましい要求の満たし方や訓練のしかたにいたるまでを垣間見させてくれる。冒頭に近いところにこれらのことは書かれている。

アベラールが生きた時代と社会においては、人間の権威は神から委ねられたものであった。唯一の神がひとりの人間を共同体の長としてお選びになり、その人物にのみはっきり見える方向へと、人びとを注意深く責任をもって導く力をお与えになったと考えるのが自然であった。その人物は、家庭における父、国家における君主、修道院における院長《アバーテ》であった。父を意味するアバがその語源である。

この社会通念は彼にも受け入れられるものだった。女性たちの融和をはかりながら彼女たちを導くひとりの人間として、女性の修道院長というものがありうると考えたのだ。そこで彼は軍隊の譬えを援用する。

女性の院長は、「彼女が欲する任務をこなしうる修道女を神の軍隊における執政官として自由に選ぶ。その他の尼僧たちはみな兵卒であり、悪魔に抗して戦う」

共同体の生活を支えるには、院長をはじめ七名の「執政官」が必要となろう。

鍵や礼拝に用いる品物を保管し、寄進を集め、典礼のための道具を管理し、「鐘を鳴らす」ささやかな任も負う財務係。典礼、歌、作曲についての講義を行う聖歌隊長《カントリクス》は修道院の小さな図書室の書棚を管理し、合唱のパート分けをし、教養にまつわる分担を行う。アベラールの規定によれば、聖歌隊長は院長に次いで二番目に重要な立場であり、院長が不在、病気、あるいは多忙の折りにはその代行を務めるほどに大きな権限がある。

看護係は、肉体の病はもとより、寂しさや郷愁といった心の病の治癒にあたる。その職務はこまごまと規定されている。看護係は、薬草の知識を持つ薬剤師であり、瀉血も行わねばならない。姉妹のだれかに死がせまれば「修道院じゅうを小板をたたいてまわり」、それを知らせる。これを合図に、修道女たちはひとり残らず、もはや助かる見込みのない姉妹の臨終の床に集まって祈りを捧げる。

衣服係の役割もなおざりにはできない。靴と衣服の材料を調達し、羊の毛を刈り取らせ、姉妹のひとりひとりに手仕事をわりあてる。つつましい仕事であるがそれゆえに価値がある、とアベラールは言う。ピエールは、パラクレの尼僧たちの服装をもヴィヴィッドに描き出す。僧服は黒、寒ければ小羊の毛皮のマントをはおる。小羊の毛皮はベッド用毛布としても使えるとアベラールは指摘している。裾は長くするが、ただし「埃をたてないよう」踝より長くはしないこと、袖は手の自由な動きを妨げないように手首までとする。足には木靴あるいは革靴をつける。「贖罪を口実に修道女が素足で歩き回ることがあってはならない」頭部は、絹ではなくありふれた黒っぽい麻のベールで覆う。肌着も「つねに清潔な」麻のものであること。これが、世俗を離脱し慈愛の徳を実践する尼僧の姿である。「欲がでて、最小限必要なもの以上の施しを受けることは避けねばならない。必需品と数えられないものはすべて盗んで手に入れたも同じである。なぜなら、そうしたものを所有してしまうことによって、それがあれば生きることができたかもしれない多くの貧者の死に対して責任が生ずるからだ」

食糧係も物質にかかわる職務であるが、禁欲を旨とする修道生活の規則のなかにあって食事は重要な項目であり、きわめて意味の大きい任務である。

たとえばぶどう酒は議論の的である。文学はすべて、古典もキリスト教文学もことごとく、酒は生きるよろこびでありなぐさめである、としている。「盃のなかで黄金に輝く酒から目をそらすがよい。心地よく体のうちに染みとおっていくが、やがて蛇のごとくあなたを噛み、毒をまわらせる。あなたの目はつねならぬものを見、心は邪なことを考える。舵もないまま沖合で、恐れることもなくまどろむ者のごとくなるだろう」

しかし、女性のほうが男性よりも酒に強いことを忘れてはならないと、ピエールは指摘する。その理由は「肌のつやと柔らかさに現れているとおり、女性の体は本来水分を多く含んでいるからだ」と、愛情をこめてつけ加えている。女性の体には酒の毒を溶かす力があるとも言う。水を四分の一の割合で加えれば酒も「毒性を失い健康に利するもの」とアベラールは考えていたようだ。

小麦粉は純粋なものではなく、少量の麩《ふすま》を混ぜる。パンは竃から出したばかりのやわらかいものでなく、一日おいたものを食する。肉は週に三日、一日につき一回とする。修道女たちにふたつのメニューからの選択が許されることはない。粗食をすすめているが、それほどきつい規則ではない。これらの規則のもとにあるのは、事物の世界は意味のないもの、精神的な動きをもたない《どうでもよい》ものによって構成されている、というアベラールの信念であり、『倫理学』をはじめとする著作のなかでもたえず強調されている。精神の価値はすべて選択の意図や目的から生まれるものであり、行動の内容から生まれるのではない。つまり「肉や酒を摂取することは、結婚と同じく善と悪の中間に位置するものであり、したがって《どうでもよい》ものの部類に入る」。結婚にあたってのエロイーズの論拠も、こうしてとらえれば決して奇異なものではない。

修道院長を補佐する執政官のうち、守衛係は外部の者の出入りを管理する。だれを招じ入れるべきか、どのように応対すべきかを判断する必要があるので、「それなりの年齢に達し、知性を備えていなくてはならない」。貧者に衣服や食糧をほどこすこともあるから、やわらかな物腰の如才ない人物でなくてはならない。アベラールは、「テーブルナプキンを汚さないために本来貧者に施すべきパンの余りを使い、これで手やナイフをぬぐう習慣が、大半の修道院で生きていること」をおぞましく感じている。

即物的な守衛係の仕事にも、アベラールはまた例によって、「世俗の雑音を遮断する」という高尚な意味づけをしている。

これらすべてのことを、修道院長であるエロイーズがとりしきる。これが、そのころのピエールがエロイーズに望んだ姿なのだ。ここにあげられた資質のほとんどすべてが、彼女の手紙から類推しうる実像、人びとの讃辞から知られる彼女のありえた姿にあてはまる。教養があり、音楽と文学の素養のある唯一の女性であり、学問にも熱意を注ぐ。さらに「世のなかと男を知っている」と言いながら、それが「ただひとりの」男であることをもアベラールは強調している。

「彼女の生きざまのほうが言葉よりも雄弁であるにちがいない。食事はつましく、特権にこだわったりもったいぶったりすることもないであろう。食事は共同の食堂でとるであろうし、つねに修道院のなかにあって暮らすであろう」

アベラールはこうも言う、「女性の修道院長は、物質的なことよりも精神的なことに留意すべきである。修道院内に彼女のとどまる時間が長ければそれだけ他の修道女たちへの配慮も大きくなるのだから、外部の用事にかまけて内部をおろそかにすることがあってはならない。(略)修道院内部の悪しきことは、何であれ彼女が一番に発見し、修道女たちがそれに気づいて悪例にひきずられないうちに、それを正すべきである。管理下にある者全員の体と心に責任を負う立場にあるのだから、自らの共同体を運営するにあたり、最大の注意を払わねばならない」。エロイーズが分院長の立場にあったときアルジャントゥイユで起こったことを繰り返さないための訓戒であったのかもしれない。

彼が定めた規則のなかで、近年になってもなお論議を呼んでいるのは、修道院長たる女性の理想的な年齢についてである。ピエールはこれを六〇歳としているが、そのときのエロイーズはようやく三五歳であった。規則を定めるにあたって、アベラールは、彼もエロイーズももはやそこに存在しない将来のことも考慮したのであろう。規定としては、新約聖書に書かれているとおり、創立者であるエロイーズよりも上の年齢を定めておくのが最良の策と考えたものと思われる。

ピエールは、パラクレのために定めたものが一般的習慣として根づくことは警戒していた。先に述べたとおり、「男たちの長として男性の修道院長がおかれるのと同じように、尼僧の長には女性をすえる」ということは、不合理と見なしている。生理的な差異があるにもかかわらず男性と女性が同じ規則に従うのは矛盾している、自然の法則に従えば女性の導き手は男性であるのにそれに悖る、と彼は考えている。エロイーズもこの点で彼と意見を一にしている。そこで、パラクレの修道女たちのための規則を、特例として設けてくれるよう、ほかならぬピエールに求めたのである。

「かなりの修道院において」女性の院長が男性聖職者にまで命令を下していることに、アベラールは憤る。どうやら、アリブリセルのロベール（ロベール・ダリブリセル）が設立したフォントブローの双子の修道院をほのめかしているらしい。

ロベールは、アベラールと同じくブルターニュの人である。彼とおなじくアンジェで哲学を講じていたが、「原始教会の習慣にならって」クロンの森で隠者として暮らすために教師の職を捨てた。ピエールは彼を評価しており、彼がパリの司教のもとでロスケリヌスから意地悪く攻撃されたときには弁護したこともある。ふたりには、根底で共通するものがあった。

ロベールは一風変わった人物である。彼が残した仕事や生活の記録から、さまざまな解釈が浮かびあがる。ロスケリヌスが彼を非難したのは、「夫のもとを去った女たちを、夫たちが取りもどそうと要求したにもかかわらず」僧院にかくまい、「思慮に欠ける行動をした」からというものであった。ロスケリヌスは常套句をぎごちなく繰り返す。「夫を捨てた女たちは姦通罪を犯したことになる。なぜなら、捨てられた夫たちは、そのためにやむをえず罪を犯すことになったのだ」と。説教するロベールに従う女性はあとをたたなかった。娼婦あがりもいれば寡婦もいた。不幸な結婚を逃れてきた者もあった。そのいずれをも彼はあたたかく迎え入れ、フォントブローに共同体を創設。当初は疑惑や嘲笑を招いたが、やがて修道院として定着する。つとに貧者や病める者の保護者であったロベールに、女性の保護者たるイメージが新たに加わって、好評を博した。フォントブローの女性たちは修道院長の指揮のもとに置かれてはいなかった。罪を犯した者はマグダラのマリアの保護のもとに、寡婦や処女は聖母マリアの庇護のもとに、病める者はラザロの家を棲み家とした。男たちは、マリアにとっては息子も同然の福音のヨハネに捧げる家に招き入れられた。フォントブローにおける男たちの役割が軽いものであったことを象徴するようだ。

女性と男性が顔を合わせるのは、大聖堂で合同の祈りや儀式の行われるときのみであった。しかしほどなく、レンヌの司教マルボードがこの教団に疑惑の目を向けた。修道士たちが女性の修道院長の配下におかれるという規律が、奇怪なものと思われたのだ。しかも設立者の取り決めにより、院長となるのは結婚を経験した女性でなくてはならず、一一一九年には二五歳のペトロニーユ・ド・シュミエがその任にあった。ロベールは擦り切れたマントを羽織り、髭は伸び放題のまま裸足であたりをうろついていた。実に「奇妙な光景である」と司教は述べた。

ロベールは説教の旅に出ることにすると、美貌と行動力をすでにあまねく知られたペトロニーユに、フォントブローの管理を委ねた。そのころから、ここは時として華やかでスキャンダラスな過去を持つ貴族の女性たちの住処ともなっていた。そのなかには国王の愛人ベルトラード・ド・モンフォールもいた。彼女は一一一五年に副院長となっている。

話題の多いもうひとりの貴夫人エルマンガルドもフォントブローに暮らした。入居した際彼女は、かつては口うるさかった、ときに七六歳のマルボードから、韻文による手紙を受け取り、「ダイアナのように美しく無垢ですなおでういういしい……」と謳われた。輝ける女性であることをもはややめた者に対する、驚くべき讃辞である。アベラールの強敵であったクレルヴォーのベルナールも彼女に手紙を送っている。「あなたの心の奥ふかく潜ってごらんになるがいい。私の心をそこにご覧になるはずだ。あなたが私に抱く愛のすべてをもって、私があなたを愛することを許してほしい」

アキテーヌのエレオノーラ（アリエノール・ダキテーヌ）も疵のある過去を持つ。彼女の名前がフォントブローに残されているのは、愛息リチャードが彼女をここに埋葬することを望んだためだ。書物を手にした美しい彼女の彫像が、今もそこに残されている。

アベラールが理想とした静寂や分別とはおよそかけ離れた、胸おどるようなこの雰囲気、一一一五年には六〇歳であった風変わりな老人ロベールのまわりを囲む人生に絶望した女性たち。貴夫人もそうでない女性もいた。まるでヴォルテールの風刺精神を刺激するために存在したようにも思える。はたしてヴォルテールは、後にこのように書く。「一一〇〇年、ロベール・ダリブリセルはただの一撃、たった一回の説教でルーアンの娼婦たちをひとり残らず改心させた。彼が己に課したのは一種の殉教である。一見彼に打ち負かされたかにみえる悪魔と闘うために、夜ごとたいそう若いふたりの尼僧にはさまれて眠った。彼はサリカ法典［女性の相続権を否定している］を嫌い、男女あわせた修道僧の頭に、院長として女性をすえた」風刺詩『オルレアンの少女』ではこのように歌っている。

それ見るがよい、フォントブローでは女の奴隷
男なんざそんなもの。
王権だって女の手に握られて
アンセルムス師は聖母マリアに祝福される。

何から何までアベラールの気に入らないものばかりだ。彼が忠実でありたいと思うのは、人道主義的フェミニズム、弱者たる女性はエヴァの犯した罪から立ち直り、男の腕によりかかるべきだ、という論理である。「男の長たるものが同時に女の長となる」という思想がここから生まれる。エロイーズとの関係においても、年齢はまちがいなく上であり、賢さの点でもおそらくは勝っていたのであろうアベラールは、つねに師として彼女を導く役割を果たした。それをなしえたことが、彼にとっては少なからぬなぐさめで

あったのだ。

パラクレの生活のさまは、厳格なベネディクト派修道院のそれに多くの点で似ている。その細部までを、アベラールの「規則」が、生き生きとわれわれに伝えてくれる。最後の日課が終わり暗闇がせまるころには沈黙の時間となる。必要があれば手振りで意思の疎通をはかる。夜なかの二時か三時ごろ、深夜課のための起床が義務づけられている。再び寝所にもどって、朝課の行われる五時か六時まで休む。外がまだ暗ければ「弱き体のために、眠気を否定することがあってはならない」。そして一日の始まりである。朝七時ごろの最初の祈りの後、修道院は蜜蜂の巣さながらのにぎやかな活動を開始する。修道女たちは縫い物をし、パンをこねて竈に入れ、雌鶏や鵞鳥に餌を与える。修道士たちは、近くにいても彼女たちに姿は見えないのだが、典礼と神に仕えるために必要なものを調える。勤勉かつ簡素な生活である。同じ時代の他の修道院（サン・ドニかそれともサン・ジルダか）に対する彼の批判は手厳しい。その昔、荒野のまんなかにあった修道院が、今では従者を伴う世俗の客たちであふれ、「修道士たちは世間が自らのもとに押し寄せるにまかせ、（略）宗教的な情熱はさめている」と言うのだ。

「彼らは、もはや名実ともに修道士ではない。なによりも孤独でないのだから。仕事は他人任せで怠惰な生活をおくり、宮廷や権力のいざこざにかかずらっている。とりまきを率いて俗世の権力者のもとに足を運んでは彼らにおもねり、捨てたはずの家族の面倒を見、所有すべきでない財産を管理している。さらに言語道断であるのは、修道生活の束縛に耐えかねて町や村へと逃げ出し、二、三人でグループを作ったり、あるいはひとりで気ままに暮らす者があることだ。彼らは信仰の誓いを放棄したのだから俗世に暮らす人びと以上にしまつが悪い。腹と肉にかかわるのでなければ、何ごとにも彼らは従おうとしない」

「世俗を遮断するために」なしうる第一の防御策は、アベラールによれば、僧院内部の清貧に甘んずることだ。「欲望を捨て、最低限度を越える寄進は受けないこと」である。「海の魚のように庵にもどって行くべき」真の修道士にとって王宮が魅力的であるなど、あってはならないことなのだ。

チョーサーやボッカッチョに先駆けて、アベラールは堕落した現実を内側からとらえ、多くの人が眉をひそめるであろう構図を描き出した。もっとも、アベラールの修道生活には、エロイーズという決して彼を裏切らない味方があった。かつての弟子である彼女は、彼の道徳の理想と、信仰の実践を支える倫理的意図に全面的に同意している。

女性総監督《ディアコネッサ》という言葉を、ピエールは女性修道院長《アッバデッサ》の同義語としてエロイーズにのみ用いている。ディアコネッサたる彼女は、「世俗を外に締め出し、修道院をそこから隔絶すべく」忍耐と知恵をもって目を光らせる。

環境的背景として重要なものから始めて、理想とする修道院の姿を、アベラールは明快にしかも節度は保ちながら描いていく。「環境は、それ自体われわれを救うものではないにせよ、聖務日課を果たすのを容易にしてくれることで、信仰をさらに堅固なものにする助けとなるであろう。事実、われわれが暮らすその場所から、修道生活をまっとうするためにプラスとなること、マイナスとなることが生ずるのだ。その場所の内部に、必要なものはすべて調っているかどうか、庭、泉、水車、竈、その他必要なものがそろっていて、修道女たちが表に出なくてもすむかどうか確認しておかなくてはならない」

第八書簡の冒頭で、彼は、自分が見取り図を描くための手引きをするのはしきたりではなく理性であろうと宣言している。ちなみに「神から遠ざかろうとするときの第一歩は学問に嫌気がさすことだ」とし、理性は、分析であり学問であり、確実なものを苦労しながら発見することである、と言う。しきたりに代表されるような、繰り返されるうちに意味を失う受動的な行動、深い考えもなしになされることを惰性で重んじているだけの伝統とは、理性は、正反対の方向へ向かう。修道生活において最も重要なものである典礼や祈りを定義する際に、そうした彼の思想は明白に現れる。

倫理学の師としての注意力と、僧侶として修道生活の深みに入ろうとする努力とがみごとな統一をみせる長大な文章のなかで、アベラールは、使徒パウロを援用する。「意味を説明することなく口先で語ろうとする者も、ある言葉を話してはいる。予言者、すなわち将来の見える賢い人びとの例にならって自らの言葉を理解し、それを表現しうる者は、自ら将来を予言、あるいは説明しているのだ。たしかに、われわれの口が祈りを唱えるとき、つまり唇の発する音声を心は理解しないまま言葉が形成されるとき、言葉を理解し刺激を受け心が高められるであろう成果が、その祈りから得られることはない」

ピエールが自伝で述べているとおり、パラクレの弟子たちも同じ確信を持っていた。「前もって理解していなければ対話も無駄であるし、理解していなければ何も信じることはできない。自分も相手も理解していないことを説明しようとするのは馬鹿げている。」クレルヴォーのベルナールは、ある書簡のなかで、この信念を揶揄している。アベラールの見取り図の意図を明らかに曲解して、「アベラールは聴衆に完璧な真実を約束している」と述べた。テーマが救済にかかわるものであるだけに、非難も重要な意味を持つ。「天恵の文句が理解を超えたものであり、祈りの求めるところが善なのか悪なのか理解できないのなら、アーメンと唱えることに何の意味があるのか。」「僧院のなかにあって、聖書を深くきわめるための学問をせず、羊にとって草を食むことよりもメエと鳴くことのほうが大事だとでも言うように、言葉の意味を理解させるのでなく、歌や発声だけを教えるよう」望んだのは悪魔《サタン》にちがいない。「反対の結果を得ようとして、僧院の回廊に俗世の声を聞きたがる飢えと渇きを持ち込んだ」のもサタンの仕業である。サタンは「われわれを無駄話に熱中させ、神の言葉には味けもなければ知の香りもないと、それを拒むよう」しむけているのだ。

「マリアのように、言葉をひとつひとつ心をこめて吟味することこそ大切である。」言葉の吟味という、典型的に世俗のものである行為を規定するにあたって、アベラールは福音書の例を引いている。また別のところでは、神殿の学者たちのなかにあるイエスの姿をもって、ソクラテスやアリストテレスの真理の探究、分析と疑問を経た彼の論理学の講義を説明する。

歴史の事実は、アベラールが目指したもの、すなわち宗教的実践と厳格な論理の独特のかたちでの結合とは、明らかに相容れなかった。修道院において教養豊かと言われるためには、書物を音読することさえできれば、それで十分だったのだ。修道士の大半が「神の掟を知らないことを認め、彼らに委ねられた書物は封印されたままであった」。彼らは「神を愛することができず、それだけ神を知る位置からは遠く離れていた」。

祈りや講義におけると同様、読書の際にも理解することは必要である。人の名声を損ない、否定的な評価を下すのは、酒、恋、豊かな食べ物といった物質的なものばかりではない。「われわれの良心と信念に反する行為をすることでわれわれは罪を犯す。もしもわれわれが禁断のものと決めた食べ物、つまりわれわれの法において拒絶し不浄と定めたものを食べた場合には、われわれ自身が判断を下し自らを告発するか、あるいは神の前で許しを乞う。重要なのはわれわれの良心の証しなのだ」

そして、「われわれの日常の振舞いが救済へ向かうと信じるならば、われわれの行動は良心を傷つけはしない。また、他の人びとが、われわれの生活が救済につながると信じていれば、彼らの良心も損なうことはない」。

この姿勢のうちに認められるのは、セネカ、さらにはソクラテスに遡る哲学の道理であり、かつまた聖書のなかの「心を見るのであってその成したことを見るのではない」神のイメージに集約される神学の道理である。

人間としての日々の営みにおいて、命令するにも禁止するにも、守られるべきは節度である。「それらを実践するにあたって大切なのは、あらゆる徳の母なる思慮分別だ。各人の力量にあわせてなすべきことを調整し、自然の法則に従うよう留意するのは賢明さである。必要なものを重んじ無駄なものを排除するのも賢明さであり、自然の法則を損なうことなく悪を根絶するのも、やはり、賢明な思慮分別である。弱き者は罪を犯さぬようにすればそれで十分であり、完璧の極みに達する必要はない。天国の片隅に座ることができれば、それだけで大したことなのだ」

「肉体のことには重きをおきません」と、罪と悪をどう評価するかに関連してエロイーズは言った。ある行為の価値を決めるのも、ある人生の価値を決めるのも、密かな、しかし自覚された思考である。それは、良心のなかで密かに追求される目標である。

第十一章

太陽のもとで気がついた、
法の住み家を支配しているのが実は不法である
ということに。

「伝道の書」一三・六

入江が狭く入り組んだヴァンヌの司教区にあるサン・ジルダ・ド・リュイス修道院は、ブルターニュ地方最古のものだ。風が声高にうなる岸辺に位置し、自然のままに放置された土地。海原の霧につつまれ、エロイーズとアベラールの物語のロマンティックな展開にはうってつけの舞台である。

ピエールは絶望していた。どこを向いても馴染めないものばかりで、「昼となく夜となく苦悩に苛まれた」。言葉数は少ないが、しかしペトラルカが「哀れをもよおさせるにうってつけ」と描写した風景は、荒涼とした雰囲気をいや増す暗い色調の絵画を思わせる。海の轟音、けわしい風景。そして規律にはおかまいなしの僧侶たちのみだらな暮らしぶり、理解不能の言葉。

理解できない言葉、とはいうものの、ラテン語とフランス語俗語の併用が当たり前の当時のことである。エロイーズへの手紙もラテン語で書いているこの聖職者であるが、日常会話ではフランス語俗語を使うことに、つとに慣れていたであろう。しかし、ふたつの言語が併用される時代とはいえ、だれもが一様にバイリンガルだったわけではない。哲学、宗教、法律、文学にかかわる分野や学校で用いられるのはラテン語、商売や日々の暮らしにかかわる事がらには、日常的で感情表現に違和感の少ない俗語が用いられるといったぐあいに、話題によって使い分けられていた。

「サン・ジルダの野蛮人ども」は、彼と同じブルターニュ人であったが、ケルト系の俗語を話していた。ピエールの生地ナントからわずかに七〇キロしか離れていないところでこのありさまだ。ラテン語は学校で古典をとおして学ばれたはずだが、表現は貧困であっても正確なこの言語が行き渡っていない以上、もはや相互理解は不可能だった。アベラールが学を衒ったわけではない。ナント生まれの学者にして騎士であった彼に、ヴァンヌの修道士たちの言葉はまったく理解不能であったろう。子どものときに覚え、日々の生活のなかで母国語として使う言葉が、それぞれあまりにも懸け離れていたのである。おそらく、それでも意思の疎通はどうにかはかられていたのだろう。半分くらいは解りあえたはずだが、しかし、こうしたストレスもあり、孤独で、そのうえ組織を管理し運営するという不慣れなこともしなくてはならないとあっては、それだけで気持が落ち込むには十分だった。あらゆるものが彼にとっては苦悩であり恐怖であり、孤立感をつのらせた。

「修道士たちを本来なすべき規律ある生活にもどらせようと私は努めた。だが、それは、私の命を危険にさらすことを意味した。だからといって、彼らを立ち直らせるためになしうることを怠れば、この私が永劫の罰を受けることになる。そのうえ、修道院の混乱につけこんで領主が周辺の土地を横領し、ユダヤ人たちに課していたよりもさらに重い税を修道院に対して要求し、修道院を完全に自分の権力下に置いた。修道士たちは日用品を求めて、たえず私を煩わせた。しかし、分け与えることができるようなものはそこに何ひとつなく、修道士たちはそれぞれの古びた財布をはたいて自らの必要をまかない、妾やその子どもたちを養育しなくてはならなかった。そうした状況に私が心を痛めるさまを彼らはおもしろがり、あらゆるものを盗み出した。そうすれば私が管理の手綱をゆるめるか、あるいは収支決算に行き詰まってやむなく立ち去って行くだろうと考えたのだ。加えて、そこは実に野蛮な土地であり、住民はいかなる法とも文明とも無縁であった。だれかと話し合うということ自体思いもよらぬことであり、私が信用をおける人物はひとりとしていなかった」

この記述から読み取ることができるのは、当時の修道院がおかれた状況の、ふたつのきわだった特徴である。外では、領主とその用心棒が力づくで修道院を手中におさめようとする。そして修道院の塀の内側では、僧侶たちが悪辣なやり方で規則を踏みにじり、財産を略奪していく。

かつて出会ったことのないタイプの敵を前にして、ピエールは無力感にとらわれる。それまでは、いかなる攻撃に遭ってもつねに即答できる言葉をもち、正面から立ち向かってイニシアティブをとることのできた彼には、思いもよらぬことであった。彼が去った今、ミサをあげることのできる僧侶がもはやひとりしかいないパラクレに想いを馳せる。かつての勤勉も今では衰退していることだろう。熱意にあふれていた学問の場を荒廃させてしまったことを悔やみ、退屈と感じたあの平和を懐かしむ。

修道院と封建制の関係は複雑であり、持ちつ持たれつであるかと思うと利害が対立した。三身分の法則の復活は、修道士の世界に由来していた。人間の社会は、祈る人、戦う人、そして大半の耕す人の三つに分類されるという三身分の法則の起源は、遠く、インド・ヨーロッパ文明に遡る。プラトンも『国家』において人間を三つの種類に分けたことは、よく知られている。十一世紀に、ランの司教アダルベロンが、三身分こそ君主制を支えるものであることを再確認する。祈る人である修道士は、戦う人である騎士や領主の存在を真向から否定するなど、したくてもできなかった。死後の赦しを得たいばかりに、遺言などで財産を寄進したり、あるいは戦利品を分けたりして、修道院を支え存続させていたのは騎士や領主であったからだ。

歴史家ルドルフ・グレーバーはこう記している。「キリストの戦士たちは、戦利品として莫大な量の銀を手に入れたが、それを神に捧げることも忘れてはいなかった。(略)戦士たちの敬虔にして寛い心は計り知れないものであったようだ。彼らは約束どおり、戦利品をすぐさまクリュニー修道院に寄贈した。徳の高い修道院長オディロンは、これで聖ペテロの祭壇のために立派な聖体容器を作らせ、残りは貧しい人びとのあいだで相応に分けるようにと気前のよい命令を出した」

祈りを役目とする僧侶は、戦士と相互依存の関係にあった。理想に燃える高潔な騎士たる戦士は、自らの役割が社会全体の秩序の一部を成すものであると心得ていた。戦《いくさ》でやむなく残虐な行為におよび、流血を招いても赦しが得られるよう求めた。死ねばその体は僧院の大理石の柩におさめられた。甲冑はつけたまま、ただしはれやかな表情が見えるよう兜ははずし、剣は傍らに置いて復活の日を待つのだった。

もっとも、サン・ジルダ修道院のように街道すじからはずれ、都市の文化からとりのこされた「野蛮な」修道院は例外で、僧侶の信仰ゆえの英知や慈悲深い心と、騎士のかがやかしい武力が協力しあう関係といったものは片鱗も見あたらなかった。アベラールのところがそうであったように、修道士たちは粗野で無知もはなはだしく、成文化された規則や教父たちの書物に記された規律などにはまったくおかまいなしだった。ピエールが、パラクレのために規則として定め理想としたのと正反対の姿が、おそらくそこの実情であったのだろう。祈禱は「理解を度外視した」言葉をつぶやく儀式であり、共同生活はすべてを捨て去る禁欲ではなく、共通のひとつの泉から汲み出せるものを汲みあげるための手段と化している。何もかも、アベラールが修道女たちに勧めたことを、言葉においても行動においても否定するものであった。「小地主たち」も寄進者としてのありがたい存在では必ずしもなく、むしろ、隣接する修道院の土地の管理権まで頑固に主張したり、さまざまな口実をもうけてこれを奪い返そうとしたりするのだった。この世における権力を守ることになりふりかまわず、重い税を課してきびしくこれを取り立てようとした。

アベラールにとっての大きななぐさめは、パラクレをエロイーズに譲り与えたことであり、これを心の糧として、しばらくのあいだはかつての情熱をもって生きることができた。彼のものであり、今は彼女のものとなりやがては修道院となるあの礼拝堂に、援助の手をのべねばならない。祈りに身をささげ、女子修道院のたどるべき道にかなった教義を示すことによって、それはとげられる。そしてそれがまた、愛する女性に援助の手をのべることにもなるのだ。

彼の自伝もいよいよ終幕に近づいている。ここに及んで戦場に乗り込んでくる敵もまた、昔の敵と同じく中傷という武器を携えていた。修道士たちの反乱に遭遇した彼はブルターニュにとどまることを余儀なくされる。「彼自身の息子たち」であるサン・ジルダの修道士たちの悪行はエスカレートする一方だった。聖杯《カリス》には毒をもる。病人を見舞うため彼がナントへ出掛けたおりには刺客を雇って亡き者にしようとまでしたのである。

アベラールは、中央の大きな修道院を後にして、辺鄙な場所に移り住んだり隠遁の生活に身を潜めるということを、生涯のあいだに何度か繰り返している。最初はサン・ドニ、そしてクインシーを経て、今、サン・ジルダにこもっているが、のちにはクリュニーにひきこもることになる。その都度、理由はさまざまであった。迫害されて、学問上の理由で、恐怖心から、暗殺の手から逃れようとして、などなど。そして最後は病のためであった。これらすべてに共通するひとつの動機がある。成功をこれほどまでに愛し、外にむかって戦闘的なこの男も、本質的には孤独であったということだ。極限状態に陥るたびに、生きつづけるための力を、孤独のうちに見いださなくてはならなかったのだ。

サン・ジルダにおける彼の挫折は比類なく大きい。あらゆる努力が現実によってはねかえされたのだ。おそらくはサン・ドニで執筆され、今日では散逸している『兄弟たちへの勧め』において描かれた修道生活に関するアベラールの理念と計画が、「サン・ジルダの息子たち」のあいだに根づくことはなかったようだ。

修道生活の理想がアベラールの著作の中心テーマであったのはたしかである。現在われわれが手にしうるもののうち、三分の一はこのテーマに捧げられている。説教、『神学』、ベルナールにあてた手紙の一部、その他の書簡や『不幸の物語――自伝』の一節がそうだ。そのために、哲学的なテーマが後退しているわけではない。アベラールにとって、真の修道士とは哲学者である。彼によればディオゲネスは洗礼者聖ヨハネに比肩する。知の探求をする者の孤独は、祈りを捧げる者の孤独と同一であるからだ。宗教と哲学というふたつの分野を、彼と同時代の大半の人びとはそれぞれまったく別のものと見なしていたが、アベラールが見るところ、両者の内なる根源はひとつであり、同一の動機を有していた。こうした見解を持つ男を、ベルナールは、「修道士としては、服をまといその名を持っているのみ」と呼ぶ。ふたりのあいだには根の深い無理解が山ほどあったが、これはその一例という以上の、実にドラマティックな齟齬である。

ベルナールの何よりの過ちは、アベラールの修道生活への召命がほんものであることを見誤った点にある。それにしても、この双璧がものを見る視点は、まったく相対立するものであった。その結果、よくあるように、知的な判断が互いの道徳に否定的な評価をくだすことになったのだ。

アベラールとベルナールが生きたのは、クリュニー修道院長ピエール師が生きたのと同じく、修道制度が危機にさらされた時代であった。おりから、サンタポリナーレのロムアルド、ポンポーザのダミアーノといったイタリアの隠者たちの抗議活動がくり広げられていた。その結果誕生したのは市民と説教者の団体である。それを形成したのは、現実が見る見る変貌をとげ、生活リズムも経済活動も宗教とは懸け離れていくさまを目の当たりにし、修道院がそうした現実に巻き込まれ衰退していく悲劇を感じた世代の人びとであった。クリュニー修道院のように「召使いの一団」に耕す土地を与えるか、あるいはシトー修道院のように直接生産に携わるか。だが、いずれの場合にも、修道士たちは無慈悲な地主とか無遠慮な不当利得者といった非難をまぬがれることはできない。生産の時代は急速な変貌をとげつつあり、収益にかかる税の割合も変わろうとしていた。貧しい人びとが群れをなしてときには威嚇するように修道院の扉をたたき、不穏な空気が生まれている。近隣の都市でおこっていることはもはや無視できない現象となっていた。

十二世紀前半には、ふたつの思潮がみとめられるが、当時の指導者たちが受けた教育を示唆していて、興味深い。ひとつは、アベラールやブレッシャのアルナルドに代表される急進的な改革論者のグループ。ほかに、アリブリセルのロベール、クサンテンのノルベルト、ハーフェルベルクのアンセルムスらがいる。彼らは皆共通して、ラン、トゥルネ、アンジェ、パリといった町の学校で「都会的な」教育を受けた。その一方に保守派がいる。われわれもすでに知っているクレルヴォーのベルナール、尊者ピエール師、サン・ドニのシュジェをはじめ、ドイツのルーペルト、サン・ティエリのギヨームである。病める修道院の諸悪を取り除くには、管理をいっそう厳格にすれば十分だというのがその考えであった。彼らは、修道院付属の学校や田舎の大修道院で、目的の異なる教育を受けてきた。都市の学校には、人間を広い世界のなかに位置づける視点があった。人生を真の「祖国」へ向かう途上のかりそめのものとしながらも、学芸や他の人びととの出会いをとおして生徒を鍛え、生き方、世界、コミュニケーション、支配、行動について学ばせた。

修道院付属の学校では、ものの見方が違っていた。世間と時代の諸悪は自然に解消される、堕落や罪はエデンの園から追放されたことの証しであって、人間の弱さ、病、肉体の欠陥と同じく避けられないものである、とする。そこで学ぶ修道士たちの発想は、具体的なことについては悲観的でも、抽象的なことについては楽観的であった。もうひとつの生の存在を思いおこし、そのために今生きていると考えれば、いかなることも耐えられる。だから、厳しささえあれば堕落した結果生ずる悪は正すことができる。ほかにいかなる手だてがあろうか、と言うのである。

急進的な改革派の人びとは、エデンの園にまで遡ろうとはせず、歴史的時間の内側、すなわち人間がすでに罪を犯した後の、福音の時代にとどまっていた。彼らが簡素の範をとったのは、初期キリスト教徒の共同体組織であり、その財産共有の形態であった。修道院長に指図され服従する結果得られるものではなく、全員が労働の喜びを味わって手にいれる清貧であった。フォントブロー、クサンテンのノルベルトの集団、ブレッシャのアルナルドの共同体は、事物から積極的に離れ、社会奉仕をしながら清貧を生き、連帯して孤独を生きることを目標としていた。これはまさにアベラールが、パラクレで理想としたものである。サン・ジルダでは、現実が彼の目指すものといかに懸け離れているかということを、苦く思い知らされた。

孤立して荒野のなかにあることが、倫理的な瞑想や詩作へと彼を駆り立てた。熱意を傾けるべき学校も、エロイーズや弟子たちとのやさしい友情も、論理的思考という困難な仕事を可能にする静穏もすべて欠如していたから、なおさらであった。アベラールがサン・ジルダで書いたもの、『倫理学《エティカ》』(少なくともその概略)、自伝、手紙、『プランクトゥス－哀歌』、頌歌、息子アストロラブに捧げる詩、これらすべてが失意の時代の証しである。

『プランクトゥス』は、戦争で勝利をおさめ凱旋するときに、家の戸口で最初に出会う生きものを犠牲《いけにえ》にするとした父親の誓いの犠牲となったエフタの娘によせた哀歌である。そこには、すぎた愛の物語のこだまが響く。若き乙女の無垢な心はアルジャントゥイユですべてを捨てたエロイーズのそれに置き換えられるし、心の強靭さは、結婚を拒んだエロイーズのそれに呼応する。エロイーズが自らを犠牲にしてアベラールの名声を選んだように、エフタの娘は父の誉れが己の命に優先すべきだと主張する。

なんとおどろくべき、哀れをさそう乙女よ、
その強き心はふたつとない。
乙女は言う、わが純潔が
われをしてその犠牲にふさわしからんよう
天がのぞみたまわらんことを。
（略）
イサクを拒みし神が
処女なるわれを受けたもうならば
わが性のいかなる名誉であろうことか。
（略）
われは乞う、魂もまた
壮夫《ますらお》とならんことを。

われと汝の名声を傷つけることなかれ、
汝の持てるものよりわれを愛で
汝のなせしことすべてを無に帰することなかれ。
喜びの目的の達せられんことを。

（略）

かよわき乙女はおそれず立ち向かう
それに壮夫が手を下すのを恐れざらんことを。

さらに直接的で感動を呼ぶのはアストロラブに捧げた詩である。そこでアベラールははっきりと「われらがエロイーズ」と名前をあげ、神を恨んだかつての母の嘆き、母に悔やむ気持ちのないことを息子に告げる。

犯した罪によろこびをおぼえ
それを悔いることのない者がいる。
それほどにあのよろこびは甘いがゆえに
いかなる罰も重くは感じられない。
われらがエロイーズはそれを嘆き
しばしばこうひとりごちる。
「修道院長の私が犯したことを悔いぬのなら、

望みも救いもないものを。
犯した罪はあまりにも甘やかなので
かつて愛したことの思い出だけでわたくしはうれしいのです」

フランチェスカ・ダ・リミニもいずれダンテに「いまだ私をとらえてはなさぬよろこび」と告げることになる。

第十二章

パリは、王冠をもって
すべての町に君臨する。
ギイ・ド・バショス

サン・ジルダでのおぞましい日々に別れを告げてアベラールがふたたびパリにもどってきた一一三五年、この都市は、彼が最初に訪れた十二世紀初頭とは異なる趣を見せていたにちがいない。だがそれがどのような変化であったのか、はっきりとはわからない。というのも、この物語が終わって四〇年ののちにこの都市は名実ともに大きな転機を迎え、それに伴って、それまでの姿がかき消されてしまったからだ。一一八〇年のフィリップ二世即位にともなって、パリは壮大な都市と化していく。セーヌ河の両岸に城壁が築かれ、一一六三年にシュリが着工したノートルダム寺院は白く偉容を誇る。サンテチエンヌ聖堂にも修復が施され、空き地は新しい建造物が埋めている。王宮の塔をはじめ威嚇的な主塔の聳え立つ都市は、城壁の内部に活力をみなぎらせ、人口も確実に増加していく。

一一三五年のパリは、しかし、いまだ貧しげで小さく、そこでは質素な生活が営まれていた。砂州にはばまれて流れるセーヌの河。舟の形をしたシテ島をはじめ、サン・ルイ島、あるいはジュデ、グルデーヌといった小さな島々をよけて流れる。北方には小さな港がふたつあった。ノートルダム港（別名参事会員港）とサン・ランドリ港だ。いずれも交通の要衝としての役割を果たした。後に大きな橋に生まれかわる前身の橋がシテ島をセーヌ右岸と結んでいた。

北のいわゆる「橋向こう」では、点在する低い家屋の間をぬって野道がのびていた。サン・ドニへと向かう道の両側には家々も密であった。沼地、森林、広大な田畑が、集落やぽつんと建つ教会のまわりに広がっていた。メロヴィング朝の教会のあるサン・ジェルマン・ロセロワ、サント・ポルチュヌ、サン・メリの村々。街道から一歩入ったところにはサン・マルタン修道院やサン・ボン修道院があり、東方にはモンソー・サン・ジェルヴェ村があった。「市が開かれるための砂地」と呼ばれるグレーヴ広場〔現在のパリ市役所広場〕とセーヌ河に面した港のある集落である。道は整備されてそれぞれの村を結んでいた。モンソー・サン・ジェルヴェを経て東から西へ伸びる道、それぞれサン・ドニとサン・マルタン方面へ向けて北へと向かう二本の道が、田畑とシテ島を橋でつないでいた。

南にはまだ農地が広がっており、家屋はまばらで、風車やぶどう畑が目についた。ぶどうの樹がサント・ジュヌヴィエーヴの丘を這い上がり、広大な農場のなかに倉庫の点在するあいだをル・テルム通りが伸び（ローマ時代の浴場跡《ル・テルム》）、農地がセーヌのすぐ向こうに開けていた。見渡すかぎり田畑で、サン・メダールもサン・シュルピースも、僧院を取り囲む野原の合間の小さな集落にすぎなかった。一一八〇年、サン・ジェルマン・デ・プレに住んでいたのは一二三世帯、人口はようやく六〇〇であった。

小橋《プチポン》は、ローマ時代以来いくどか改築されていたが、一一一一年にも新たに生まれ変わった。その当時周辺はまださびれていたが、「論理学を語りながら散策するのにふさわしい場所」とされていた。十二世紀なかばにこの近くに学校を開いていたアダム師も学問を語りつつこのあたりを散策した。「水浴びと日光浴に最適の場所」と考える者もあった。いずれにせよ、学校の多い地域だったのである。シャンポーのギョームが教鞭をとったサン・ヴィクトール学校も、アベラールのサント・ジュヌヴィエーヴ学校もこのあたりである。司教も館の近くにいくつか学校を開いていた。

ルイ六世は、一一〇八年から一一三七年まで王位にあった。即位して間もないころには、ムランやコルベーユの居館にもどる途中でいつ賊に襲われぬとも知れない危険があった。セーヌ対岸のほんのわずかに離れたところには彼に敵意を抱き、「略奪によろこびを見いだす」横暴な領主も居を構えていたからだ。

そのころはパリと言えば即ちシテ島であり、シテ島のなかにクロワトル（クラウストルム）と呼ばれる区域があった。クロワトルという言葉は、学校や聖堂参事会員の家が庭園や菜園ともども東に向かって広がる地域を特別に指す名詞となっていた。庭園や菜園に影を落としていたのは重要な意味を持つ聖堂、ノートルダムとサンテチエンヌであった。当時のノートルダム聖堂は、一部が今日の寺院の地下部分にあった。それから三〇年もするとシュリがその上に内陣を築き始める。

クロワトルのなかに住めるのは、限られた幸運な人にのみ許された特権であった。聖堂参事会員であってもクロワトルの外に起居する者があったことは史料が裏づけている。そうした事態を解消するため、一一二〇年、国王の命令により、クロワトルの範囲が拡大された。学生たちもふたつのグループに分かれていた。「内部で養育され教育を受ける」者たちと講義を聴くために毎日そこへ通って来る者たちである。クロワトルでの生活が、世間の争いごとや政治と無縁でなかったのは言うまでもない。むしろその逆であった。土地や収入にまつわるトラブルをはじめ、宗教上の権利や政治上の職権のからむ構図のなかで、ときに修道院長どうしが反目し、またときには修道院長と司教が対立するなどさまざまな抗争が後をたたず、教師はもとより学生までがこれに巻き込まれて立場を二分することもあった。

アベラールが生きた時代にも、ジェルベール司教のもとで長い抗争が火ぶたをきったが、ようやく一一二七年になってシュジェの調停により決着がついた。ありとあらゆる利害が絡み合っての抗争であり、サン・ヴィクトール修道院長、サンスの大司教のほか、アベラールの友人で史料によるとクロワトル内部の「塔と回廊と中庭のある豪邸」に住んでいた聖堂助祭ガルランドのステファヌスといった要人たちがこれにかかわっていた。

パリ司教はクロワトルに対して聖務停止令を発し、教師ギャロンに教職停止命令を出した。そしてあげくの果ては、トラン・サンクタと呼ばれるおそらくは内陣の奥と思われる場所で学校を開くこと、聖堂参事会員の家に外部の学生を宿泊させることが禁止された。このふたつの禁止措置により、聖堂参事会に代わって学校をコントロールする司教の力が増大した。

協定の記録は、学校や授業のあり方、教材、教授法などが不和の内部にひそむ重要課題であったことを如実に示している。

ともかく、パリは小さな町であった。シテ島の人口は四〇〇〇、通って来る教師や学生をいれておそらく五〇〇〇といったところ。近郊のサン・ジェルマンでは一〇〇〇にも満たなかった。通商は制限され、王権が他のすべての権限を凌いでいた。だが、大学町としてのパリは活気にあふれていた。事物や権力をめぐる抗争のかたわらで、学問をめぐる熱い議論や激しい衝突もとどまるところを知らず、徹底して相手を誹謗する言葉があたりを飛び交っていたのは、アベラールの記述から知れるとおりである。アベラールが、パリそしてサン・ドニを離れパラクレに落ち着いたのは一一二四年のころである。そのとき彼がどれほどの安堵感を味わったか、想像に難くない。今日でも変わらぬことであるが、町に二〇〇万、三〇〇万の住民がいようが、それで教師の心の平和が乱されることはない。彼らの日々の生活が紛糾するためには、せいぜい一〇人の同僚、一〇〇人ばかりの学生がいればそれで十分なのだ。

アベラールの二度目のパリ滞在中には、学生のなかに、パリの外からやって来てやがて出世し、歴史に名を残すことになる人物がいた。ソールズベリのジョン（ヨハネ）、ブレッシャのアルナルド（アルナルド・ダ・ブレッシャ）、フライジングのオットーらである。そのなかで特別な位置を占めるのはソールズベリのジョンである。「だれよりも偉大で明敏な尊敬すべき師」としてアベラールに深い尊敬の念を抱いていたことは、サント・ジュヌヴィエーヴの丘での修行時代を語る彼の言葉のうちに読みとることができる。「私は師の足元にあって論理学の基本を伝授され、彼の唇からもれることを、残らず貪欲に吸収した」自主性に富んだすぐれた人物である彼はまた、その時代の輝ける証人でもある。イギリスに生まれ、著名な師の講義を聴くために学校から学校へと渡り歩いた典型的な学僧である彼は、フランスでは、ソワッソンでアベラールを弁護したあのシャルトルのティエリの修辞学の講義を聴き、文法はコンシュのギョームのもとで、四科はシャルトルのリシャールのもとでおさめた。

アベラールの講義の後は、プチ・ポンのアダム師の講義を聴いている。この、アダムなる人物については史料が乏しく、知られていることは多くはないが、放浪学生らでごった返すセーヌ左岸で講義をし、当時まだ流布してはいなかったアリストテレスのテクスト注解を広めようとしていたらしい。彼の関心は、もっぱら「詭弁」にあり、「私が語ることは偽りである」という命題の真実性を究明するところに向かっていた。

一一四八年（この年アベラールはもはやこの世にはない）、ジョンは政治の世界に身を投じ、カンタベリー大司教の秘書となる。この大司教とは、王のさしがねでのちに聖堂のなかで暗殺されるあのトマス・ベケットであった。ジョンは、王権と教皇権（ときの教皇はイギリス人ハドリアヌス四世）のあいだの政治的かけひきの立役者となった。

政治に寄せる彼の想いは複雑だった。政治のほうが、「ひとつの小さな命題にこだわって何年も進歩することのない」教授たちの話よりは実り多く説得力があると思われたが、深みに乏しい宮廷生活や権力の横暴さは腹立たしく感じられた。

自らを「哲学の教授たちに一目おかれて報われることもない文化の敬虔な讃美者」と規定した彼は、大物政治家たちのなかにあっても居心地悪い思いをすることがしばしばだった。心惹かれるふたつの世界のあいだでバランスをとりながら、著書『ポリクラティクス』においては、宮廷世界の権力と「おろかしさ」についてすぐれた哲学的考察を加えている。政治的任務も、神や他の人びとへの奉仕として遂行されるなら贖われることもあろう。しかし、原罪が犯され、人間のおかれた立場が弱いものである以上、今や不可欠なものである政治機構も、神のものであり同時に自然のものである法が遵守されないようなことがある場合には、新たな暴力と腐敗を招きかねない、と言うのである。いささか精神分裂的な状況に悩まされたあげく、ソールズベリのジョンはシャルトルの司教となり、一一八〇年にそこで没した。おだやかだが威厳のある表情の彼の胸像は、今もシャルトル大聖堂の苔むした中庭に建っている。

ブレッシャのアルナルドに対しては、聖ベルナールが「イタリアの疫病《ペスト》」と激しい非難の言葉を浴びせている。「アベラールと痂《かさぶた》を擦り合わさんばかりに彼に身を寄せ、フランスの蜂とともにキリストに立ち向かうイタリアの蜂」であり、「学問においては堕落していまわしく、衣食に関しては神の教えに忠実であるように見えるが、心の内では美徳を放棄している」と。

おそらくアルナルドは、アベラールの最も忠実な弟子であった。サンスの会議でのピエールの生涯最後の悲劇においても、彼の側についている。ソールズベリのジョンは彼を「明敏な頭脳の持ち主にして、俗世を眼中に入れない熱弁の士」と呼んだ。ジョンの記述から、アルナルドが、サンティラリオ教会で弟子たちに聖書を講じ、サント・ジュヌヴィエーヴの丘で講義を続けたことが知られる。アルナルドは彼自身貧しく、教えを施す相手も貧しい人びとであったので報酬は受け取らず、わずかな寄進を彼らと分けあっていた。

ジョンは、知識人らしい誠実さで次のようにつけ加えてもいる。「アルナルドが語っていたのはキリストの掟に密接に結びついたことであり、名目だけキリスト者としての生活を送る人には嫌がられる事がらであった」

アルナルドはローマで悲劇的な最期をとげる。教皇庁に対する反乱は彼がローマに到着する前に始まっていたが、そこで彼がどのような役割を果したたか、これについては今なお議論の余地が残る。フライジングのオットーが指摘するところでは、彼の説教は「ともかく挑発以外のものではなかった」。世俗化し、政治に汚された教会を糾弾する言葉は過激で「あらゆるものを粉砕しこき下ろし、だれであろうと容赦しなかった」。そして「彼が好意を求めたのは世俗の者」、すなわち皇帝派の人びとだったのだ、とも付け加えている。

しかし、フリードリヒ一世は、自らの皇帝権に関して、だれにも負い目を持ちたくなかった。皇帝にとっても敵となったアルナルドは、皇帝と教皇の合意によって犠牲となる。罪名は「異端」であった。

ソールズベリのジョンが教会の有力者たちに信望のある話し手であった一方で、アルナルドは、この世の教会に対する厳しい批判者であった。そのふたりがともにアベラールの教えを受け継いでいる。論理学は文化の結晶の輝く頂点ではあるものの「そのために苦労するには値しない」無用の長物として政治家や無知な輩から攻撃された学問であったが、ジョンはこれを讃えた。ジョンは現実感覚をも兼ねそなえた人物で、思考を実現する行動の意味をわきまえて俗世をうまく泳いではいたが、著書『ポリクラティクス』で道徳について考察している箇所には、アベラールの目指した倫理観が認められる。

アルナルドの著作はひとつも残っていない。当時の紛争が、直接的証拠を抹殺してしまったのだ。ちょうどその紛争が、ピエールが『倫理学――汝自身を知れ』を執筆していたのと時期を同じくしていることは銘記しておかねばなるまい。俗世の習慣が教会の内部にまで侵入して修道院を毒し、聖職者の生活を腐敗させていることに対する彼の痛烈な批判を、アルナルドはどこかで耳にしたにちがいない。アベラールがサント・ジュヌヴィエーヴで教鞭をとったのは、ほんの短い期間であった。「短かすぎた」とソールズベリのジョンは言っているが、一一三六年にここで教えていたことは確かである。彼の講義を聴いた者のなかにはフライジングのオットーもいた。彼は皇帝フリードリヒの叔父で、『二つの都市』と『皇帝フリードリヒの功績』の著書がある。ほかに、偉大な教会法学者で後に教皇アレクサンデル三世となったロランド・バンディネッリ、やはりのちに教皇ケレスティヌス二世となるカステッロのグイードをはじめ、将来枢機卿となる人びとが何人もいたのである。

われわれが何も知ることのできない空白のいく年かがある。その間アベラールは、ブルターニュ、パラクレ、そしておそらくパリのあいだを行き来していたのだろう。どこに住んでいたかを探ろうとするよりもそのほうがはるかに考えやすい。若いころ学校を開いたことのあるムランに居を構えていたのではないかとまことしやかな推測をする者もあったが。やがて彼を襲う一一三九年の嵐を告げる気配がすでにあたりに漂っており、心落ち着かぬ歳月だったはずである。

『倫理学』の構想は、おそらくサン・ジルダで生まれた。悪と善について詳察するのに、サン・ジルダはまたとない環境であった。書物として形をなしたのは、パリでの講義がこのうえない輝きを放った一一三六年か、あるいは一一三八年まで尾をひく不安な年月のことであったろう。そのころ、サン・ティエリのギョームが、「アルプスを越えた」ピエールの書物が「あまりにも声高で天にまで達するほど無節操に騒々しいので、教皇庁のなかにまで耳を傾けるものがある」として、彼の学説を非難したのだ。

『自伝』の随所に、当時の生活のさまざまな側面に感じた遺憾の調子がただよっている。そうした調子と相俟って、『倫理学』はつとに準備されていたのだ。ピエールは「反復」を教育方針とする学校の在り方に否定的である。そうした学校にあっては生徒の問題意識が育まれることもなく、他人の判断を無批判に受け入れるしかなくて生徒は息苦しい思いをするのみだ、と言う。呪文でも唱えるように形式的に祈りを唱えるだけの信仰は承服できない。彼は、否、彼ひとりではなかったが、皮相的であるばかりか、さらに悪いことに放縦な生活が修道院を侵食していることに怒りをおぼえる。それらすべての側面を、論理学の師はただひとつの事がらに帰属させようとする。つまり、彼が生きる時代と世界において、行為、話される言葉、人がよりどころとする制度や信仰といったものの意味がいっさい探求されないところにその根源がある、と言うのだ。問題の核心をなす「自覚」には無頓着に、うわべだけで生きていると。書簡や、論理学の論文にまで散りばめられたその種の指摘が、おそらく彼の最高傑作である『倫理学』において花開く学問の航跡を、はっきりとうかがわせている。

両側に深淵があって理性が不在となればそこに陥りかねないが、その間を確実にまっすぐに伸びる道をたどるような探求である。深淵をなすふたつのもの、注意して立ち向かうべきものとはすなわち、贖罪規定書と禁欲主義であった。

懺悔の手引書である贖罪規定書において、悪とは、目に見えるかたちをとった単純な行動だけを指すのであって、それを思っただけであれば悪ではなかった。それを償うための断食、祈り、巡礼などが、贖罪の方法として、料金表のように明確に定められていたのである。

それにしても、殺人がつねに同じ重さの罪だということがありうるだろうか。襲ってくる暴漢から身を守るために犯す殺人、長いこと秘めていた憎悪のゆえの殺人、あるいは不都合が偶然重なったための殺人、これらがすべて同じ悪であろうか。

「ときには罪はないとわかっていながら、無実の人を罰さなくてはならない場合がある。一例をあげよう。貧しい女の乳飲み子が十分な衣服もなく揺り籠のなかで寒さに泣いている。子どもを哀れに思うあまり自分の衣服で温めようと子どもを引き寄せるが、自然の感情に任せるあまり子どもを強く抱きしめすぎて、望まずして子どもを窒息させてしまう」

こうした行動の意味にアベラールは低い評価を下しはしない。『倫理学』のなかでも、その行動の《裏》にあるものを評価しようとしている。

「ふたりの人間がひとりの罪人を絞首刑にするとする。ひとりは正義を愛するがゆえに刑を実行するが、もうひとりは昔からの反目ゆえの憎しみからそれを行う。いずれにとっても、絞首刑という行為は同じである。そしていずれも法の求めに応ずることになるのだから善を行うことになる。しかしながら、その裏にある意思は異なる。同じ行為を、ひとりは善として、もうひとりは悪として行うのだ」

そしてまた一方には、禁欲主義のむなしい溝がある。人が欲するもの、稲妻のように人の思考を横切るもののすべてを、心の奥底に潜む暗い力であるとして、禁欲主義はことごとく糾弾する。となると、生きる願望、食の願望、愛の願望もすべて排除すべきものとなる。すべては悪であり、それをよしとするか否とするかを判断するための明確な思考が形成される前に一掃し潰さなくてはならないのだ。

アベラールにとって、人間とはまた自然そのものでもある。運命を形成する超自然と緊張関係を保つだけにはとどまらない。「食べることがすなわち罪を犯すことであるのなら、なぜゆえわれわれが食べるための果実を神がお創りになったと考えられよう。なぜゆえ食への欲望をわれわれのうちに置きたもうたのか。神がわれわれにお与えくださったものに関して、罪を犯すなどと、どうして言えようか」

細かく分断された暗い領域が長く伸びている。その一方には無意識ないしは衝動があり、もう一方には他人の目に見える行動がある。他人の目によって支配され歪められてもいるその領域の中央に明敏な意識の核があり、そこで成されることや成したいことがわかるのだ、とピエールは考える。なにかを実現しようという意思が存在するのもそこであり、事物の世界がしばしば意思とは反するさまざまな条件のからみあいであることを認識するのもそこにおいてなのだ。その一方で、意思はすべて人間の力のうちに握られている。それはちょうど、意味がすべて論理学に握られているようなものだ、と彼は言う。人間は、それぞれの音声にそれぞれの意味を与え、それによって自律していると認識している。だが同時に、世界を変えたり歴史の流れを変えたりすることはできない無力さにも気づかないではいられない。

われわれが倫理《モラル》と呼ぶもの、すなわち善と悪の評価を、アベラールは外的な事がらに左右されることのない意思の内側にすえる。法に対しては、それとの自覚的な合意によって善悪を評価すべきであるとする。「したがって、同じ行動であっても、別のときに、別の意思で行うのであれば、あるときにはそれが善であり、またあるときにはそれが悪であると言える。（略）神が考慮なさるのは、成される事がらではなく、それが成されるときの精神である。行動する人が評価されるのは、その行為においてでなく、その意図においてなのだ」

『倫理学』には、書簡や自伝では封じ込められていた多くの思想を解明するための暗号が潜んでいるようですらある。

自伝に書かれているかぎり、人間の本性とは二面性を持つものであった。攻撃性と感受性の双方へと向かう傾向を備えている。それ自体責められるべきものではないが制御はされるべきである。そして、見方を変えるなら、これこそが限界のある人間のごく一般的な条件にほかならない。

『倫理学』では、アベラールはこうした二重の性質に理解を示そうとしている。厳しすぎる法則によってこれを損なったり抑圧するようなことがあってはならないと主張する。人間の言語を作る能力と同様、「そうした性質は、肉体と食物の創造主であられる神に由来している」のだ。

知的な側面からすると、人間の本性は放浪学生のそれと懸け離れてはいない。しかし、道徳的評価をする際のアベラールにとって、本性とはつねにたたき直し乗り越えるべきものであり、「勝利の冠を戴くためには」必要とあらば捨て去るべきものである。本性は、知的で自覚的な人間の前では敗退する。同じ理由で、世俗の人どもも「われわれをどれだけ屈服させることができるにせよ、性癖や悪徳まかせにわれわれの魂に働きかけて恥ずべきことに同意させようとするかぎり、われわれの生を悪へと引きずる力は持たない。彼らの支配が肉体的なことにかぎられているかぎり、われわれの真の自由はいささかも脅かされることはない」。

ソワッソンで、真実が説かれていると信じる書物を自らの手で焼きながら、ピエールはこのように考えていたにちがいない。同じことは歴史の流れのなかでも生ずる。歴史は、それ自体何も意味を持たない出来事によって成り立っている。神意に基づく真の歴史は、逆説的であるが、神の王国を築こうとする人間の意思によって築かれるのだ。本性と歴史は、『倫理学』によって解き放たれた。もうひとつ、書簡集のなかではなお重きをなしていたひとつの概念、男と女にまつわる概念もまた、同じように解き放たれている。『倫理学』においてはもはや、男と女に差はない。一方がもう一方に対して義務を負うことはないのだ。「女なしの男も、男なしの女もない。いずれも神に由来する」と言ったのは聖パウロであった。アベラールが『倫理学』に示した例証のあるものが、女性の立場から語られているのは意味深い。

『倫理学』のテーマをめぐる早い段階での考察を聞かされていたエロイーズは、手紙のなかでそれを繰り返している。「わたくしは罪人です。あらゆる点で罪深い者でありますが、しかし、潔白です。どう見ても潔白であることは、あなたがよくご存じです。なぜなら、罪は行為の結果にあるのではなく、それを行った者の意思にあるからです。裁きは、行為そのものではなく、行為をさせた心を評価するのです。これはあなたが明らかにしてくださいました。ですから、わたくしがあなたに抱いた気持を判断し評価してくださることが、あなたにはおできになるはずです」

積極的に選んだ道ではないがゆえにひどく無益なものと映る修道生活に絶望した彼女が、倫理学のテーマに大いに啓発されたという仮説をたてることもできよう。あるいは少なくとも、理論の枢要部を強化したのは彼女だったのかもしれない。

一一三五年ごろ、エロイーズは『問題集《プロブレマータ》』を書いている。

アベラールは、パラクレの姉妹たちとともに聖書を勉強するよう彼女に勧めていた。しかし聖書には、曖昧かつ難解で修道女たちには理解できない箇所が多い。そうした箇所をまとめてエロイーズはアベラールに送り、もう一度教師役を務めてくれるようにと頼んでいる。『問題集』に添えた短い手紙では、ふたたび聖ヒエロニムスのケースとの類似にふれている。「単純なわたくしと違ってあなたは教養がおありですから、きっとよくおわかりなのでしょうね。聖ヒエロニムスが、弟子である聖女マルセラが聖書に没頭しているのを見て彼女を褒めたたえ、励ましたときの言葉がどれほど女を喜ばせるものであったかということを」「大勢の人にとっていとしく、わたくしにはきわめていとしい方である」アベラール様へ、とエロイーズは感動的な呼びかけで書き始めてはいるものの、『問題集』の文章は堅苦しく、質問もほとんどの場合、扱っているテーマ同様、個人的ではないものばかりである。

そのなかで、彼女の人柄と不幸な立場を垣間見せる要求を、ふたつだけしている。エロイーズが沈黙しようとしても、それがあまり強固ではないので、彼女の考えがどのようなものであったか、われわれは想像をめぐらすことができる。

ひとつの質問は、「神のお命じになるままを実行するときに罪を犯すことがありうるのかどうか、お尋ねします」。そして最後の質問は、「ある人が自分と一緒に悪を犯すよう他の人に強要するとき、後者が同意すれば、罪になりますか」というものである。

これに先立つある手紙で、エロイーズは声高に訴えている。「あなたがひとりでわたくしのために決定なさったのです。(略)あなたのご命令にただただ従おうという気持から、厳格な修道生活に若さを捧げることをわたくしが承知したのを、あなたはよくご存じです。そうしたことのすべてがわたくしの何に役立ったのか、さあ、あなたが判断なさってください。(略)誓って申しますが、神を愛するがゆえにしたことはひとつもないとわかっておりますから、神からは何の報酬を受けることもわたくしは期待しておりません。(略)あなたのご意思に従うために、あらゆるよろこびを放棄いたしました。わたくしがあなたのもの、あなただけのものでいることができるのでなければ、わたくしのために残されたものは何ひとつございません」

また、次のような重大告白もしている。「わたくしはつねに、神ではなく、あなたを怒らせることを恐れてまいりました。(略)その恐れからいまだ解放されておりません」

アベラールによって、まず、結婚を強要され、続いて修道生活を強要された。エロイーズはこれに同意したが、心底からの同意ではなかった。彼女の想いのなにもかもが、神の決定を不当なものとしてはねつけている。起こってしまった悲劇的な事件についても、神に対して恨みを抱くことについても、彼女は罪の意識を持ってはいない。彼女の師の倫理観にしたがえば、意識的に自ら率先して選択する者にのみ、罪があるのだから。

『問題集』でエロイーズは、性の誘惑をまぎらすものとしての学問に関連してヒエロニムスの言葉を引用している。このくだりを、思い入れなしに読めるだろうか。

その後一一四三年まで、彼女についてわかることはほかにない。諦めのうちに黙々と学問に勤しんだのか、あるいは、棚上げにはしたものの打ち消すことのできない神への恨みを抱き続けていたのだろうか。「あなたに服従しなかったとしてあなたから非難されたくはございませんので、あなたがお望みになられたとおり、わたくしの苦悩を思うがままに書きつらねるのは慎むことにいたしました。沈黙することにいたします……」と書いたことのあるエロイーズである。

ふたりの真実は、「神のみぞ知る」心の内にとどまった。エロイーズの回心は、やはりアベラールへの服従の結果にほかならなかったのかもしれない。

それは大いにありうることだ。彼女は次のようにも書いている。「わたくしは狂おしいほどに愛の虜になっておりましたから、いつの日かふたたび取りもどせる望みもないまま、愛していた方までを諦めたのです。僧服をまとうことによって心をも変えるためには、あなたの一言があれば十分でした。そうすることによって、あなたがわたくしの体だけでなく魂にとってもただひとりの主であることを、あなたにわかっていただきたいと思ったのです」

第十三章

尊大な人間が暴力的にもたらす害は
自然がもたらす災害よりも始末が悪い。

セネカ

エロイーズとアベラールの人生において、ベルナールの存在は夏の雷鳴のようなものだ。空はまだ晴れわたっているのに、遠くから、かすかに、威嚇するように自らの存在を告げる。

われわれの物語においてこの雷鳴が響いたのは一一三一年ごろ。ベルナールがパラクレを訪問した直後のことである。主禱文をエロイーズが独特の言葉で唱えていたことをめぐり、ピエールがそれは自分が教えたものであることを述べた手紙〔第十章参照〕のなかに、やがて反目、対立へと発展していく緊張の萌芽がみとめられる。

ベルナールはアベラールと同じく、下級騎士の家の出であった。ブルゴーニュ公の家臣の家柄で、アベラールよりは十一歳若かった。のちにアベラールを批判して司教や枢機卿に宛てた手紙に、「若いころから闘う人であった彼に比べると私などほんのひよこのような気がいたします」と、彼は書いている。三男であった彼は聖職につくのが定めであったが、世界観は戦闘好きの軍人あるいは騎士のそれであった。

「われわれは天幕の下で野営し、武力をもって天を制覇しようとする兵士のようなものだ」とも述べている。「武装した騎士と馬が戦場に隊列をなすさまを見るとわくわくする」と歌った騎士ベルトラン・ド・ボルンに通じるものがある。

言葉と伝達を訓練する三学のうち、彼が学んだのは第一の学である文法と第三の学である修辞学のみであった。「気ちがいじみた論戦」をする気はないからと、論理学は学ばなかった。このために、彼は論理学の師であるアベラールとの論戦は極力避けようとし、代わりに教皇や枢機卿や修道院長たちに直接手紙を送っては、華々しくアベラール批判の気勢をあげたのだ。派手な修辞を用いることによって彼の苦い思いや辛辣な罵倒が、やわらげられるどころか、ますます昂揚していったのは確かである。

「ピエール・アベラールの『神学』と題された本をぜひともお読みください。教区のだれもが読んでいると彼も吹聴しておりますから、その本はきっとお手近にあるはずです。三位一体について何と言っているか、神の子の誕生について何と言っているか、そのほか、キリスト教徒の耳にも心にも、いかにも珍奇とひびくことがどれほど多く書かれているかを、ご覧ください。もうひとつ、『倫理学——汝自身を知れ』と題された本があります。こちらもお読みください。どれほどの冒瀆と過ちを彼が育て、キリストの魂とペルソナについて彼が何を思っているか。聖体の秘蹟について、色欲について、悪によろこびをおぼえる罪について、罪を犯そうとする願望について、彼が何を考えているか、ご注目ください。そして、私が行動を起こしたのが正しいと考えてくださるなら、あなた様もぜひ、行動をおこしてください。いえ、実際に行動はしてくださらなくてけっこうです。むしろ、あなた様のおかれている地位、備えていらっしゃる威厳、授かっておいでのお力にふさわしい、しかるべきことをしていただきたいのです。天にまで昇ろうとする者が深みに落ちるよう、その男があえて光のもとにさらしたおぞましい作品が光を前にして拒絶されるよう、堂々と罪を犯した者が公の席で非難されますように。そしてまた、彼につきしたがって、闇を光と称して広場で神を論じた者たち、心に悪を抱きそれを書物に著した者たちにも歯止めがかけられるべきでしょう。悪を語った者の口が永久に封じられますように」

弁証学に対する彼の敵意は顕著だが、芸術に対してもまた同様の反感を抱いていた。よく知られた文章のなかで、彼は、修道院の柱頭の装飾をはげしく批判している。動物の世界と植物の世界のイメージ、そして星と聖書の物語が信じがたく絡まり合う装飾は、修道士や訪問客たちに、眩暈のするようなとんでもない連想をさせる、と言うのだ。こうした装飾を介して、思考は地上から天上へとおのずと導かれるものであるだろうに。しかし、ベルナールにとっては、これらのイメージは華やかに美しいがゆえに道をはずれており、空想をかきたてるがゆえに罪深いものなのだ。「修道士たちが聖なる読書にふける場所で、あのようなグロテスクな怪物やおそろしくゆがめられた美は、いったい何をしようというのか。いまわしい猿、凶暴なライオン、半身が人間の奇怪なケンタウロスは何を意味するのか。斑《ぶち》の虎、闘う戦士、角笛を吹く狩人が、なぜそこにいなくてはならないのか。こちらではひとつの頭の下にいくつもの体があるかと思えば、そちらではひとつの体の上にいくつもの頭が載っている。爬虫類の尾をした四足獣がいるかと思えば、四足の魚がいる。馬に乗った動物がいる。このように、あまりにも奇妙なさまざま形態に満ちているのでは、本を読むどころか大理石を読み取ろうとしたくなる。神の法について瞑想する代わりに奇妙なものに気をとられているうちに、一日が過ぎてしまおうというものだ。こうしたばかげたものを人が恥じないのなら、主よ、せめてその犠牲となるものを人が嘆きますように」

彼の目には、論理学は「口」のイメージである。それも広場でわめき、神の神秘をあつかましくも説き明かそうとする口である。口は「封印されたもののヴェールを乱暴に取り外し、聖なるものを犯して」神の神秘を粗暴に扱う。

「素朴な魂の信仰は軽蔑され、きわめて奥深い真理をめぐる質問を軽薄にやたらとふりかざす。これらに答えることなく質問をやめさせたいと思う教父たちは立つ瀬がない。へたに答えようものなら炎にくべられこそしないが、足で踏みにじられるのだ」

「人間の才能は、あらゆることを自分のものとしようとも、信仰の領域には何ひとつ残すまいとする。身の丈を越えることに挑み、神に関する難題を理解しようと熱意を燃やす。聖なるものを、語るのを通りこしてむしろ冒瀆している。理解を越えることにぶつかると、それはとるに足りないもの、信じる値打ちのないものと考える」

論理学と理性は表現を明快にするものであるようにと、アベラールは欲していた。あらゆる言語と同じく、神学の論理が重んじるべき的確さをコントロールすべきものであった。しかし、ベルナールにとってはそうではない。異教徒や不信心者など信仰上の敵たちのために、一点の陰りもなく、議論の余地のないわかりやすいキリスト教の教義を築くための有力な助けですらなかった。論理学を神学に適用することは、ベルナールに言わせれば、口では言い表せない真実を語るための、さらにひどいことに「広場で話す」ための気休めと言訳にすぎなかった。修道院の安らぎから遠く隔たった町の広場は、騒々しく、人びとでごった返している。そうした広場が、即席の神学者であるもうひとりの悪漢、「ピエール師の衛兵」たるブレッシャのアルナルドにまでかっこうの舞台を提供していると言って、ベルナールは嘆く。

ベルナールが愛した場所は修道院の静かな空間だった。敬虔な瞑想にふさわしい静寂と孤独がそこにはあった。

彼の倫理観はきびしい。自らの肉体を軽視するまでに本能をおさえつける。規律を重んずるあまり病にいたるほどであった。ほかの僧侶たちと同様、肉欲はたちきり、髪は伸び放題、体は洗わず、衣服はしみだらけで悪臭を発していた。ほかの僧侶たちも、ほとんど人前には出られない状態であることが多かったのだ。

アベラールの倫理観と、これは対極にある。アベラールの倫理観をベルナールは理解していなかったし、軽蔑していた。アベラールは自分の本の題名どおり「自分自身を知る」にとどめ、限界を超えないほうがよかったのではないか、と彼は言う。彼にとって大事だったのは、目に見える行動、ものごとの知覚可能な成り立ちであったのだ。アベラールとは正反対である。行動においては中庸を重んじ、軽んじすぎることも夢中になりすぎることもないよう、バランスを保つことを心がけた。たとえば音楽についても中庸でなくてはならなかった。「歌は、柔弱であることも荒削りであることもなく、重厚であってほしい。軽くはなく甘美で耳ざわりがよく、怒りを鎮めるものであることがのぞましい」

彼の神学はすべて聖書のなかにある。この点はアベラールと同じである。しかし、アベラールはその言葉を分析して詳細に検討したが、ベルナールにとって聖書はむしろ祈りを促す書物であった。人間のなかに神が痕跡を残した場所である記憶のうちに祈りを沈潜させ、真理を求めながら魂の「内なる祝祭」を準備するための書物が聖書であったのだ。

「最良の祈りは夜の祈り。神のみが証人であられるそのときに天にとどく祈りだ」と言っているのは意味深い。あたりはすっぽり闇と静寂に包まれたその時刻。アベラールが語っていた広場ですら、夜は静けさに包まれたのだ。多くの点で、彼はピエールの対極にいる。

ピエールにとって、学問は神から授けられた道具であった。これを使って、人間は理解しうる対話を組み立てることができる。信仰を持つ者であれば、不信心や過ちを正すために、こぞってこれを利用するべきである。

ベルナールにとっての学問は、個人の「訓練」、あるいはせいぜいよくて慈善である。「ある者は自己を高めるために知ることを欲する。これは思慮の深さにつながる。またある者は人を助けるために知ることを欲する。これは慈善である」原点にある信仰が、ピエールにとっては学問や探究の端緒をなすものであった。一方ベルナールにとっては、信仰がすべてであった。「信仰の到達しないところがどこにあるというのか。信仰は、近寄りがたいところにも達して無知を捕らえ、無限をも理解する。(略)無限、それを私は理解できないので、信じている」ベルナールはさらに「神は知ることを禁じておられるのではない。必要以上に知ることを禁じておられるのだ」とも言う。

キリストは、罪人ピエールにとって徳の最高のモデルであった。しかしベルナールは、「ピエールは、喘ぎかつ笑いながら、救い主の血の上に築かれた正義をまったく意味のないものにしようとしている。神が栄光の座から降りて天使の下にまでくだり、女性から生まれ、この地上に生きて不当な苦しみをお受けになったという事実をして、神が命と教訓をもって人間に示された単なるひとつの例、受難と死をもってお与えになった最高の慈愛と考えるべきだと主張するもはや堕落した男」であると言う。

「ピエールは聖なるものを犬に、尊い真珠を豚にくれてやっている」とまでつけ加える。

すぐれた政治家であったベルナールは、アベラールの友人であると知っていた時の教皇に対し、過ちとそれを犯す者とは別であるがと微妙にほのめかしながら、重々しいレトリックに包みこんだ訴えを行っている。「猊下が、ある人物を、その過ちともども愛しておられると考えるなら、それは私の誤解でありましょう。そのような愛し方をする人は、愛するということをどのようにすべきか、まだ知らないのです。

そうした愛は、実に世俗的にして淫乱、かつ悪魔的であります。（略）キリストの裁きにおいて、いかなる人物をもキリストの前におすえになりませんよう、切にお願いするものであります」

「神の力を授かっておいでの猊下にとりましてより良いことは、キリストの教会にとりましても、またその者本人にとりましてもより良いことでありましょう。その者の口を封じるのが、最善の策であるはずです。彼の口には呪いと恨みと嘘がつめこまれておりますので」

別のところで、次のような説明をしたこともある。「私は悪徳に腹を立てているのであり、その人間に腹を立てているのではない。私は人間のために闘っているのであり、人間を敵にまわして闘っているのではないことを理解してほしい。私がこのように語るのを聞いても、真実を愛する者が苦しむことはないであろうから私は心配していない。むしろ、彼らにとってもいまわしい悪徳と闘っているのだから私に感謝してくれるだろう。私が話すことを好まない人びとに対しては、聖グレゴリウスの言葉を繰り返しておこう。真実を捨てるよりは悪口を言われるほうがましだ」

クリュニー修道院の官能的な装飾にあれほどはげしい反感を抱いたのは、彼が美に対して敏感であったことの証明である。旧約聖書の「雅歌」についても、このように述べている。「黒が美しくない色だというのは本当ではない。たとえば黒い瞳は美しい。炭の色は服の上に羽織れば映りがよく、黒髪は白い肌の美しさをひきたてる」彼は褐色の髪の女性を好んだ。たとえばフォントブローのエルマンガルドにあてたように、ほとんど吟遊詩人ばりの言葉で恋文を書くすべも心得ていた。

しかし、エロイーズのことで教皇エウゲニウスにあてた手紙は、きわめて形式的かつ私情を交えぬ調子で書かれており、やさしい言葉のかけらもなければ優しさを漂わせるところもない。「パラクレ女子修道院長の求めるところに関しては、使いの者がお伝えすることになっております。よろしければ要求をご検討くださり、しかるべきものであればご受理ください」

ベルナールが練り上げた愛の理論は、ドラマティックで内容が濃い。愛とは情愛である。つまり、他者へ向けられる情熱でありかつまた欲望でもある。すなわち、それなしではとても耐えがたいものだ。情熱と欲望というふたつの側面とも、根ざすところは肉であり、「はげしくむさぼる」本能のかたちをとって現れる。それを、崇高な神の対象となるところまで高める道は、長く険しい。崇高な愛も、そもそもの始まりは肉欲であったその痕跡を、はからずも見せるようだ。愛に固有の、苦悩と喜びの弁証法は、天国にまで到達する。エロイーズとアベラールが好んだオウィディウスの愛の場合もそうであった。喜びが満たされても、欲望が解消するわけではない。それは「炎を燃えあがらせる油のようなものだ」。苦しくとも愛する人をなおも求めるようにかりたてるのは喜びである。

その何年か前、アベラールも『神学入門』において神にいたる愛の理論を展開した。依拠したところは同じであっても、彼の理論は情熱的かつ「異教的」な精神ならではのものであり、また違った特徴を示している。

サン・ティエリのギョームは、院長からシニーのシトー派修道院の一介の修道僧となった人物である。彼がベルナールに手紙を送ったのは、一一三八年のことであった。アベラールの書物からいくつかの主張を抜き出して、その判断をベルナールと彼の司教にゆだねたのである。そのいくつかを挙げておこう。ギョームに言わせると、アベラールは信仰をひとつの「仮説」、見えないものについてのひとつの意見であるとしている。たとえばベルナールにとって信仰は「確信」であるのだが。このほかにギョームがあげつらったアベラールの見解は以下のようなものである。「父なる神は能力そのものであるが、子である神は能力の一部だけを有し、聖霊にいたってはそれを持っていない。つまり三位一体の第三のペルソナは、プラトンの説く世界霊魂と同じである」「神の恩寵がなくとも、人は自由な意思によって正しく行動することができる」「アダムの罪はわれわれにまで及んではいない。彼の受けた罰だけが痕跡を残している」「罪は、人格とその知性が自然な傾向性に同意するところにある」「人間の本性、欲望、快楽は、それ自体が悪というわけではない」など。

ギョームは加筆する。「彼を愛しているし、愛したいと思っている。神がその証人であらせられる。しかし、この点で、だれひとり、私に賛同してくれる者はいない」

さらに『ピエール・アベラールを駁す』として、彼の論理を広い範囲にわたって緻密に要約している。ベルナールは友人の警告に姿勢を正して応じ、復活祭が過ぎてから彼を招いて「懸念はまっとうであるばかりか必要なものである」との見解を示した。アベラールの理論を「破廉恥」と呼ぶこともはばからなかったが、「一方的な謀略」と反論される危険もあるので、なおいっそう慎重であることを約束した。

アベラールは、複数の司教立ち会いのもとにサンスで公開討論を行うという、アルナルドを含む弟子たちの提案を喜んで受けたようだ。それればかりか、サンス司教アンリ（ヘンリクス）・サングリエに対し、公会議の招集を要請した。弁証法という武器が自らの手のなかにしっかり握られているのを彼は心得ている。理性の光に照らされることなく原典のなかで眠ったままの伝統とむなしい対決をするのでなく、弁証の武器を用いることが許されるだろうと彼は考えたのだ。ソワッソンの経験でも証明されたとおり、それは彼の思い込みでしかなかったのだが。

ベルナールは恐れていた。彼に出席を促す司教たちに向けて手紙を書く。「これが私ひとりにかかわる訴訟であれば、あなたがたの善意の息子である私はあなたがたに弁護されるのを光栄と感じることもできましょう。しかしこれは、あなたがたにもかかわる訴訟です。むしろ、私ではなくあなたがたの問題です。

サンス宗教会議。フランス王ほか大勢の司教の列席のもとで開かれた。アベラールは再度糾弾される。絢爛たる会議場にあって，粗末な身なりで著書を敵の攻撃から守ろうとするアベラール。

したがって、信頼をこめてあなたがたをお招きし、必要な場合に友であることを示してくださるよう、切にお願いするものであります。私の友というよりもむしろキリストの友であることをお示しくださいますように。キリストの花嫁が、異端の森から、過ちだらけでほとんど窒息させられそうな繁みから、あなたがたに向かって叫び声をあげています。」最近の抗争（ピエルレオーニの分裂〔一一三〇—三八〕）がようやく決着をみたところで、少し休みたいのだと彼は言う。対立抗争には気がすすまない。

おそらく別の理由もあっただろう。ベルナールの神学理念に見合った理由である。ベルナールは悩んだにちがいない。キリストの啓示の真実を確かめるのに、人間による「広場での」論争に頼るのが果たして責任ある真面目な態度と言えるのかどうかと。修辞学の大家たる彼とはいえ、アベラールの論理の壁を前にしたらどのようなことになるか。長い年月をかけてアベラールが行ってきたテクスト解釈、言葉とその意味の分析に立ち向かう武器は持ち合わせないと感じていた。それを思うと恐怖をおぼえる。

言葉の意味に関しても、議論の熱気にまかせてそれを膨らませたり、説教をしながら啓発的な連想や比喩として拡大したり、だれもが絶対と思って従う教父たちが示す意味に合致させていくことには、彼も慣れていた。論理学を彼は憎悪する。「危機の時代だ。耳を刺激して聴衆の関心を真理の道からはずし、おとぎ話の世界へと導く教師がいる。フランスに目を向ければ、規律と無縁の修道士、無気力な司祭、子どもたちと議論したりふしだらな女とつきあう無節操な修道院長がいる。あの男は、自分の書物のなかで、隠しておいた水や秘密のパンを友人の前に並べ、話をしては世俗的には新鮮な言葉と内容を広めている。(略)そうやって大勢の人びとや弟子を伴って神の暗闇のなかへと入りこみ、道ばたや広場でキリスト教の信仰や三位一体の理解を超えるはずの神秘を論じているのだ」

「きわめて嘆かわしいことである」とぼやきながらも、けっきょく彼は、ルイ七世が議長を務める会議の席へと足を運んだ。

一一四〇年のサンスは、ローマ時代の城壁と蛇行するヨンヌ川に囲まれた美しい町で、重要度においてもパリにほとんどひけをとらなかった。折からサンテチエンヌ大聖堂の建築で町には活気が漲っていた。それから二〇年ののちに完成をみるこの聖堂は、フランス最古のゴシック建築である。国王とその随員、著名な司教たちの一行を迎えた公会議は、さしずめ今日なら世界的なスポーツ大会か政治サミットが開かれるように、町に賑わいをもたらした。町のだれもがなんらかのかたちでこれに関与していた。

ベルナールが司教たちの前に提出したのは、神学に関する論文と『倫理学』からの引用であった。そこに示している命題を主張するなり取り消すなりせよと求められたピエールは、ローマ教皇に上訴すると申し出て会場を驚きの渦に包んだ。

居合わせた司教たち、サンスのアンリ、シャルトルのジョフロワ、オルレアンのエリ、オセールのユーグ、モーのマナセスらは教皇あての親書に記す。「この上訴はまったく常軌を逸したものではありますが、われわれはアベラールの人格に不利な判決を提案することは避けて、教皇庁に彼を委ねることにいたします。しかし、貴台への上訴に先立ち、彼の邪悪な学説をわれわれは糾弾いたしました。彼の主張が多くの人びとの心のなかに浸透して彼らを堕落させたからです。(略)猊下の名のもとに、なお大勢の者が危険で重大な過ちを進展させております。それらの謬説を決定的に弾劾してくださいますよう、また偏見からこれを主張する者にしかるべき処罰を下されますよう、われわれ一同切に念じております。(略)ピエールが口を閉ざすよう、講義と執筆をやめるよう猊下がお命じになり、誤謬に満ちた書物を断罪してくださいますならば、キリストが種を撒かれたものの刺《とげ》も抜き取られ、ふたたび成長を始め、たくましく花を咲かせることとなりましょう」

司教たちに弾劾された一四の条項のなかで、一方にはキリスト教信仰の中心である神秘的なことがらにまつわる議論があり、他方には『倫理学』に示した意思のモラルと贖罪についての論理があった。

この段階で、ベルナールの筆致はきわめてはげしいものとなる。執拗な手紙の嵐が、教皇、枢機卿、司教ら枢要なポストの人たちを襲う。テーマは、どの手紙も同じひとつのことであった。ベルナールにとって、アベラールはもはや過ちを犯している人間ではない。過ちそのものなのである。すばらしく雄弁なレトリックを用いて軽蔑を徹底的に表現し、憎むべき男の追放と抹殺をひたすら目指すひとりの大修道院長の姿がここにある。

あるときは「涙の谷に生きる物憂さと嫌気」がすべての根源となる。「おろかにもいくばくかの平安が得られるものと思っていた。（略）私がまだ忘却の地をさまよっていようとは思わなかった。その地が試練の刺《とげ》で私を刺そうとは思ってもいなかったのだ。（略）苦悩は消えるどころかふたたび繰り返された。悪がはびこり霜に悩まされた人びとの上に雪が降ったのだ」

またあるときには、教皇に対して、表面的には敬意をよそおいながら厳しい警告を発する。ときの教皇はアベラール派の枢機卿たちに囲まれていた。「花婿の友でいらっしゃる猊下は、悪しき者の罠やいかさま師の言葉に花嫁が惑わされないようになさるべきでしょう。おこがましさを省みずに申しますなら、猊下ご自身と貴台の内なる恩寵にも注意を払われますように。まだ幼い猊下に、人民と国々に君臨するべく召命を下されたのは、神の花婿たるその方ではなかったでしょうか。父上の家から猊下を召し出し、塗油で聖別なさった方は、猊下の魂に多くのものをお与えになりました。そして、そのなかの多くのものが根を張り、枝を広げていったのです。信仰を持たない人が必要以上に崇められ、レバノン杉のようにたてまつられるさまを私は目にしました。そのレバノン杉は、その後もういちど私がそこを通ったときにはもうありませんでした。教会分裂《シスマ》で主は猊下を試され、猊下がすぐれた人物であられることを認識なさいました。しかし、猊下の冠に何ひとつ欠けるものがないようにするため、歴代の偉大な司教たちに猊下がひけをとるものでないことを証明するため、ここに異端が生じました。主のぶどう畑を荒らす狐どもが成長してはびこることのないよう、まだ仔狐であるうちに排除してください。（略）猊下が勝っておられることを認識し職務をまっとうなさるのは、今です」

アイロニー、否むしろ嫌みとも受け取れるものが、しばしば彼の武器となる。「目に見えない神の世界を、われらが神学者があらんかぎりの視力を動員して動きまわるさまを注意深く観察しなくてはなりません。全能は神のもの、叡知は子のもの、と彼は言います。父と子に同じものを割り当てるのは失礼にあたると思ったのでしょうか。そして述べたところを立派な例証をもって明らかにし、判断する力は行動する力のなかにある、それは人間が動物に属するのも同じことであるとも付け加えています。彼はプラトンをキリスト教徒にしようと努めているが、彼自身が異教徒なのです。（略）なんとご立派な教師ではありませんか。きわめて奥の深い真実を自らの前に暴き出したつもりになって、それを分かりやすく明快に、誤って単純化したうえでわれわれに示そうとしたのです。神の叡知を畏怖することを忘れ、それが禁じているものを無視すれば、聖なるものを犬にくれてやることもできましょう。神の叡知を忘れさえすればだれでも難なく出会うことができるであろう秘められた神秘を、平然と、われわれの前に明らかにしているのです」

憎悪はもはや彼その人にむけられている。「目を瞠るべき偉大な真理のなかを歩んでいると自惚れる輩は打ちのめすべきです。己の破滅のために彼自ら用意した淵のいかに深いことか、猊下、よくご覧くださ い。彼の声を聞くだけで私はおぞ気をふるっております。（略）あのように語る口に対しては、反論を唱えるよりも、罰と鞭を与えるほうがまっとうではないでしょうか。ピエールよ、おまえは救われないのだ。だから救われた人びとと一緒になって神に感謝するにはおよばない」

彼はひとつの危惧を捨てることができなかった。ローマ教皇庁の知識人たちが軽薄な判断をし、あるいはもっと悪ければ虚栄心のゆえに、危険を認識することなくピエールの過ちを見逃してしまうのではないか。「ピエールは、教皇庁の枢機卿や司祭たちが己の信奉者であると自負し、最近のものも過去のものも過ちをすべて弁護してくれるものと思って、不安は感じておりません。（略）自らの学問の泉を教皇庁の方がたに開いた、ローマの人びとの手と心が自分の書物と思想で満たされたと自惚れているのです。新奇さをもってローマの法王庁を汚しローマの地に書物と思想を植えつけたのが得意で、彼を裁くべき人びとに過ちをかばってもらおうとしているのです」

ふたりの宿敵は、人生の選択、教養の持ち方、キリスト教において手本とするものなど、多くの点で正反対であった。

ピエール・アベラールの哲学の場が僧院の静けさのなかでなく、「町の広場であり領主の城」であったことをベルナールは激しく槍玉にあげる。ベルナールの神は「それを超えて偉大なものは考えられない」存在である。余談だが、聖アンセルムスにとってもそうであった。神の定義が神の存在の確かさとその信仰を含むものであった点も同様である。ベルナールのキリスト教は、受肉の奇跡が起こった以上歴史の流れから分離しなくてはならないものであった。アベラールにとっては、受肉は神秘的なことではない。「言葉と実例をもって示された教えにすぎない」のだ。

そしておそらく、彼らの反目が最も際立ち緊張感をおびるのは、この点においてである。アベラールは、キリスト教の哲学的解釈を提案していた。哲学的に読み解くことによって、古代ギリシアをはじめ、インドの賢者の思想や信仰、ユダヤ人の風習やピュタゴラス学派の人びとの考え方など、人類の歴史を貫いて流れる地上の永続性をとりもどそうとしていたのだ。哲学的な解釈をすれば、古代の人びとが求めたものとキリストの啓示が、観念として結びつく。キリストは、人類を教導した多くの師のなかで、最も偉大な師となる。

次のように考えては、ベルナールは恐怖におののく。「御託身の本質が、ただ単に言葉と実例をもって示された教えにすぎないとは。キリストの受難と死が、われわれに示された慈愛の教訓であるとは。しかし、無原罪の段階にまでわれわれをもどすことができないのに、われわれに教訓を示して何になろう。われわれが原罪の奴隷でなくなるように、われわれの内なる罪が打ち砕かれた後でなければ、いかなる教示も無益ではないか。キリストのもたらした善のすべてが、その叡知の表明にすぎないのであるとすれば、アダムもまた原罪を示したそのためにのみわれわれを傷つけたと言うしかない」

ベルナールに言わせれば、人類の歴史は、ある時点で、キリストとともに最初からやり直されたのだ。したがって彼の目に、アベラールの構想は貧困なものと映る。アベラールの論にしたがえば、キリスト教の教義が哲学の次元にまで乱暴に貶められ、信仰の情熱を正当化する卓越した孤高を失ってしまうことになる。

いまだ降伏は潔しとしない闘士ピエール、彼はどのように応じるだろうか。「あの男はつとに私にひそかな敵意を抱きながら、これまでずっと、心からの友人であるかのようなふりをしてきた。それが今では、私の書物の題名に対してまで我慢がならないほどの妬みに燃えている。私の書物のせいで、私の名声が高まると、それに伴って彼の名誉が傷つけられると思い込んできたのだ。著作につぎ込んだ労力が報われたことに対し、神に感謝する。まずはフランスの教師たちに、ついで僧侶たちや宗教人として名声の高い人びとのあいだに、ここまで恥ずかしげもなくあらわな妬みを抱かせるほどの重みを、私の著作は獲得したのだ。神助を得て私が書き上げたものがそうした輩の悪意の犠牲とならぬよう、主は守ってくださることだろう」

かつてのように、しかし今回は苦い思いで、彼はオウィディウスの言葉を引用する。「嫉妬は、頂が高ければ高いほど、はげしくそれを揺さぶる風のようなものだ」

確信を持って、彼はローマに向けて旅立った。しかし、クリュニーに達したところで病にたおれ、尊者ピエール師が院長を務める修道院に留まった。この地で、彼は「有罪」の報に接する。ローマ教皇庁のだれひとり、友人として彼を擁護すべく立ち上がることはなかった。

ベルナールが意のままにできる人びとのなかには政界の大物もいた。フランス国王、イギリス国王、そして皇帝の支持者まで含まれていた。アベラールの有罪判決は広範囲の人びとを巻き込む一大事件であった。彼の運命は、彼には直接関係のない利害や協定に巻き込まれたのである。

一一四〇年（異説では一一四一年）七月一六日、ローマ教皇は会議に出席した司教たちとクレルヴォーの修道院長ベルナールに宛てて判決文を送る。「邪悪な信仰を作り上げたキリスト教の敵ピエール・アベラールとブレッシャのアルナルドに有罪を宣告する。書物を焼却し、二名をそれぞれ別の修道院に幽閉すべし」

いよいよここで、クリュニー修道院長ペトルス・ヴェネラビリス、すなわち尊者ピエール師の登場である。

第十四章

労働のあとの眠り、嵐のあとの海、
闘いのあとの安らぎ、生のあとの死……

E・スペンサー

クリュニー修道院長ペトルス・ヴェネラビリス（尊者ピエール［ピエール・アベラールとの混同を避けるため特にこの章ではペトルスと呼ぶことにする］）。「ステンドグラスにふさわしいイメージ」の人物だ。しかし、もっと近くに寄って、歴史上の人物として彼を見てみよう。光にきらめく色もないほうがよい。きっと何かわかることがあるはずだ。

尊者としての高邁な聖人伝説的イメージができあがった原因の一端は、ほかならぬアベラールにある。この騎士あがりの哲学者とその不幸に対して、ペトルスは同情を示した。歴史家たちは、クリュニー修道院長の人となりを気の利いた寛大さにばかり結びつけることが多く、固定したイメージを作り上げてきたきらいがある。

ピエール・アベラールがローマ教皇の判断を仰ぐために旅に出たのは一一四〇年六月のことである。フュルベールから報復を受けたときにも、彼は最高の法の判断を仰ぐべく教皇に訴えようとした。今回も同じ発想に基づいている。そして、サンスで敗北を喫した今回も、ふたつの法、公会議の法と教皇の法のあいだに齟齬があるかもしれないという可能性に望みをかけていた。教皇に訴えれば一縷の望みをつなげるかもしれない。ローマ教皇庁の友人たち、すなわちサント・ジュヌヴィエーヴで彼の弟子であった枢機卿たちに望みをかけたのだ。

ピエール・アベラールとクリュニーのペトルスの出会いは一一四〇年、アベラールはほぼ六〇歳、修道院長のペトルスはそれより二〇歳ほど若かった。アベラールはすでに老いを感じ、体調もすぐれなかった。サン・ジルダにいたころ落馬して骨折したことがある。その古傷が痛み、そのうえ疥癬も病んでいた。友人も少なくエロイーズからも遠く離れて鬱々としていた。

アベラールは、南国ローマへ向かう途上にあった。尊者ペトルスは彼を、罪人あるいは改悛者としてではなく、修道院に栄誉をもたらす学者としてあたたかく迎え、もてなした。教皇庁に宛てた手紙にも次のように書いている。

「猊下もご存じのピエール師がクリュニーに立ち寄られました。フランスをあとにどこへ向かわれるのか尋ねましたところ、彼をとんでもない異端にしたてようとする者どもの迫害を逃れ、猊下に直訴にまいるとのことでございます。その意向をわれわれは讃え、公の避難所である教皇庁へ駆けつけるようお勧めしました。（略）それなりの理由があれば、猊下は共感してくださるであろうと請け合いました。しかし（略）すべては神のお導きによってのことでありましょう、師は騒々しい学校を捨て、猊下の配下にありますますここクリュニーに留まることになさいました。この選択は師にとって良いものであろうと私は考えております。高齢でお体も弱り、敬虔な信仰心をお持ちですから。そしてまた、猊下もご存じのとおりの博識は、われわれの兄弟にとっても利することになろうとも考えましたので、師の決意に私も同意いたしました。（略）あらゆる意味において猊下のものである私がお願いいたします。クリュニー修道院の全員が、そしてピエール師ご自身も求めておいでです。老齢である師に残された日々はおそらくわずかでありましょう。余命をここクリュニーで終わらせることをお認めください。ようやく巣をみつけた雀か鳩のように、自らのいるべき家、いかなる力によっても追い出されることのない家を見いだしたと喜んでおいでですので、お願い申し上げる次第です」

クリュニーのペトルスは、それまでベルナールとの論争に加担することはなかった。しかし、またとない人物アベラールのためである。ベルナールの反感を買うであろうことなど度外視して、一役買ってでることになったのだ。折から一一四〇年には、ふたりの大物修道院長ペトルスとベルナールの仲は断絶中であった。何年か前のラングルの司教をめぐる抗争が、その直接原因であった。ベルナールのきわめつきの頑固さに行き会って、クリュニー修道院長は闘いに負けたのだ。ふたりの有力者のあいだの儀礼的な手紙のやりとりも中断されたままになっていた。

尊者ペトルスの要望はまた、良い結果を期待する細やかな政治的配慮から出されたものでもあった。アベラールはローマに向かうことなく、クリュニーのまたとない平和のなかで心おだやかに暮らすことになる。彼とシトー派のレイナールが取り持てば、アベラールが仇敵ベルナールとそこで会見することも可能かもしれない。そのように考えたとも、尊者ペトルスは教皇に語っている。アベラールは、もはや闘うこともなく、人生最後の日々をおそらくは平穏のうちに過ごすことになろう。

ベルナールにとっても、それがひとつの結論となるだろう。弁証学の大家と対立することを恐れて神経をとがらせていたが、そうした恐れを隠しおおすことはできなかった。そして、正面切って対決することは、なんとしても避けようとしてきたのである。

ローマ教皇インノケンティウス二世に宛ててクリュニー修道院長が手紙を書いたときには、サンスの評決から数週間が経過していた。教皇が有罪の判決をすでに発していることを、おそらく修道院長は知らなかったのだろうか。あるいは、知らないふうを装ったのかもしれない。如才ないペトルスのことだから、そんな仮説も成り立つ。そうでなければ、「彼の意向をわれわれは讃え、教皇庁へ駆けつけるよう勧めました」などと書くはずはない。いわんや「教皇は見知らぬ者に対しても巡礼に対してもわけへだてなく公平であるのだから、アベラールに対しても公平でないはずはないと請け合った」などと書き加えたりはしなかったろう。

それはともかくクリュニー修道院長は礼儀正しいばかりか慈愛に満ちた人物だった。一一四二年にアベラールが他界したのち、エロイーズに宛てた手紙に、その証しを見ることができる。

手紙だけではない。アベラールの遺骸を彼自らパラクレまで送り届け、なきがらを修道女たちのもとにもどしたのである。免罪符も持参した。「ピエール・アベラールを修道士として受け入れ、彼の遺骸がパラクレ修道院長および修道女のもとにひそかに引き渡されることを認めた私ことクリュニー修道院長ペトルスは、全能の神と諸聖人の権威をもって、彼の罪のすべてを公にここに許す」

立派な人物にふさわしい寛大な措置である。その胸の内が好ましく、感動を呼ばずにおかない。ペトルスは、ふたりの肉体的な絆を堂々と認めているのだ。彼によれば、結婚によってふたりは永遠に結びつけられたのであり、それぞれが「互いのもの」なのだ。万人の知るところとなり、スキャンダルとして噂する人の少なくなかったあの事件は、彼にとって深い意味を持った。共に生きる人生を予言する忘れがたいものであったのだ。「あなたのピエールを、今では神があなたに代わってその懐で温めておいでです。いつの日かあなたに返すために善意によって彼をあずかってくださっているのです」

修道院長のこの手紙が、中世の最も重要な史料のひとつであると見なす人は多い。彼のやさしさは、手紙のいたるところでさらに強烈に感じられる。

エロイーズをなぐさめる最良の方法は手紙を書くことだと、彼はすぐさま思いつく。そして、彼がずっと前から彼女を敬愛していたこと、彼女の行動も学問も含めた彼女の過去のすべてを賞讃していたと知らせることである。

「実を申せば、私があなたを敬愛するのは、今に始まったことではありません。ずっと以前からご尊敬申し上げていたことを思い出します。あなたのお名前が、そのころはまだ敬虔さのためではなく、おどろくほど深い学識のゆえに私のもとにも聞こえてまいりましたころ、私は少年でした。俗世にある女性が文学に勤しむのはきわめて珍しいことでした。むろん世俗のことであるにはせよ学問に励んでいらっしゃることを知るにいたりました。学芸を学ぶという有益な目標から気をそらして俗世の楽しみにふけることもない、ということを知りました。（略）女性はおおむねこうしたことを拒絶するものですから、女性にして実に稀有なことですし、否、男性においてすら、そうしばしば見られるものではありません。にもかかわらず、あなたは学問を愛することにかけて、すべての女性はおろか、男性のほとんどすべてをも凌駕しておいででした」

話題は、夫とともに彼女が哲学から真の哲学へ、つまりプラトンからキリストへと転向したことに及ぶ。「聖パウロの言葉を借りるなら母の胸に抱かれていたときから早くもあなたをお選びになっていた方が、恩寵によってあなたをご自分のもとに呼び寄せようとなさったとき、あなたは学問をよりすぐれたものとされ、真の哲学へと方向を変えられたのです。（略）あなたは敵から武器を奪い、人生という巡礼の砂漠を越え、神に捧げる尊い壁龕を心のなかに造りました。神が歴代のファラオを海に沈めたもうたので、聖母マリアとともにあなたは讃歌を歌いました。（略）新しい旋律の歌を、あなたは神に聞かせたのです」

讃辞はとどまるところを知らない。エロイーズは、蛇を踏みつけることのできたエヴァであり、どんなにすばらしい仕事にもまさる奇跡をなしとげた。「神の王国にそれより背の高い杉の木はありません。それ、すなわち悪魔、悪魔が弱き性によって打ちのめされたのです」アベラールが忍従と悔恨によって彼女に獲得させようとしていた王冠を、クリュニー修道院長に言わせれば彼女はすでに手に入れていた。彼女の不安と弱さが勝利をさらに大きなものとしたので、それは「宝石をちりばめた王冠」である。

「勝利の棕櫚の葉は、他のどの女性のものでもなく、まちがいなくあなたのものです。あなたに導かれてこの世とその支配者に打ち勝つことができ、したがって永遠の王であり審判である方のもとであなたのために気高い勝利と栄光の戦利品を用意するであろうすべての女性たちを、あなたは理解していらっしゃるからです」

ここに引用した手紙の冒頭部分は、レトリックがすばらしい。悩める者の過去の選択を容認し、導き手であり模範であるとまでしている。苦悩する者をなぐさめるのに、これにまさる文がありうるだろうか。レトリックが、表現しようとする感情にふさわしい道具となっており、空疎な内容を隠蔽するために用いられることもなければ決まり文句にとどまることもない。ペトルスが用いた形式はその時代には当たり前のものではあるが、しかし、技巧だけがあってもこのような表現力を伴うとはかぎらない。

パラクレ修道院長としてのエロイーズの業績を評価するうちに、教父や領主と同じく修道院を導くのは男性の役割であると考えていたアベラールの思想を、ペトルスはいつのまにか超えてしまう。「女性のなかに他の女性を指揮する人がいるのは珍しいことではありません。男性に付き従って戦場に赴いた女性戦士の例もあります。（略）俗世のことではありますが、歴史の語るところでは、トロイ戦争の時代に女人国の女王ペンテジレーアは戦闘を繰り返したといいます。（略）イスラエルでも、異教徒と戦うよう判事バラクを促したのは巫女デボラであったと書かれています。」慇懃な文を連ねながら、尊者ペトルスは、女性の修道院長をめぐる議論においてほぼ明確な立場をとっている。

話題はそれからピエール・アベラールへと移る。「キリストの僕《しもべ》、真の哲学者としか呼びようのないピエール師のお名前は、つねに敬意をもって語らねばなりません。生涯の最晩年をクリュニー修道院にお贈りくださったのは神の御恵みでした」異端として糾弾されたこととからめて、「黄金よりもトパーズよりも高貴な贈りもので、この修道院を豊かにするためになしたもうたことなのです」と言っている。

クリュニー修道院の穏やかな安らぎのなかにあるアベラールのイメージは、はるか昔パリにあった彼の姿とはおよそ懸け離れている。彼が修道僧となったときに理想としたもの、パラクレの修道女たちに諭した理想を師がクリュニーでは実践したことを、修道院長は好意的に証言してくれている。「大勢の修道士たちとともにあるときは、院長に強いられて最上位の座についておられましたが、身にまとうものの粗末さときたらまるで最下位の僧侶のようでした。（略）行列をするとき師の姿をしばしば目にしたものです。習慣にしたがって、師は私のすぐ前を歩いておられたからです。かくも著名で偉大なお方がここまでつつましくなれるとは、と私は驚いたものでした。修道生活を召命と認識しながら、それでもなお、高価な衣服をまといたいと考える人もいます。師は質素このうえなく、粗末な衣服で事足れりとしておられました。（略）食物、飲物、身体の手入れについても同様でした」常日頃はそうやって、説いたとおりの清貧を実践していたが、しかし、自らの思想を伝えることはやめなかった。「必要とあらば静寂を破って」反論し、祈り、修道士たちと対決し、あるいは演説をした。アベラールはやはり健在だ。

院長は結論する。「このうえ何を申すことがありましょうか。思惟、言葉、行動をもって、哲学と宗教に関すること、熟知しておられる事がらについて、瞑想し、教え、証明していらしたのです」

手紙を締めくくるにあたってペトルス・ヴェネラビリスは、宗教的な慈愛の高みから、「神において彼を思い出してください」と、われわれには無用とも思える勧告をエロイーズに行っている。もっとも、これは勧告というよりは、個人的な心づかいの徴しであろう。自分もまた、祈るときに彼を思い出すであろうということを意味しているのだ。まさしくクリュニーで敬虔な日々を過ごしたその徳によって、アベラールは救済されたと修道士たる彼の目にはうつったのである。

この手紙を書いたのは、教皇宛のあの実に洗練された慎重な書簡を書いたのと同じ人物なのだ。そしてまた、それから何年かののちにはエロイーズに宛ててごく短い手紙を書いている。それはパラクレで受けた歓待に対する礼状であるが、ふたたび情愛が完璧にほんものであることを讃え、「あなたのものであり私のものである戒律の精神を堅固に守っていること」にも讃辞を送っている。それはさておき、これまでに登場したなかでこの人物は最も幅広くしかも複雑である。おおきな問題をかかえていたその時代の人間として、彼が置かれていた状況とあわせてとらえる必要があるだろう。

一一二二年、ブルゴーニュ地方の大修道院クリュニーでは、さまざまな問題が新任の院長のまわりでひしめいていた。ここでは、他のどの修道院よりも、すべてが広大で豊かで厳かで、なにごとも大仰であった。聖堂は奥行きが一八〇メートルを超え、五つの身廊があった。ベネディクト派の戒律では三時間半と定められた聖歌が、クリュニー修道院では五時間以上続いた。修道士たちは美声を保って長時間の歌唱にたえるようにと、寒さからしっかり守られ、栄養のある食物を供され、手仕事は免れていた。荘重な柱頭を支える柱は、廃墟となった異郷の神殿から、オディロン院長が十一世紀に運んできたものである。壁と柱は丈が高く、精神の上昇を示唆していた。修道院の建物の回りは広々とした回廊が取りまいていた。一日に何度も行われる行列は、砂漠の旅、ゴルゴダの丘を登るイエスの歩みなど、聖書に記された受難の旅を目に見えるかたちで表していたが、修道士たちにとっては罪業の闇を横切る人間の旅を象徴するものであった。あらゆるものが、押し寄せる訪問客を厳かな舞台装置のなかに整然と迎え入れるべく、あらかじめ準備されているかのようであった。訪問客たちは、ゆっくりと中を案内されるあいだにも、聖なるエルサレムに寄せる人間らしい熱い想いを圧し殺していることがはっきりと見てとれた。宝石の数かず。ペトルス院長にとっては、トパーズよりもアベラールのほうが値打ちのあるものであったが。象牙、それに黄金が、主への讃美を示すものとして祭壇を飾っていた。サン・ドニのシュジェも、貴金属や宝石は神の教会を飾るために存在するのであり、それ以外によい利用法はないとの思想の持ち主であった。

こうした恵まれた環境にあって、修道士の労働は最小限に抑えられていた。禁欲と清貧が守られていないことをはげしく非難した聖ベルナールに対し、クリュニーのペトルス院長は、「労働はそれ自体を目的として命じられるのではなく、精神の敵である無気力を排除するために命じられるものだ」と反論した。僧侶たちはただでさえ十分疲労していた。ある年代記作者の記すところでは、長時間立ったまま歌いかつ祈るので「静脈瘤を患う」者もあった。

クリュニーでは、何もかも桁ちがいに大きかった。

エロイーズとアベラールの一件に関して、ペトルスはいかにもやさしく寛大であるように見える。しかし、ただ単に寛容であったということが、果たしてありうるだろうか。事実彼はそれだけの人物ではなかった。一一三八年、クレルヴォーの修道院長すなわち妥協を許さぬあの聖ベルナールが、クリュニーとサン・ベルタン修道院の抗争に際して、もう少しやわらかな態度をとってはどうかとペトルスに忠告しているのだ。また別の例証もある。『反ユダヤ論』と題する論文では、改宗させるための試みといったものにとどまらない厳しい論調を見せている。尊者ペトルスが戦闘的な言葉を用い、議論は拒み、ユダヤ人をただただ威嚇し、誹謗し、あげくの果ては対話のできる相手と見なさずに獣の烙印を押している。イスラム教徒に向けた著書もあるが、そこでのイスラム教徒に対する態度とは大違いだ。イスラムの文化に対しては明確な敬意を表し、改宗を目的とする話し合いをしようとしている。

そのころ、プロヴァンスのピエール（ペトルス・ブルシアヌス）率いる過激な集団が、教会と政治制度そのものを批判していた。この一派を攻撃する書物のなかでは、これを「人の集まる集会や町なかで声高に鳴き声をあげる不気味な蛇」のような異端であるとし、もっと厳しく効果的な弾圧を加えるよう司教たちに勧めている。要するに彼は、知的で有能な、偉大な権力者であった。事のなりゆきから、天使ではないこの世の人間を相手にどう対処すべきであるかをよく心得ていたのだ。

クリュニー修道院長に就任したのは、一一二二年。院長の座をめぐって彼に敗れたのはポン・ド・メルギュイユであった。経済事情から俗世がかけてくる圧力や宗教改革の気配に対してクリュニー修道会はどうあるべきか、これをめぐってふたつの相反する立場があり、それぞれをこのふたりが代表していた。ペトルス・ヴェネラビリスは、個人的には、黒い僧服をまとった「旧式」な修道院長たちよりは改革派の発想に近かったと書かれている。しかし、彼もまた黒服の人びとと同じく典礼を非常に尊重していたのは確かである。それも消極的にではなく、深い確信に基づいてのことであった。閑暇《オティウム》は、神と瞑想のために確保すべきものであり、修道士にとっては、禁欲や清貧以上に不可欠の、空気のようなものである、と述べているからだ。

就任して最初の何年かは、おそらく前任者が弱腰であったために生まれたと思われる放任主義や慣習の悪用を正すことに努めた。中庸を保ち、反発の兆候に注意を怠らず、とりわけ建築や運営にかかる莫大な経費を少しでも節約して、修道会が経済危機に陥るのを阻もうとした。ローマ教皇がクリュニー修道会の院長たちに特権を認めたために司教たちとの関係が悪化していたが、これにも慎重に対処した。「慣習は、かりに美徳に見合ってはいても、環境、人びと、時代の要請があれば変える必要がある」と述べている。

いちばん目立つのは、頑迷で禁欲的な「白い僧服の修道士」クレルヴォーのベルナールとの対立である。ベルナールはクリュニー修道会を「奴隷の群」と呼び、ベネディクト派とは似ても似つかない派手な生活様式と「卑猥な」装飾芸術に辛辣な非難の言葉を浴びせた。しかし、「クリュニー方式」が尊者ペトルスも意に反して自覚的に選択しているものであって放任による堕落でないことは認めており、シトー派の修道院長と交わした手紙のなかではペトルスの選択を弁護している。

クリュニー修道会は俗世との関係を保っていた。

院長が書き残しているところでは、イギリス国王ヘンリー一世は「クリュニーをこよなく愛し」、修道院の拡張を財政的に援助した。そもそもこの大修道院は、スペインの王の援助を受けて、十一世紀後半に聖ユーグが設立したものである。したがってスペインはクリュニーにとって愛すべき土地であったのだが、同時に戦いの地でもあった。まさにそのころ、アラビア人に対する失地回復《レコンキスタ》が、精神面と軍事面のふたつの方向で火ぶたを切っていたのだ。精神面での攻撃にはふたつの武器があった。ひとつは巡礼を奨励すること、もうひとつはキリスト教世界の入口までやってきて魅力をふりまく新顔のアラビア文化を理解し、努めてこれを取り入れることである。クリュニーのペトルスは、このいずれの武器をも手中におさめていた。

スペインのサンティアゴには聖ヤコブの遺体が安置してある。ここに向かう緑豊かな道すじに、クリュニー修道会の人びとは、巡礼の人たちが旅の途中身を寄せることができるような修道院や教会をいくつも造った。拡大するキリスト教世界の境界を印すかのようなそれらの建物のうち、あるものはプエルトマリンの要塞聖堂のように灰色でいかめしく、あるものはアストルガの美しい聖堂のように平和なオアシスであった。巡礼の緑の道をたどりながら、信者、探検家、放浪者そして大領主たちが、それをこの地上での人間の歩みであると感じたことだろう。目的地にたどり着くと、朝靄に包まれたサンティアゴの聖地が、約束の地エルサレムのように彼らの目には映ったかもしれない。大修道院長たちの訪問も繁くなり、クリュニー修道会と各地の教会や僧院との関係はしだいに密になっていった。ペトルス自身も、一一四〇年ころ、アベラールがやって来る少し前にスペインの地を訪れている。

ペトルスのスペイン訪問はキリスト教の最前線を視察するというにとどまらず、文化使節としての役割も担った。

折から、翻訳の時代が始まろうとしていた。ギリシア哲学、天文学、数学の文献がアラビア語からラテン語へ、しばしばロマンス語やヘブライ語を仲立ちとして行われていた。ペトルス・ヴェネラビリスは、神学者としての興味から、また宗教人としての直感から、翻訳すべきものとして『コーラン』も加え、翻訳チームを結成した。彼にとって『コーラン』は福音書の贋作であって「最悪の異端の書」であったのだが、イスラム教徒に対しては寛大であった。イスラム文化の豊かさと精彩に魅了されたかのようであり、彼らと議論をするほどまでに開かれた姿勢を見せていたのである。

そのころアベラールは、最後の著作『哲学者、ユダヤ人、キリスト教徒の対話』を執筆中であった。ペトルスのそうした姿勢は彼になんらかの影響を及ぼしたのだろうか。登場人物のなかで議論を交わすのは三名。アベラールはほとんど黙したまま礼儀正しく審判の役割を果たす。ほかに、広い視野を持つユダヤ人（ペトルスが怒りをこめて描いたイメージとはほど遠い）。「面白みのない文字」や教義よりも聖書の意味を拡大する解釈や比喩を好む、まさにアベラール生き写しのキリスト教徒。そして、古代のストア派かあるいはキケロ風のプラトン学派のように語る哲学者が登場するが、彼は割礼を受けていてイスマエルの一族であると名乗っている。したがってイスラム教徒である。

アベラールはラテン語に翻訳されたアラビア語文献を知らなかった。そのうえ、それからほどなくしてヨーロッパを席巻することになるアラビア思想も知らなかった。しかし、マホメットに追随する者たちが古代哲学を研究していることは知っていた。彼は出会ったばかりのイスラム教徒、歴史に残るであろう同時代のある人物を、哲学のイメージそのもので描きたいと思ったのだ。信仰と矛盾するところはいささかもないとつねに見なしてきた偉大な学問である哲学も、彼を取り巻くキリスト教世界には受け入れられないということを、苦い思いで認識せざるをえなくなっていた。

全生涯をかけて熱く追い求めたものは、理解もされず容認もされなかった。サンス公会議ののち、死を前にした彼は、エロイーズにこのような手紙を書いている。「かつては俗世においていとおしく、今ではキリストにおいてさらにいとおしいわが妹よ、論理学が私を人びとにとって憎むべき存在にした。破綻した知恵を持つあれら邪悪な人びとは、私を、論理学にはきわめて精通しているが、聖パウロにおいてはいささか道をはずれていると言う。私の鋭敏な才能は認めていながら、キリスト教信仰における私の純粋さは否定する。私が思うに、そのような判断をするのは、私の思想を直接知りもしないで他人の意見にひきずられているからだ」

「エロイーズへの信仰告白」と呼ばれるこの最後の書簡はしかし、異教世界のイメージで終わっている。「私の信仰は堅固だから、スキュラの吠え声も恐れはしない。カリュプディスの渦巻きはあざ笑い、セイレーンの歌声も怖くはない」 これについてジルソンは次のようにコメントする。「悔い改めることのなかったこの人文主義者《ウマニスタ》は、死を前にして記したかくも厳かな信仰告白をしめくくるにあたり、『アエネイス』のセイレーンを動員しないではいられなかった。要するに、発言を控えるようにと求めることはできても、別の人間になってくれと求めることは土台無理であったのだ」

『対話』では、死の暗いイメージが随所に重々しく漂っている。最期への想いに、「自伝」でそうであったようなほっとさせるようなものもなければ新鮮さもない。はげしい闘いのただなかにあった「自伝」執筆時には、アベラールは死を希求していた。「不幸な人生の後に訪れる死の瞬間はつねに甘美なものだ。その人の苦しみを分かち合った者はだれも、不幸が終わりを告げることを、その人のために喜ばずにはいられない」

『対話』のなかのアベラールは老いてくたびれている。死を身近に迫った現実のものと感じ、それに怯えている。死は彼にとって弱さの極みを意味する。病であり苦悩である。輪郭のぼやけた幽霊のようなものではなく、ひとつの現実なのである。彼岸にある天国すらも、この世を旅立つ者の恐怖をやわらげてはくれない。明快な比喩をもってアベラールは自らの恐怖に思いを寄せている。

心やさしいクリュニー修道院長は、彼のためにより静かな場所を見つけてやった。修道院からそれほど遠くないシャロン・シュル・ソーヌにあるサン・マルセルの隠遁所である。ソーヌ川のほとりの日当たりのよいのどかな田園の一隅であり、「ブルゴーニュでおそらくいちばん美しい」場所であった。体調の許すかぎり、彼は「かつての学問（論理学のことか？）に立ちもどって書物の上に身をかがめておいででした。グレゴリウス一世〔五四〇—六〇四〕がそうであったと言われるように、寸暇を惜しんで祈り、読書し、執筆あるいは口述しておられました」と、のちに尊者ペトルスはエロイーズ宛の手紙に書いている。

「こうした聖なる職務に没頭しておられましたそのさなか、福音の使者が迎えにやってまいりました。

アベラールの墓前。思いにしずむエロイーズ。

そのときは眠っておられず、目覚めたまま、使者によって永遠の結婚へと誘《いざな》われました。そのさまは愚かな娘のようではなく、賢い乙女でした。師は油の満たされたランプ、すなわち聖なる生活の証しであるあふれんばかりの意識を携えて、旅立って行かれました。人間が共通して負う義務もこれで赦されるかと思われるような病に襲われ、病状は悪化して急速に終わりのときを迎えるにいたったのです。信仰の告白と、続いて罪の告白をどれほど敬虔におごそかになさったか、旅立つ前の最後の聖体ととわの命の証しをどれほどのあふれる熱意で受けられたか、肉体と魂をどれほどの信心をもって主にゆだねられたか、それは、この修道院におります修道士をはじめとするすべての人間が証言いたします。ピエール師は、こうしてその生涯を閉じられました。世界のほぼ全域に名を知られ、学問を講ずる比類のなさでいたるところに名を馳せておられたこのお方は、温和かつ謙虚に、《私から学びなさい、私の心は温和で謙虚なのだから》とおっしゃった方の弟子であられました」

一一四二年四月二一日のことであった。それから一年を経ると、エロイーズの言葉も、いっさい聞こえなくなってしまう。その前に一度だけクリュニー修道院長に対して「師のなきがら」という贈り物をパラクレに届けてくれたことに対する謝辞を述べている。そこではピエールの免罪符、彼の墓に添える証明書ともいえる免罪符について案じている。「アストロラブのことも思い出してくださいませ」の一言も哀れを誘う。母親らしく、愛する息子のためにも確固とした名誉ある職がほしいと願ったのだ。それにしても、彼女の言葉には勢いがなく、いかにも弱々しく精彩に欠けている。

ここまで、エロイーズとアベラールのふたりの物語に、何も粉飾をほどこす必要はなかった。すべてが情熱的な密度の高い生きざまそのものであったのだから。

エロイーズが世を去ったのは、一一六四年のことである。彼女の死と埋葬が、やがてひとつの空想物語を育むことになる。エロイーズがピエールの傍らに埋葬されると、ピエールは両腕を広げ彼女を引き寄せたという。

この物語もいよいよ大詰めである。それより三〇年前にエロイーズが書いた言葉で締めくくることにしよう。「あなたに従順でないとのお叱りを受けたくはありません。沈黙を守ることにいたしました」

エピローグ

愛の言葉を、私は信じる。
J・クリステヴァ

われわれの基準からすると、この物語はきわめて美しいとしか言いようがない。とはいうものの、物語はすべて、自伝と書簡に綴られた事実に基づいているのだ。

書簡集に語られた歴史と思想の変遷のなかで、真実と美が緊密に結びついている。この事件を、われわれはなぜ美しいと感じるのだろうか。人間の織り成すことがら、歴史上の事件は、その張本人はいなくなったのちもなお意味を持つ、というのは古くからある思想であり、今日もなお大きな力を持っている。エロイーズとアベラールの生涯を彩った個々の事件に目をやると、きわだつのは絶望だ。別離、挫折、迫害、孤立など、否定的で苦悩に満ちた側面ばかりが目につく。しかし、全容をとらえてみると、また違った側面が浮かび上がってくる。喜び、愛、対話、協力、希望、持続など。この物語が美しいことに議論の余地はない。ヴォルテールまでが感動したのである。書簡集の信憑性をめぐって議論がふたつに対立するのも、まさしくこの美しさのためなのだ。

最も著名なアベラール研究者ジルソンは、「真実でないと言うにはこの物語はあまりにも美しすぎる」

と言い、内に秘められた感動的なプラトニズムのベールを剝がした。信憑性をうたがう最近の学者たちが、真実であるはずがないとの結論に達するのも、つまるところ、この物語があまりにも美しすぎるからだ。同じものでも、別の見方をすれば対称的な結論にいたることの一例である。いずれの場合にも、研究に駆り立てるのは、少なくとも最初の段階では、現実に存在したひとつの中世に対するイデオロギーであり、評価である。史料の前にまず立ちはだかってあくなき興味をそそる。

アベラールの自伝や書簡集には奥深い思想と信念が述べられている。しかしそれらが、間違いなくアベラールのものとされる著作やエロイーズが書き残した思想と、広い視点から比較検討されたことは、これまでない。書簡集と著作は別ものと見なされ、とりわけ前者はおおむね消極的に受け止められてきた。書簡集から浮かび上がるのは、波乱の多い人生で浮沈を繰り返した、反抗的な、性格の悪い人物像である。この男と、『論理学』や『対話』そして『倫理学』の著者である哲学者が同一人物であるとは、どうしても考えにくかったのだ。しかしその両方を知る者は、書簡集がまったく違った内容をもつとか、ひいては贋作あるいはフィクションであると考えることは、とてもできない。むしろ、『対話』『論理学』『神学』『倫理学』を書いた男こそエロイーズ宛の手紙と自伝を書いたその人であると考えるのが、なにより自然なのだ。

今日では多くの人がそうした見解を持つようになっているが、ここまではっきり断言する以上は、なにがしかの説明も求められよう。

書簡集が映し出す世界は中世であり、すなわちこのドラマに直接反応した証人である。このように考えていくと、もうひとつ別の目標にも到達できる。中世を肯定的にとらえるかそれとも否定的にとらえるか、つまりプラトニズムを謳歌する高揚の時代であったのか、それとも暗い抑圧の時代だったのかという、近代における意見の対立を解消することにもつながる。
われわれの物語に隠されたわずかだが確かな史料のなかに、中世の姿を探ってみよう。アベラールが世を去って間もない一一四二年か一一四三年ころに『ゴリアテ司教の変身譚』が書かれており、そこにひとつの夢が語られている。アレゴリーがちりばめられて多義的な解釈が可能な当時流布していた文体で、メルクリウスとフィロロギアの婚礼が語られる。それぞれ愛と知恵の化身であるアモールとサピエンツァ、アフロディテとミネルウァが、人間にも神々にも勝る力を誇示しようと競いあう。哲学者や詩人たちがこの討論に参加するが、そこに、ひとりの偉大な男が欠けている。

花嫁が尋ねる、パラティーノ先生はいずこ?
あの方の神のごとき魂はあまねく知られておりますものを。
いったいいずこにお隠れになったのやら、まるで流刑にあわれたかのように
心と胸の上に抱いてあたためてさしあげた花嫁から遠く離れて。
哲学するあの方に大勢の学者どもが襲いかかった
そのさまはまるで頭巾を被り三重のチュニカにくるまれた玉葱の群れ
そして、かくもすぐれた知恵者に沈黙を強いた。

花嫁はフィロロギアであるが、エロイーズのメタファーでもある。風刺的なこの短詩のなかにあるのは、ふたりの恋人の別離と類のない悲劇に寄せる同情と共感である。
ほぼ同じころにもうひとつ、詩による証言がある。むろんエロイーズが世を去る前に書かれたものだ。

ピエールは、母がヴェールをまとった後にパリへ旅立つ。
しかし、彼が愛した女もまた、尼僧となってもはやもどっては来るまい
　残酷な思惑の犠牲《いけにえ》となって。
母は思い立って、女は強いられて、ともに僧籍に入った。
体がすでに血の気を失った老女には、それにまさることはない
だが、若い娘の柔肌にはそむくこと……
むごい愛人は世を捨てよと彼女に命じた
（愛されるばかりで自ら愛さない者を愛人なんて呼べるだろうか）
彼女はなしうることのすべてを愛をもって果たすべく
夫のためになるのならと彼の命に従った。

ペトルス・ヴェネラビリスはふたりの愛の絆を、来るべき魂の結合の基礎を固めるものと認識していた。彼の手紙の的を射た鋭い表現が、二つの墓碑銘にも見いだされる。書いたのがだれなのか、十二世紀にはまだわかっていなかった。墓碑銘をささげられたのは、回心して修道生活に入った名高いふたりの恋人である。

エロイーズについてはこう書かれている。「女性として美しく、思想、行い、学識において彼女のピエールに比肩する。（略）いまでは眠りにつきピエールとともにある墓のなかで、肉体は彼とひとつになった」

ふたりの「苦悩の愛」を前にして大かたの人びとがみせた反応は同情的なものであった。例外は、ドゥ

イユのフークがアベラールに宛てた欺瞞的なとなぐさめの手紙と、ロスケリヌスの意地の悪い手紙のふたつだけである。大かたはこの悲劇に理解を示し、悲恋に共感をおぼえ、やがてその敬虔さのゆえに有名になったこのふたりがかつて肉体の愛で結ばれたことを容認していた。近年の批評家の多くが、中世のゆがんだイメージにまどわされて理解しそこねたことが、当時の人びとにはよく解っていたのだ。この愛の悲劇は、まるでロマン主義の時代ででもあるかのように、皮肉よりは感動を、醜聞よりは賞讃を、多くの人の心に呼び起こした。

恋人たちの言葉を、「なぐさめ《コンソラティオ》」という名の、知性あるレトリカルな文体としてとらえてみるとどうだろう。レトリックは微妙で複雑な戦略を可能にする。罪を誇張すればスキャンダラスでみだらな側面が強調される。逆に、犯した罪が避けられないものであったことを前面に出し、さらに罪への悔恨に苛まれているという耐えがたい状況下から発せられれば、「救済希求《ペティティオ》」のレトリックはそれだけ強く訴える力を持つ。そうした構図でとらえてみると、エロイーズは、摂理などおよそ理解したくもない神への恨みに満ちみちてはいても、いまだ恋する女として、援助が急を要することを強調し、改悛を訴えながら、回心のための手助けをアベラールに求めているのかもしれない。

しかし、もし事実がそうであるとすれば、「なぐさめ」のためのレトリックが効を奏して生活にも変化がもたらされたことや実現した回心に晴れやかな言及がなされるはずだ。しかしエロイーズは、改悛について沈黙している。このことをお話しするのはもうよします。わたくしの情熱の叫び声を、あなたはまだ解ってくださらず、そしりの言葉をお向けになります。これ以上あなたに訴えるのはひかえます。「釘は釘を追い払う」と申します。話題を変えましょう。わたくしの修道生活についてお話しいたします。これならあなたも助言をくださることができましょうから。と、こんなふうに手紙に書き記しているのだ。

エロイーズの沈黙は、規範に従って構築された文学的かつ道徳的な物語として理屈で解明しようとする歴史家を当惑させる。当惑させられるのは、これがおそらく真実であるからだ。中世において性を語るのはタブーでなかった。肉体の愛や熱情にかかわる言葉も自由に使うことができた。これは銘記しておかねばならない。エロイーズは「妻よりも情婦と呼ばれたい」と願った。アベラールは『論理学』のなかで、弟子たちにさまざまな命題を示すにあたり、情事にまつわる刺激的な例「私の女が私を愛す」をあげている。

書簡集が贋作であるとの立場をとる人は、後に加筆された箇所の存在が気にかかるのかもしれない。だがそのようなことを言っていたら、目をつぶらなくてはならない事がらがあまりにも多すぎるのではなかろうか。およそ一世紀ののち、エロイーズの説得力ある情熱的な言葉に出会ったジャン・ド・マンの感動、ドゥイユのフークの口汚い言葉、尊者ペトルスの寛大な理解、ロスケリヌスの怨恨など。これらすべてがでっちあげだとでも言うのだろうか。

それればかりではない。中世の文献に残された表現は、古色蒼然とした愛の物語的な中世のイメージとはうらはらに、かなり自由で力強く、歯に衣着せぬものだ。シャルトルのベルナールは、品質の段階を示すのに、気の利いたこんな例をあげている。無垢な処女、夫の床に初めて床入りする娘、朝目が覚めると純潔を失っている女。こうした譬えが学校で用いられていたのだ。

アベラールが、考え得る別の論証のメカニズムを講じるにあたり、次のような例をあげて、ありうる別のトポスを説明するのはごく自然なことであった。「夜なかに男がひとり、娘の部屋の窓づたいに降りてくる姿を目にしたら、確たる証拠はなくとも、その部屋の娘がもはや処女ではないと推論することができる」

それから一世紀半後には、神学校のきわめて真面目な教師たちがこんなことを言っていたという。「神の力はいかなる法則をも超えた絶対的なものである。神がお望みになれば、おかされた娘をふたたび処女にもどすこともできるのだ」

このとおり、この時代、性にまつわる話題は、タブーとして抑圧されていたどころか、あまりにも多く語られすぎていたようだ。修道院の規律のなかにあってすら、肉体を忘れることはきわめて困難であったにちがいない。したがって、あまりにもエロティックでみだらであるからといって、手紙が本物でないとする議論は、論拠がいかにも薄弱である。

書簡集のうちに整合性を読み取れるというだけでは、その信憑性を証明することにはなるまい。しかし、書簡集におさめられた手紙の相互間のみならず、書簡集と、エロイーズおよびアベラールの著作のあいだの深奥に認められる一致に、どうしても行き当たる。したがって、最も確実で魅力ある証拠とは、思想と確信の深みにわれわれを入りこませるもの、すなわち、さまざまに言葉を変えて表現されてはいるけれども、それがひとりの書き手によって書かれたがゆえの同一性を備えた思想なのである。

エロイーズに関しては、材料が、書簡と『問題集《プロブレマータ》』にかぎられているので分析はそれほど困難ではない。最もすぐれたエロイーズ研究者のひとりドロンケは、アベラール宛の手紙と『問題集』の書き手が別人だということはほとんどありえないとの主張を、筋の通った論理で展開している。『問題集』と書簡集には一貫性があり、完成度のうえでも奥深いところで共通していると言う。それなら、『問題集』の信憑性は論議されることがないのに、手紙が疑惑の対象になるのはなぜか。ここで浮かびあがってくるのは、手紙に漂う情熱的で世俗的な要素である。これが目を眩ませるのだ。だが、手紙のいたるところに浸透している愛の雰囲気が、より学問的な文体の『問題集』にも反映していないわけではない。アベラールに問いかけ、自らを問い直すこの女性は、いつも同じ悩みを抱えている。すでに見たとおり、愛については語るなというアベラールの命令にエロイーズは全面的に従っているわけではないし、沈黙も完璧なものとはいえない。

ドロンケはまた、エロイーズのものとされる手紙をアベラールが書いたのではないかとする説をも否定する。エロイーズが「沈黙を守る」と約束している三通目の手紙の冒頭部分と『問題集』に添えられた手紙の文体が、アベラールの文体ときわだって異なっている点にも目を向けているのだ。アベラールがエロイーズに対してつねに教師としての役割を果たしたというだけでは、ふたりの関係についての真実がすべて語られることにはならない。最初の手紙の宛書きに、エロイーズはアベラールからの献辞を受けるかたちで「主というよりは父、夫というよりは兄であるアベラールへ、召使というよりは娘、妻というよりは妹であるエロイーズより」と書いている。こうしたかたちで彼女は彼に従っていたのである。これは驚くに値しない。アベラールがはじめてエロイーズに会ったとき、エロイーズは年若かったにもかかわらずその文学的素養はかなりのものであり、「王国中にあまねく名を知られていた」。彼女の文体はイタリアの流派に源流を持つもので、アベラールという哲学の師から学んだものではなかった。一七歳にして文学的才能を発揮していた女性のことである。三五歳になって自身の思想を持ち、それを表現する力を備えていたとしても不思議はない。そうした思想と表現力こそ、まさしくエロイーズの名のもとに書かれた手紙のなかに見いだされるものなのだ。つまり、善と悪、生と死、愛についての考え方は、彼女がアベラールから一方的に学んだものではなかった、ということになる。むしろ絶え間なく交わされた密度の高い対話のなかから生まれたものだった、というのが事実だろう。たしかにいくつかの価値基準においては、ふたりのあいだにずれが認められる。

自伝や書簡におけるアベラールは、アウグスティヌス的な倫理観を目指し、人生を包括的にとらえたうえで個々の出来事を意味づけようとしている。したがって、彼をおそった神罰を正当なものと考え、神意によって生活を変えるよう指示されたと感じていた。エロイーズの姿勢はこれとはまったく異なっている。彼女はかつての恋と現在の自己を分析し、あらゆる行為を現在の感覚に照らしてとらえている。あの恋は美しく罪のないものであった。結婚も正しい聖なる行為だった。それなのに、罰はあまりにも厳しすぎた。彼女にとって、ふたりがともに楽しみかつ苦い思いをしたドラマの筋書きをつなぐのは、論理学の糸ではないのである。

エロイーズは「勝利の冠」を欲しいとは思わなかった。彼女をなお苦しめる邪念や欲望を克服すれば与えられようとアベラールが約束した冠など、いらなかったのだ。これは意味深いことである。彼女は、神とアベラールを大胆にも同一視しようとしたことを思い出そうとする。『倫理学』によれば「心臓と肝臓を詳細に調べる」ことができるのは神のみであった。その神と、説教師としてすぐ目の前にいるアベラールが同一であってほしいと願ったのだ。裁くのは彼であってほしいのだ。「わたくしに一言も言葉をかけてくださらないのならば、すべてはわたくしにとって何でありましたのか、その裁きを、どうかあなたがなさってください。神がわたくしに何ひとつ期待しておられないことは、あなたもよくおわかりです。神への愛のためにわたくしがこれまでにしたことは絶対にひとつもないと、わたくしもわかっておりますから」

このようにも言っている、「生涯を通じてわたくしの心は苦しみます。そうやって、あなたがあのとき肉体に受けた苦しみを分かち合いたいのです。神ではなく、あなたに喜んでいただきたいのです」。彼女は終始、「神よりもアベラールに好まれたい」と願った。

エロイーズは決してご都合主義者ではない。すでにみたとおり、結婚にはなんの興味もなかった。不義の子をもうけた「罪深い」母親という意識は、むしろ彼女を熱くかきたてた。一方アベラールにおいては、身体の一部を切断された屈辱感が、他のいかなる感情にもまさっていた。愛の終わりの苦しみよりも、恥辱のほうがはるかに強かったと明言している。修道院に入ったのも「信仰のためではなく、屈辱感ゆえ」である。同情する人びとの嘆きも、嘲りも、弟子たちの絶望も、すべて彼には耐えがたいものであった。しかしエロイーズは、絶望のなかにありながら、それでもひとり、孤独に耐えて生きることができた。しかしアベラールは、表舞台から遠ざかって生きることに四苦八苦している。

恋の舞台では「ヒロイン」となったエロイーズであるが、しかし、キリスト教の教義や修道院の規律にあっては中庸の重要さを強調し、「キリスト教徒以外のなにものにも」あえてなりたいとは思わなかった。本能を克服して勝ち取る勝利が、アベラールにとっては聖パウロのイメージと重なる「勝利の冠」を意味した。エロイーズはそれを、苦しみたくはないからと言って拒む。「わたくしが徳を積むよう、あるいはわたくしが戦うよう促そうとなさって、あなたが《誘惑を乗り越えて徳は完成する》とおっしゃってばかりいるのが、わたくしは好きではありません。《勝利の冠》など、わたくしは欲しくはございません。危険を避けていることができれば、わたくしにはそれで十分なのですから」

異なる思想と選択の相違が書簡集のうちに流れている。これがふたつの立場、もしくはふたつの異なる人格と呼んでよいであろうものを際立たせている。ふたりのうちのいずれか一方が書簡集の作者であるとする説がある。ある人によればピエールが虚栄心から手紙のすべてを作成したのであり、またある人は、彼よりも二〇年先まで生きたエロイーズが、ともにあったときの記憶を喚起し、実際に交わした手紙をもとにして作り上げたのかもしれないと言う。だがそれは仮説の域を出るものではない。書簡は、ふたりが範としたセネカの場合のように、一般の人びとにも読まれることを想定して交わされた。その痕跡を明確に帯びている。そうしたふたりの姿勢を想定してはじめて、これほど親密な対話のなかにも立場の違いが生き生きとしたかたちで示されていること、世界観はおおむね共通でも、そのなかに、それぞれの個性を示す微妙な差異のあることにも説明がつくのだ。

書簡集の魅力のひとつは、まさしく次の点にある。問いかけあい、答えを出し合うふたりの議論が、シンメトリックでバランスのとれた、討論としていかにも予定されたかの構図はとっていない点である。むしろ、真実の心情や想いが実際に交わされたからこそ生まれた曖昧さ、矛盾、飛躍、不均衡にわれわれは心惹かれる。ふたりが調和へとは至らないところに深い意味があるのだ。

もうひとつ、エロイーズは、アベラールの思想とは懸け離れたひとつの主題を持っている。それは、歴史をつきぬける時間についての考えである。彼女が生きる時代の文化を特徴づけるのは古代のトポスであると繰り返し、「世界は老境に達した」と言う。世界もひとつの有機体として、幼年期から青年期、壮年期を経て、いまや生涯最後のときに達している。時代は終末を迎えていると言うのだ。これは古代の思想であり、アウグスティヌスが繰り返し述べていた。エロイーズの時代には、フライジングのオットーやソールズベリのジョンが書き残している。そこにしばしば漂うのはペシミズムである。人間の能力に不信を抱き、モラルを向上させたり、政治の世界においてより有効かつまっとうなものを築き上げるのは事実上不可能であるといった感触から、こうした思想は生まれている。

『対話』を見るかぎり、アベラールはこのような発想はしていない。彼に言わせれば、学問と芸術はたえず向上をとげてきた。粘りづよい探求と理解力のおかげで人間の知の領域は拡大し、知のおかげをもって事物の世界もより有効となるべく変革されてきた。しかし、たったひとつ進歩をとげない分野があると苦々しげに指摘する。その分野とは、神学である。そこには、理解しようとする意志が働く余地はなく、受け身と諦めがあるのみだ。そこでいきおい、外面的な儀式と伝統に、安全な港に退避するかのように逃げ込む結果となる。

ここにおいて、ふたつの考え方は完全に方向を分かつことになる。この時代にはまた、「こびとと巨人」の譬えをめぐって、さまざまな解釈が生まれた。今を生きる者は過去という巨人の肩によじ登ったこびとである。このイメージを出発点として、今を生きる者は「はっきりと遠くまで」見通すことができ、より多くのことを知っているからより優れている、との結論が引き出された。またある者は、特権的な場所を占めながら、古代の偉大な頭脳である巨人にはつねに劣っていると強調した。これについて、エロイーズはもちろん保守的な立場をとったが、アベラールはいつもの知的大胆さを翻すことをしなかった。

書簡集の信憑性を立証するためには、言うまでもなく、ピエールの手紙と、明らかにアベラールのものである思想を比較することも重要であろう。哲学を扱った彼の著作は、論理学と倫理学を擁して広い領域に及び、グローバルな世界観を展開しており、手紙の周辺に海原のごとく広がっている。アベラールの人物像をその内面にまで掘り下げて知るうえでこれほど確実な史料が、おかしなことに、書簡集の研究者たちには、十分利用されることがなかった。哲学者や教会制度の研究者たちは、書簡集を、言葉や制度やレトリックの文脈においては注意深く検討してきた。しかし、哲学者としての思想を持ったアベラールが、書簡集のなかにも堂々と存在しているのだ。それに気づきさえすればすむことなのだが。

たとえばシャンポーのギョームの学説についてのコメントや、ルカヌスやオウィディウスへの言及は、他の作品にも同じ記述が見られるので、このさい対象外とすることもできる。それにしても、書簡集が捏造であると仮定するなら、哲学の著作もまた贋作であると考えられることになってしまう。より重要なのは、ランのアンセルムスその人が紹介されているのでなく、彼の教えと対立する、典型的にアベラール的な論理が展開されている点である。そればかりではない。ピエールの著作においては、書簡から始まって、『倫理学』『論理学』『神学』『対話』にいたるまで、ひとつの明確な輪郭をもった筋書が、信念として貫かれているのだ。

独創的で、しかもアベラールの思想体系の他の箇所にもぴったり合致する思想は、たとえば、真実《ウエルム》と真実らしさ《ウエルムシミレ》の区別である。この独自の思想を、アベラールは二面的な論理で展開する。真実とは、人間が知りたいと欲することはできず、ただ単に天啓として受け取るもの、かたちをとった夢物語としてのみ垣間見ることのできる実在である。それに対して、真実らしさ、より詩的に表現すれば「真実の影」の探求は、どこか漠然としたまま真実に言及する人間の「自然な」言葉による分析に助けを借りれば可能となる。これが、ピエールが弟子たちに語り、自伝のなかでも『神学』においても、似たような表現を用いて語った真実らしさである。『倫理学』の第一の書は、ほかならぬ次の提言でしめくくられている。「やみくもに真実を定義しようとするのでなく、理性にかなった」探究、人間に許された範囲内で「真実から遠く離れることのない」探究をしてはどうか、というものである。これが宿敵ベルナールによって意地悪く歪められ、「ピエールは自らの規定が信憑性のあるものだと断言し、証明してみせようとしている」ということになってしまった。

アベラールの著作において、彼自身の確信が積極的に繰り返されているのは言うまでもないが、独自の論理がふくれ上がり、そこここに行き交っている。

たとえば「二重の読解」の論理にも、書簡集と『対話』のなかで何回となくふれている。聖書を論理学と神学というふたつの立場から読解しようというこの見解はきわめてユニークなものであった。聖なるものを俗なるものに近づけるとして非難され、恐れられるあまり弾劾されたのはすでに見たとおりである。

さらにまた、アベラールは、書簡をはじめ『神学』『対話』において、「古代の哲学者たち」を範としてこれに立ちもどろうとしている。エロイーズもまた、結婚を拒んだのは古代の哲学者たちにならってのことであった。

ピエールにとって、ユダヤ人は顕著な意味をもつ存在であった。著作のなかでも、特別な熱意とともに描かれている。ユダヤ人は聖書を学んだ民である。神が最初に顕現したのはユダヤ人においてであり、はじめて神の声を聞いたのもこの民である。男も女も、修道生活、苦行、お告げなど、人間性の昇華を記す経験をすでに経ているのだ。そこでピエールは、エロイーズとパラクレの修道女たちにヘブライ語を学ぶよう勧めている。ヘブライ語を知ってはじめて真理の泉にじかにふれることができる。翻訳でなしに聖書を原文で読むことによってはじめて、彼の良き弟子として、その言葉の意味を歪曲することなしに的確に理解することができるであろうから、と。

しかしユダヤ人はまた、聖書の形式にばかり気をとられ、書かれた言葉の表面的な意味にばかりこだわって、そこにこめられた人間の意思の価値をないがしろにした民でもある。皮相的な行動にのみ目を向けて神の真意を理解するにはいたらなかった。アベラールにとってユダヤ人は、皮相性を超えることのできないもの、言葉にせよ行動にせよ、その奥に秘められた意味を理解することができないもののシンボルでもある。この思想は、書簡のなかでエロイーズもアベラールも繰り返し述べている。祈りの言葉を深く掘り下げて考え、単なる儀礼と化した典礼を超えるべきであることの教訓として、少なくとも四回は登場する。これはまたアベラールの哲学書『倫理学』においても『対話』においても目だつ主張である。

意思を重んずる理論、すなわちモラルの重要な理論は、これもすでに見たとおり『倫理学』のなかにあますところなく説明されている。これが書簡の多くの箇所を理解するための鍵を提供してくれており、最後の著書である『対話』においても中心的な位置を占めている。おそらく最も多くの紙面を費やして語られたことであり、他の人びと、とりわけエロイーズの振舞いや価値判断の基準をなした。手紙には一貫性があり、しかもアベラールのものであることが確実な著作とのあいだの連続性もある。アベラールでしかありえない人物を、いったいどのような捏造によって創り出しえるだろうか。それができるのは、アベラール本人のみだろう。あるいは、われわれがその名前すら知らない恐るべき文学の天才、このほかには、これに匹敵する作品をひとつも残さなかった天才ということになろう。けっきょく、贋作説には、どうやら根拠がないのである。

「人間に愛されること」と「神に愛されること」。自伝においても『倫理学』においても、いずれか一方を選び、もう一方は劇的に捨てるしかないとされるふたつの道。その二者択一を果たしたエロイーズにおいて、それは心を動かすひとつの台詞に集約された。「わたくしは神ではなく、ピエール、あなたに愛されたいのです」

彼らが生きたのは基本的な対立の時代であった。人生におけるいかなる行為も、二者択一によってなされなくてはならなかった。アベラールのことを宿敵ベルナールは「自家撞着の男《ホモ・デイシミリス・シビ》」と呼んだ。この点では、ベルナールの目は正しかったのである。

訳者あとがき

「アベラールとエロイーズ」中世フランスを舞台にくりひろげられた愛の悲劇の物語として、往復書簡集などをとおしてわが国でもっとに知られている(畠中尚志訳『アベラールとエロイーズ――愛と修道の手紙』岩波文庫)。本書は、書簡集に語られたことをふまえつつ、アベラールの思想、アベラールとエロイーズふたりの生い立ちや家庭環境などをも、歴史的実証とともに示したものである。中世キリスト教社会を、ふたりは何を考えながら生きようとしていたのか。学問世界にあってアベラールはどのような立場にあったのか。著者は、学者としての客観性を重んずる立場を貫きながらも、ふたりの主人公に好意に満ちた深い理解をよせ、現代の読者にもじゅうぶん納得のいく言葉をもって彼らの生きざまを熱く語り、ベルナールをはじめとする論敵たちのアベラール攻撃が、ときにいかに理不尽なものであったかを訴える。しかし、神学論争とは別の次元で彼がエロイーズの主張と微妙に食い違うとき、著者のアベラールに対する姿勢も微妙に揺れ動く。本書の主人公は、アベラールよりも、ひたすらエロイーズなのだ。ふたりの物語をテーマとする小説の日本語訳が二〇〇三年に二点出版されたが(《文献解題》41頁参照)、こちらも、主要人物はともにエロイーズの方である。ヨーロッパ中世という、想像をはげしくかき立てこそすれ、われわれには測り知れない感性で人びとが生きていたであろう世界にあったエロイーズの胸のうちが、現代を生きる者の共感を呼ぶのは不思議なほどだ。アベラールとの結婚を頑迷に拒否するさまも、ご都合主義とは相いれない高邁な姿勢とうつる。中世における女性観、「制度としての結婚」の意味や性愛のとらえ方がどのようなものであったか、それも本書が詳しく語ってくれるところである。今日的観点を安易にあてはめるべきでないのは言うまでもないが、しかし、わたしが「神のために」と思ってしたことは何ひとつない、すべて、アベラールという愛する人のためだけにしてきたのだ、と言ってのけるエロイーズ。神が絶対であったはずの中世にあって、この発言は挑発的である。中世という時代の精神世界を熟知する学者でありながら、同時にひとりの生活者として現代の都会ミラノに生きる著者も、ひたむきな恋に生きたエロイーズに、自我の確立した女性としての魅力をじゅうぶん感じとっているにちがいない。

著者マリアテレーザ・フマガッリ＝ベオニオ＝ブロッキエーリ Mariateresa Fumagalli Beonio-Brocchieri は、今日のイタリアを代表するヨーロッパ中世哲学史研究者のひとりである（巻末の《著者紹介》を参照されたい）。ミラノ大学で哲学史を講ずるかたわら、訪問教授としてペンシルヴェニア、ブエノスアイレス、エルサレムなどの大学で講義を行い、日刊の経済新聞『イル・ソーレ・ヴェンティクワットロ・オーレ Il Sole 24 Ore』の文化欄を担当するなど、国内でも精力的に幅広い活躍をくり広げている。

著書には、かねてより、日本と浅からぬ係わりがあった。ご夫君パオロ・ベオニオ＝ブロッキエーリ教授は、一九五〇年代のおわりに留学生として来日し、中村元のもとで研鑽をつまれた日本思想史の研究者であり、日本の宗教、哲学、政治についての著書もある。

本書『エロイーズとアベラール』が出版されたのは、一九八四年。アベラールとエロイーズの書簡の信憑性をめぐって一九七〇年代にヨーロッパで巻き起こった熱い議論のほとぼりが、まださめやらぬころであった（その議論に対する著者の姿勢は、「エピローグ」と《文献解題》の結論部分に示されているとおりである）。日本語訳も、本来なら、まだその旬の季節の終わらぬもっとずっと早い時期に読者の前に姿を見せているはずであったが、長い長い年月を見送ってしまったのは、ひとえに訳者白崎の無力と怠慢のせいである……といったお詫びと言い訳は、従来の訳者あとがきにつきもののいわば「定型」かもしれないけれども、本書の場合には型どおりの言い訳だけではとても許されないほどの、指折り数えるのも憚られる年月が経過している。その間に、パオロ・ベオニオ＝ブロッキエーリ教授が日本語訳の出版を見届けることなく他界された。教授夫妻と親交がおありで本書翻訳の橋渡しをしてくださった竹内啓一先生も、どんなにか歯痒い思いでこの長い年月を過ごされたにちがいない。なかば絶望なさりながら出版を待ち続けてくださったマリアテレーザ教授ご本人はもとより、竹内先生にも、どれだけお詫びしても足りるものではない。

翻訳の作業については、まずは石岡氏に最初の訳文作りにとりかかってくださるようお願いし、その後は白崎が作業をすすめた。しかし、なにぶんにも専門知識を持たない訳者のこと、続出する疑問に悩まされ、伊藤博明氏に初歩的なことをふくめさまざまなご教示をいただいた。さらに、原著出版の一九八四年以降の出版物、日本における刊行物を中心とした文献目録《補遺》作成のほか、訳稿のチェックも伊藤氏にお願いした。

フランス事情やフランス語の表記などについての質問に答えてくれた友人たちにも、この場を借りてお礼を申し上げる。

一九九七年に、訳文、索引、文献目録ともいったん完成したのだが、その後、こうして日本の読者の前に姿を見せるまでにさらなる年月が経過してしまった。それに伴い、文献目録についてはふたたび伊藤氏に新たな補足改訂をお願いした。

最後に、長きにわたって忍耐強くおつきあいくださった法政大学出版局の松永辰郎さんに、心から感謝の意を表したい。

二〇〇四年四月

白崎容子

人名索引

タ行

ヤ行

ラ行

事項索引

(事件,地名,本文中の書名,作品などの登場人物,その他)

ア行

カ行

サ行

ナ行

ハ行

マ行

ヤ行

ラ行

（書名の原綴は，原著の表記にしたがった。）

文献解題

（[　] は訳注）

この文献解題は完璧を目指すものではない．エロイーズとアベラールの物語の出所となった史料の主要なものをまずは示し，さらに，この物語の歴史的な背景を知るために役立つ素材を，とりわけ文化的な側面から提供しようとするものである．さらに，この文献解題が，ふたりの主人公の行動や彼らの出会った事件を理解しやすくし，この物語を，ひとつの独立した読み物としても興味深いものとする助けとなれば幸いである．

そしてまた，ここにあげる文献は，私が読んだものでもある．ふたりの人物を理解するために欠かせないと思われる事がらを再構成するにあたり，私がこれらの文献に負うところがあるのは言うまでもない．

エロイーズとアベラールの伝記文学において，事件の「ロマンティック」な側面と，ふたりの心理的側面ばかりが読者の関心を惹きつけてきたのは，私に言わせれば度を越している．エロイーズとアベラールの行動や思想のかなりのものは，彼らが生きた世界を想定しないかぎり，われわれには理解しえないままであるはずだ．

出版物や論文を挙げる基準として，普及度が高く参照しやすいものである点をも考慮に入れた．したがって，外国語で書かれた論文は，イタリア語訳の題名で示してある［本訳では原題を挙げ，イタリア語訳を付記する］．

原典

この物語の主たる出典は『不幸の物語』*Historia Calamitatum*，およびエロイーズとアベラールの往復書簡である．今日残されている9種の写本のうち，とりわけ重要な意味をもつもの2点を，ここに示しておく．ひとつは，トロワ図書館のもの（ms. 802）．本書にも引用した有名な第8書簡が完全な形をとどめている唯一のものである．もうひとつは，パリ国立図書館のもの（lat. 2923）．これには，書簡集を読んだペトラルカの自筆の書き込みがある．その他の写本についてはモンフラン Monfrin による『不幸の物語』*Historia Calamitatum*（Paris 1959）の序文を参照されたい．短いが明快なこの序文はその後の研究に先鞭をつける役割を果たしており，われわれがモンフランに負うところは大きい．

しかし，『不幸の物語』については，モンフラン以前にも興味深い傑出した出版物がいくつかある．これらを忘れてはなるまい．正真正銘の最初の版は，デュシェーヌ A. Duchesne が編み，1616年，パリで刊行された2巻本であり，アベラールの他の著作も収められている．おもしろいことに，これは2種類存在する．ひとつはまぎれもなくデュシェーヌによるものである．もうひとつは，テクスト

の内容は同一であるが，フランソワ・アンボワーズ François Amboise の名で出されており，デュシェーヌによる序文「読者への序文」*Praefatio ad lectorem* と「規定集成」*Summa Privilegii*（これが理由で，当時出版されたアベラールの著作は10年にわたって再版禁止となった）が削除されている．

また，年代が古いので特にあげておきたいのは，1718年，リチャード・ローリンソン Richard Rawlinson 編集の書簡集．ロンドンで出版され，その後10年を経てようやく，オクスフォードで再版された．1841年にトリーノで出版されたオレッリ Orelli 版も見逃せない．書簡集の信憑性にはじめて疑義を唱えたのは，オレッリなのだ．そのころ，アベラールの著作の全集が出版されたことにもふれておかねばなるまい．編者はヴィクトル・クーザン Victor Cousin．アベラールの著作として，それまでに知られていたものはそれほど多くはないが，1849年から1859年にかけて『ペトルス・アベラルドゥス（ピエール・アベラール）全集』*Petri Abaelardi Opera* としてパリで刊行されている．この全集そのものの値打ちが今日ではさほど大きくないのは事実であろう．しかしこれは，その後ガイアー Geyer がアベラールの哲学分野の著作集の第一部を刊行する1919年まで，アベラールの哲学思想がどのように理解されているかを知るうえでの唯一の手掛りなのである．1855年にパリで出版されたミーニュ Migne 版『ラテン教父著作集』*Patrologia Latina* 第178巻は，周知のとおり，1616年のパリ版のやきなおしである．誤りや無理解に満ちてはいるが，今日最も参照しやすいものとして価値がある．どこの図書館にも蔵書として収められている．

最後に，マックル J. T. Muckle によるふたりの個人的書簡集をあげておこう．「アベラールとエロイーズの個人的な書簡」*The Personal Letters between Abelard and Heloise*（《Medieval Studies》XV, 1953, pp. 47-94 ; XVII, 1955, pp. 240-281）．それと，先にふれた有名な第８書簡を出版したマクラフリン M. M. McLaughlin の「宗教にたずさわる女性に対するアベラールの役割」*Abelard's Rule for Religious Women*（《Medieval Studies》, XVIII, 1956, pp. 241-292）．

翻訳はきわめて数が多い．興味深いと思われるものだけを示すことにする．

文句なしの翻訳第１号は，ジャン・ド・マン Jean de Meung のもの．エロイーズとアベラールが生きた１世紀後に訳され，1934年，シャリエ Charrier 女史により，パリで刊行された．

イタリア語に訳されたものは，タイトルが，その当時の関心のありようを示していておもしろい．たとえば『エロイーズとアベラールの愛の書簡集——ふたりの生涯』*Lettere amorose d'Eloisa e Abelardo, con la vita de' medesimi*．1782年，パリでの出版だがイタリア語である．バルビエーリ G. Barbieri 訳の『書簡集』*Epistolario*（Milano 1841）は，海賊版としてしばしば盗用されてきた．たとえば，ソンゾーニョ叢書 Biblioteca Universale Sonzogno（Milano 1833）に収められているものも，そうである．ミーニュのテクストをクヮドレッリ E.

Quadrelli が訳した『書簡集』*Lettere*（Roma 1927）もある．イタリア語訳としてきわだっているのは，次の 4 つである．オッタヴィアーノ C. Ottaviano 訳『書簡集』*Epistolario*（Palermo 1934）．時代を下って，クロッコ A. Crocco 訳『不幸の物語』*Historia Calamitatum*（Napoli 1969）．ロンコローニ F. Ronconi 訳『わが不幸の物語――アベラールとエロイーズの愛の書簡』*Storia delle mie disgrazie. Lettere d'amore di Abelardo ed Eloisa*（Milano 1974）．そして，カッペッレッティ＝トルーチ N. Cappelletti Truci 訳『書簡集』*Lettere*（Torino 1979）がある．なかでも，後のふたつは，本書を書くにあたって，私がつねに参照したものである．ただし，引用は，本書に合うよう，手を加えながら行った．

フランス語訳としては，次のものがある．ジェルヴェーズ師 Dom Gervaise 訳『アベラールとエロイーズの真実の書簡』*Les vēritables lettres d'Abēlard et d'Hēloïse*（Paris 1723），ふたりの恋人の生涯の物語も綴っている．1839年にパリで出版されたオドゥル Oddoul 訳は好評を博して，1853年に新版刊行．これが1858年，1867年に版を重ねている．グレアール Gréard 訳の『全書簡』*Lettres complētes*（Paris 1869）には，脚注としてラテン語のテクストが載っている．最近のものでは，スムソル P. Zumthor の『往復書簡』*Correspondence*（Paris 1979）が，独創的できわめて興味深い序文のゆえに忘れがたい．

18世紀の，否，その後の時代を通じて，新たな解釈を施したものとしておそらく最もよく知られているのは，アレクサンダー・ポープ Alexander Pope のそれであろう（『アレクサンダー・ポープ著作集』*The Works of Alexander Pope,* London 1751, t. II, pp. 25-38）．これにコンティ Conti が，イタリア語の詩による注解を施したものが，広く流布した（グロンダ G. Gronda 編『詩篇』*Versioni poetiche,* Bari 1966）．最も参照しやすいのは，ラディス B. Radice の『書簡集』*The Letters*（London 1974）．ドイツ語のものでは ブロスト E. Brost の『不幸の物語およびエロイーズとの往復書簡』*Die Leidengeschichte und der Briefwechsel mit Heloise*（Heidelberg 1979）がある．

正確さに欠ける翻訳もたくさんある．それらをすべて列挙することはできないが，そうした翻訳は，ふたりの恋人の往復書簡が引き起こす，その時代ならではの思い入れを反映していて，それなりに魅力的なものだ．いくつかを挙げないわけにはいくまい．まず，ビュシ伯ロジェ・ド＝ラビュタン Roger de Rabutin による1697年（Paris）のもの．彼自ら述べているとおり，「愛するいとこ（ド＝セヴィニェ夫人）に送ろうと，書簡のいくつかを，たのしみながらせっせと訳した」ものだ．サン＝シモン Saint-Simon 侯爵の『精力的な逐語訳の試み』*Essai de traduction littérale et ēnergique* とは，おもしろいタイトルだ．1711年のもので，ポープ訳の重訳である．また，事実上翻案と言うべきもので広く読まれたのは『パラクレの愛の哲学者』*Le Philosophe amoureux du Paraclet*（1696）．『詩の百科事典』*Encyclopēdie poētique* の「２通の書簡」（Paris 1778-1781, t. VII, nn. 1441 et 1442）．エロイーズとアベラールの書簡のフランス語訳を，ニノン・

ド・ランクロ Ninon de Lenclos，ジャン＝ジャック・ルソー，ナポレオンなどの書簡とともに収めたものもある（J．ルマル　Lemar　編『愛の書簡の傑作』*Lettres d'amour chefs-d'œuvre,* Paris 1851)．

すでにあげた書簡のほか，エロイーズのもので忘れてならないのは，『エロイーズの問題集』*Problemata Heloissae*．これはミーニュ版『ラテン教父著作集』第178巻（coll. 677-730）に収められている．それと，彼女の作と見なす学者もいるラテン語による哀歌（J．ドポワン　Depoin『エロイーズのラテン語哀歌』*Une élégie latine d'Héloïse,* Pontoise 1897)．これに，彼女がペトルス・ヴェネラビリス（尊者ピエール）にあてた短い――劇的な生涯のなかにあってあまりにも短い――書簡を加えれば，エロイーズの筆になるものの全貌をつかむことができる．これも，同じく『ラテン教父著作集』第178巻に収められている．

ペトルス・ヴェネラビリスがエロイーズにあてた 2 通の書簡（『ラテン教父著作集』第189巻 IV 21および VI 22は，すでに見たとおり，重要なものである．これと並べて，ほかの一連の書簡も挙げておくことにしよう．ユーグ・メテッロがエロイーズにあてた 2 通の書簡（ed. C. L. Hugo, *Monumenta sacrae Antiquitatis,* II, Saint-Dié 1731)．そして，ドゥイユのフークがアベラールにあてた 1 通の書簡（『ラテン教父著作集』第178巻に所収）である．

先に挙げた1616年のデュシェーヌ版は，その当時アベラールの著作と見なされていた作品のみを収録している．主なものは『《ローマ人への手紙》注解』*Commentaria in epistolam Pauli ad Romanos* と『神学入門』*Introductio ad Teologiam*．『キリスト教神学』*Theologia Christiana* が，マルタン E. Martin によって日の目を見るのは，ようやく1717年のことである（*Thesaurus novus anecdotorum,* Paris 1717, t. V, p. 1140)．神学の，もうひとつの主要著書『ヘクサエメロン（六日間世界創造）注解』*Expositio in Hexaemeron* も，この中に収められている．『倫理学――汝自身を知れ』*Ethica, Scito te ipsum* は，1721年にはじめて，ペス B. Pez の手で出版された．『倫理学』は，アベラール自身の行動と心の動きを読み解くための鍵として，本書においても中心的な役割を果たしている．イタリア語訳としては，ダル＝プラ M. Dal Pra によるもの（*Conosci te stesso o Etica,* Firenze 1976)，英訳では，最新の校訂テキストによるラスコム D. Luscombe のもの（*Ethics,* Oxford 1971）がある．

『神学』*Theologia* には，版がいくつも存在する(もっともこれはアベラールのすべての作品について言えることであるが)．『テオロギア・スンミ・ボニ』*Theologia Summi Boni* が，1939年，オステンドラー・ミュンスター Ostendler Münster により出版されている（*Beiträge zur Geschichte der Philosophie des Mittelalters,* bd. 25)．これを，1978年，ジャン・ジョリヴェ Jean Jolivet がフランス語に翻訳した（『最高善について』*Du bien suprême,* Montreal-Paris)．『《ローマ人への手紙》注解』*Commentaria in epistolam Pauli ad Romanos*,

『ベルナールへの弁明』*Apologia Contra Bernardum*,『キリスト教神学』*Theologia Christiana* の短縮版『テオロギア・スコラリウム』*Theologia Scholarium* は，ビュイテール E. M. Buytaert とミューズ C. J. Mews により，1970年に出版されている（*Corpus Christianorum Continuatio Mediaevalis,* voll. XI-XII, Turnholt).

『三位一体論』*De unitate et trinitate divina* は，『神学』の基盤をなす著書であるが，これは，1891年，フライブルクでシュテルツェ R. Stölze により，世に出された.

アベラールの弟子のひとりの手になる『ヘルマンの命題集』*Sententiae Magistri Hermanni* も興味深い.『神学』を簡単に要約したもので，1983年，ブッヅェッティ S. Buzzetti により，フィレンツェで出版された.

『哲学者，ユダヤ人，キリスト教徒の対話』*Dialogues inter Philosophum, Judaeum et Christianum* の初版は，1831年，ラインヴァルト F. H. Reinwald によりベルリンで刊行された. 最近のものではトマス R. Thomas 版（Stuttgart-Bad Cannstatt, 1970）がある. これについては，オルランディ G. Orlandi の論文「アベラール『対話』の新版によせて」*Per una nuova edizione del Dialogus di Abelardo*（《Rivista Critica di Storia della Filosofia》, XXXIV, 1979, pp. 474-494）を参照されたい. 部分訳ではあるが，ドット G. Dotto によるイタリア語訳(Bergamo 1976)，ペイヤー P. J. Payer による英訳（Toronto 1979）もある.

『然りと否』*Sic et non* については，いくつかの章のみクーザンが出版していたが，はじめて完全な形で刊行したのはヘンケ Henke と リンデンコール Lindenkohl であった（Marburg 1851). 今日では，マッキーン McKeon と ボヤー Boyer による版を参照することができる（Chicago 1975／1977).

論理学の著書（これがまさにアベラールの哲学の根幹をなすものであるがゆえに，出版人たちは「哲学の」著書と呼んだりもする）は，前世紀まで，出版は空白状態であった. ガイアー Geyer 版が出るのは，1919年のことである（『哲学的著作集』*Philosophische Schriften, Beiträge zur Geschichte der Philosophie des Mittelalters,* bd. 21, Münster, vol. 1, 1919 ; vol. 2, 1921 ; vol. 3, 1927 ; vol. 4, 1933). ガイアー版には，「論理学詳解」，いわゆる『ロギカ・イングレディエンティブス』*Logica Ingredientibus* 中の『ポルピュリオス注解』*Super Porphyirium*,『カテゴリー論注解』*Super Praedicamenta*,『命題論注解』*Super Perihermenias*，および「論理学小論」，いわゆる『ロギカ・ノストロルム・ペティティオニ・ソキオルム』*Nostrorum petitioni sociorum* といわれる『ポルピュリオス注解』*Super Porphyirium* が収められている. ダル＝プラ Dal Pra 版（Milano 1954）に『哲学著作集』*Scritti Filosofici* のタイトルがつけられているのも意味ありげだ（改定新版のタイトルは『論理学著作集』*Scritti di Logica,* Firenze 1969). これには，いわゆる「字義的注解」*Glosse letterali*［クーザン版の 4 論文，すなわち『ポルピュリオス注解』*Super Porphyirium*,『カテゴリー論注解』*Super Praedicamenta*,『命題論注解』*Super Peri hermenias*,『ボエティウス

「トピカ」注解』*Super Topica glossae*］と『ロギカ・イングレディエンティブス』の未刊行部分［『ボエティウス「区分論」注解』*De divinionibus*］も含まれている．続いて1956年には「アベラール未刊行著作集」*Abelardiana inedita* をミニオ＝パルエッロ L. Minio-Paluello が刊行している（*Twelfth Century Logic,* Roma）．やがて，アベラール論理学の主著『弁証学』*Dialettica* の，ド・レイク De Rijk による刊行（Assen 1956, 1970[2]）へといたる［他の論理学書としては『音声言語論派によるポルピュリオス注解』*Glossae super librum Porphyrii secundum vocales,* ed. C. Ottaviano, Firenze 1933 がある］．

「修道院長ベルナールへの書簡」*Epistola contra Bernardum abbatem* は，クリバンスキー R. Klibansky が「運よく」発見した（「ピエール・アベラールとクレルヴォーのベルナール」*Peter Abelard and Bernard of Clairvaux,*《Medieval and Renaissance Studies》, V, 1961, p. 6）．

『パラクレ頌歌』*Hymnarius paraclitensis* は，つとに19世紀に出版されている．ドリーヴ G. M. Dreves によるもので，パリで1891年に刊行．新しいところではスヴェリフィ J. Szövérffy のものがあるが（Albany, N. Y.-Brookline, Mass. 1975），これはきびしい批判を浴び，それまでの出版から一歩後退するものであるとの評価を受けた（シルヴェストル H. Silvestre の「最近の『パラクレ頌歌』刊行について」*A propos d'une édition récente de l'Hymnarius paraclitensis d'Abélard,*《Scriptorium》, XXXII, 1978, pp. 91-100 を参照）．

『哀歌』*Planctus* については，ヴェッキ G. Vecchi 版（Modena 1951）が基本的なものであり，あまねく価値あるものとされている．『プランクトゥス—哀歌』に関しては，アレクシアス M. Alexious とドロンケ P. Dronke の研究（「エフタの娘の嘆き——主題，伝統，独創性」*The Lament of Jephta's Daughter: Themes, Traditions, Originality,*《Studi Medievali》, XII, 1971, pp. 816-63）も忘れられない．

『アストロラブによせる歌』*Carmen ad Astrolabium* は，オレオー Hauréau の古い版で参照することができる（*Notices et extraits des manuscripts de la Bibliothèque Nationale,* Paris 1893, t. XXXIV, parte II）．

研究

アベラール研究は近年とみにさかんになってきている．とりあえずは，アベラールの思想や人物像をめぐって開催され，「アベラール学者」abelardisti たちがこぞって参加した，国際会議の会議録を紹介するのが手っ取り早いであろう．

まずは，1972年5月，ベルギーはルーヴァンで会議が開かれた『ピエール・アベラール』*Peter Abelard,* Proceedings of the International Conference (Louvain-L'Aja 1974)．

そして，1974年7月のクリュニー会議は，よどんでいたアベラール研究に一石を投じ，書簡集の信憑性をめぐって侃々諤々の論議を呼び起こした『ピエール・アベラールと尊者ピエール』*Pierre Abélard—Pierre le Vénérable,* Actes du

Colloque de Cluny (Paris 1975). これについては後に見るように，ベントン J. F. Benton が真剣な疑惑をさしはさんだが，1979年，ドイツのトリアーの会議で自ら自説を翻した.『ピエール・アベラール (1079-1142) ――人物，作品，影響』*Petrus Abelardus (1079-1142): Person, Werk und Wirkung* (Trier 1980). 1979年は，アベラールの生誕900年にあたっており，この会議と並行して，移動会議『アベラールとその時代』*Abélard et son temps,* Actes du Colloque International..., (Paris 1981) のほか，ヌシャテルでももうひとつ会議が開催された.『アベラール，《対話》，論理の哲学』*Abélard. Le 《Dialogue》. La philosphie de la logique* (Genève-Losanne-Neuchâtel, 《Revue du Théologie et de Philosophie》, 1981).

いささか脇道にそれるが，われわれの物語と切り離せない，ときには直接かかわるテーマで開かれた学会をふたつ紹介しておこう. まず『10〜12世紀の文明における女性』*La femme dans les civilisations des X*^{e}*-XII*^{e} *siècles* (《Cahiers de civilisation médiévale》, XX, 1977, pp. 93-263). もうひとつは『12世紀の愛と結婚』*Love and Marriage in the XIIth Century* (Louvain 1981). 前者にはモン・ダルヴェルニ Mt. d'Alverny の明快な論文がおさめられている. 教父たちの女性観を知るうえで，私はそこから得るところが大きかった.

アベラールの生涯に関する研究書として，ジェルヴェーズ師 Dom Gervaise の『ピエール・アベラールとその妻エロイーズの生涯』*Vie de Pierre Abélard et celle d'Héloïse son épouse* (Paris 1720) はすでに挙げた. ベリントン J. Berington の『アベラールとエロイーズの生涯』*The History of the Lives of Abeilard and Heloisa* (London 1784) は，10年間で2度再版され，1788年にはドイツ語にも訳されている. テュルロ Turlot の『アベラールとエロイーズ――12世紀概観』*Abélard et Héloïse, avec un aperçu du XII*^{e} *siècle* (Paris 1822) は，ふたりの生涯を12世紀という時代のなかに位置づけている点で特筆に値する. レミュザ Rémusat の『アベラール』*Abélard* (Paris 1845, 2voll.) はよく知られているし，ヴァカンダール E. Vacandard の『アベラール』Abélard も，やはりパリで，1881年に刊行されている. トスティ L. Tosti の『アベラールとその時代の歴史』*Storia di Abelardo e dei suoi tempi* (Napoli 1851) は，当時として可能なかぎりのきわめて綿密な資料を提供してくれる.『カトリック神学事典』*Dictionnaire de Théologie Catholique* (t. I, coll. 36-55) の「アベラール」の項目（ポルタリエ E. Portalié 執筆）は，彼の思想についての記述が興味深い. このほか，カイザー E. Kaiser の『ピエール・アベラール考察』*Pierre Abélard critique* (Freiburg 1901)，マッケーブ J. McCabe の『ピエール・アベラール』*Peter Abelard (1079-1142)* (New York 1901 ; reed. Freeport, N. Y. 1971) がある. 管見では，サイクス J. Sikes の『ピエール・アベラール』*Peter Abelard* (Cambridge 1932 ; reed. New York 1965) がきわめてすぐれた研究であると思われる. 情熱のあまり偏向はあるもののきちんとした史料に裏付けられたシャリ

エ夫人 Charrier の『歴史と伝説のなかのエロイーズ』*Héloïse dans l'histoire et dans la légende*（Paris）は1933年の出版である．エチエンヌ・ジルソン Etienne Gilson の名著『エロイーズとアベラール』*Héloïse et Abelard* は1938年の刊行（イタリア語訳，*Eloisa e Abelardo,* Torino 1950［中村弓子訳『アベラールとエロイーズ』みすず書房，1987］）．マクラウド E. McLeod の研究『エロイーズ』*Eloise*（イタリア語訳 *Eloisa,* Milano 1951）も見逃せない．ほかに，ウォデル H. J. Waddell の『ピエール・アベラール』*Peter Abelard*（London 1939, reed. 1977），ロイド R. Llyod の『ピエール・アベラール――正統派反逆者』*Peter Abelard : an Orthodox Rebel*（London 1947），フランコッラ G. Francolla の『ピエール・アベラール』*Pietro Abelardo*（Pesaro 1950），そしてトリュック G. Truc の『エロイーズあっての，またエロイーズなしのアベラール』*Abélard avec et sans Héloïse*（Paris 1956）がある．これについては，フォン・モース von Moos が，歴史研究の方法論のひとつの例として，クリュニー会議の発表で言及している．スムトル Zumthor の論文「エロイーズとアベラール」*Héloïse et Abélard*（《Revue des Sciences Humaines》, n. s. f. 91, 1958, pp. 313-332）は，このふたりの人物と宮廷世界のありようの類似性を指摘している．さらに時代をくだると，アレッシオ F. Alessio の「アベラール」*Abelardo*（《Protagonisti della storia universale,》IV, 105, Milano 1967, pp. 421-448），ミートケ J. Miethke の「教会改革に対するアベラールの立場――伝記的研究」*Abelards Stellung zur Kirchenreform. Eine biographische Studie*（《Francia》, I, 1973, pp. 158-192），ラスコム D. Luscombe 著『ピエール・アベラール』*Peter Abelard*（London 1979），1979年の移動会議で紹介された，ブルガン Bourgain のエロイーズ論（報告集 *Abélard et son temps,* p. 221以降）がある．

アベラールの書簡集を主に検討した論文は，以下のとおりである．シャティヨン F. Chatillon が，博識に裏付けられた熱のこもった研究をいくつも発表しており，「アベラール・ノート」*Notes abélardiennes* のタイトルで，1964年から『中世ラテン雑誌』《Revue du Moyen Age Latin》に連載された．マクラフリン女史 M. M. McLaughlin は論文「自伝作者としてのアベラール」*Abelard as Autobiographer*（《Speculum》, XLII, 1967, pp. 463-488）を発表している．このほか，アーチャンボート P. Archambault の「意味と内容――アベラール『不幸の物語』における意味作用のレベル」*Sensus and Sententia : Levels of Meaning in Abelard's Story of my misfortune*（《Papers on Language and Literature》, XV, 1979, pp. 1227-1246）がある．オルランディ G. Orlandi は，「アベラール細論――『不幸の物語』注解」*Minima Abelardiana. Note al testo dell'Historia Calamitatum*（《Res Publica Litterarum》, III, 1980, pp. 131-138）の中で，『不幸の物語』の翻訳において繰り返された誤り，ときには単なる読み間違いレベルの誤りをいくつか指摘している．

これから紹介する文献は，ふたりの人物の本質を理解するためにはあまり役に立たないが，それぞれ，独創的な，あるいはその時代に特徴的な解釈を示してい

る．言うなれば「好奇心」を満たしてくれるものだ．まず，ド・ラマルチーヌ A. de Lamartine の『エロイーズとアベラール』*Héloïse et Abélard*（Paris 1853），ベール Bayle の『歴史批評辞典』*Dictionnaire historique et critique*（Rotterdam 1697, 2 toms., 4 vols.）（野沢協訳，法政大学出版局，1982-87）のいくつかの項目，すなわち「アベラール」Abélard（t. I, 1），「フランソワ・ダンボワーズ」François d'Amboise（I, 1），「フーク」Fouques（t. I, 2），「エロイーズ」Héloïse（t. II, 1），「パラクレ」Paraclet（t. II, 2）．ディドロ Diderot の『百科全書』*Encyclopédie* 第4巻（Paris 1765, pp. 700 sqq.）の「スコラ哲学」Scholastique の項目．アレクサンドル・ルノワール Alexandre Lenoire は一風変わった人物であった．ふたりの恋人の遺骸や遺品に変質的なまでにこだわっている．『エロイーズとアベラールの墓所についての覚書』*Mémoire sur les sépultures d'Héloïse et d'Abélard*（Paris 1801）では，時の第1統領ナポレオン・ボナパルトにあてて，ふたりの遺骸を埋葬するための礼拝堂を建設するよう提案している．彼にはほかに『エロイーズとアベラールの墓所をめぐる歴史的解説』*Notice historique sur les sépultures d'Héloïse et d'Abélard*（Paris 1815）の著作もある．シュロッサー F. C. Schlosser の『アベラールとドルチーノ』*Abaelard und Dulcin*（Gotha 1807）は，ふたりの僧侶の比較検討であり，当然ながら理想的ともいえる類似点を検証している．

優美な女性としてのエロイーズのイメージを伝えてくれるのは，ボヌヴァル A. Bonnevalle の『アルジャントゥイユのベネディクト派修道院でのエロイーズ』*Héloïse au couvent des bénédictines d'Argenteuil*（Argenteiul 1869）と，ド＝モンチフォー M. de Montifaud の『パラクレ女子修道院長，アベラールとエロイーズの恋物語』*L'abbesse du Paraclet, histoire galant d'Abélard et Héloïse*（Bruxelles 1883）．

恋するこのふたりの物語に案を得たその他の作品となると，幻想物語，小説，詩，パロディー，戯曲，ひいては軽喜劇ヴォードヴィルにいたるまで，数かぎりない．

そのなかで，ここに紹介しておきたいのは，フランソワ・ヴィヨン François Villon「いにしえの女性たちのバラード」*La ballade des dames du temps jadis*（イタリア語訳 *Opere,* Milano 1982［鈴木信太郎訳『ヴィヨン全詩集』，岩波文庫，1965「疇昔の美姫の賦」］），ジャン＝ジャック・ルソー Jean-Jacques Rousseau『新エロイーズ』*La Nouvelle Héloïse*（イタリア語訳 *La nuova Eloisa,* Milano 1851［安士正夫訳，岩波文庫，1960］），ロナルド・ダンカン Ronald Duncan の『アベラールとエロイーズ』*Abelard and Eloise*（イタリア語訳 *Abelardo ed Eloisa,* Milano 1964）など．ほかに，ホイットマン C. Whitman の『アベラール』*Abelard*（Harvard Mass., 1965），新鮮味はないがブラン J. Bourin の小説『いとも賢きエロイーズ』*Très sage Hélïse*（イタリア語訳 *Io, Eloisa amavo Abelardo,* Milano 1982）もある．

アベラールの哲学に関する研究書は，きわめて数が多い．いずれも彼の思想のさまざまな側面にふれている．しかし，今ここでわれわれの関心は，エロイーズとアベラールの物語に向けられているのであるから，それらをすべて紹介するのは不可能であるし，ふさわしくもない．とはいうものの，哲学者アベラールの思想を知ることによって，この物語の意味や最初は曖昧と見えたいくつかの側面が明快になってくることもあると私には思われる．少なくとも，主要なもの，知性に富み，われわれに役立つと思われる著作には，触れておくことにする．

すでに挙げた著作に，ロバーツソン Robertson の『アベラールとエロイーズ』*Abelard and Heloise*（New York 1972）を，まず加えておきたい．このほか，エンジェルス L. Engels の「著述家アベラール」*Abélard écrivain*（ルーヴァン会議報告集 *Peter Abelard,* pp. 12-37），拙著『アベラール序論』*Introduzione ad Abelardo*（Bari 1974）．ジョリヴェ J. Jolivet『アベラールにおける言語と神学』*Arts de langage et théologie chez Abélard*（Paris 1969）は，神学者，哲学者としてのアベラールの思想を，おそらく最も体系的に示した研究書である．マクラフリン McLaughlin の，短いが見識あふれる『アベラールの自由学芸および哲学についての概念』*Abelard's Conception of Liberal Arts and Philosophy*（in *Arts Liberaux et Philosophie au Moyen Age,* Montreal-Paris 1969, pp. 524-530），『哲学史批評雑誌』《Rivista Critica di Storia della Filosofia》の「アベラール特集号」（XXXIV, 1979）もある．『カトリック神学事典』第11巻（Paris 1931）にヴィニョー P. Vignaux が執筆した「唯名論」Nominalisme の項目（coll. 711-733）は，今や古典である．細分化されたテーマを扱ったものとしては，拙著『アベラールの論理学』*La logica di Abelardo*（Firenze 1969²），ド＝レイク L. M. De Rijk の『新論理学』*Logica modernorum*（Assen 1968, vol. II, p. l, pp. 186-206），トゥイーデール M. M. Tweedale『アベラール——普遍について』*Abailard on Universals*（Amsterdam-New York-Oxford 1976——この研究についてはダル＝プラ M. Dal Pra の論文「アベラールの唯名論について」*Sul nominalismo di Abelardo*（《Rivista Critica di Storia della Filosofia》, XXX, 1979, pp. 439-451）を参照のこと——がある．ジュリアーニ A. Giuliani の研究書『論争』*La controversia*（Pavia 1966, とりわけ pp. 183-216）は，アベラールの論理学についての考え方に問題がしぼられているので一見重要でないように思えるが，それは見かけだけのことだ．

神学者アベラールに関するものは以下のとおり．ラセール P. Lasserre『12世紀の宗教論争——アベラール対ベルナール』*Un conflit religieux au XIIᵉ siècle, Abélard contre Bernard*（Paris 1930）．コティオー J. Cottiaux の「アベラールにおける神学観」*La conception de la théologie chez Abélard*（《Révue-d'histoire ecclésiastique》, XXVIII, 1932）．リヴィエール J. Rivière の「サンス宗教会議において糾弾されたアベラールの参事会」*Les capitula d'Abélard condamnés au Concil de Sens*（《Recherches de Théologie ancienne et médiévale》, V, 1933）．オストエンドラー H. Ostendler の『ピエール・アベラー

ルの〈テオロギア・スコラリウム〉』*Die Theologie Scholarium des Peter Abaelard*（Münster 1935）．ベルトラ E. Bertola「アベラールの『然りと否』における方法の先例，歴史的考察』*I precedenti storici del metodo del《Sic et non》di Abelardo*（《Rivista di Filosofia Neoscolastica》, LIII, 1961）．ファン＝デン＝アインデ D. van den Eynde の論文「ピエール・アベラールの〈テオロギア・スコラリウム〉」*La Theologia scholarium de Pierre Abélard*（《Recherches de Théologie ancienne et médiévale》, XXXIII, 1962）．リーベシュッツ H. Liebeshutz の「アベラールの『対話』におけるユダヤ教の意味」*The Significance of Judaism in P. Abelard's Dialogue*（《Journal of Jewish Studies》, XII, 1962）．ヴァインガルト R. E. Weingart の『神の愛の論理』*The Logic of Divine Love*（Oxford 1970）は，情熱のこもったすばらしい書物である．『対話』に関するものとしては，ブュイテール E. M. Buytaert の「アベラール校合」*Abelard's Collationes*（《Antonianum》, XLIV, 1969）を参照されたい．

アベラールの倫理学については，ダル＝プラ M. Dal Pra の「エロイーズ宛の書簡における倫理観」*Idee morali nelle lettere ad Eloisa*（《Rivista Critica di Storia della Filosofia》III, 1948）が，発表からすでに30年以上を経た現在でも，踏み込んだやりとりと，このテーマをめぐるふたりの考え方の違いを理解するうえに欠かせない文献である．ド＝ガンディヤック M. de Gandillac の「アベラールの倫理学における意図と法」*Intention et loi dans l'éthique d'Abélard* は，クリュニー会議報告集（*Pierre Abélard—Pierre le Vénérable,* pp. 585-610）に収められている．

その後の研究の方向を決めるのに影響をおよぼしたものとして，三点挙げておこう．ラスコム D. Luscombe『ピエール・アベラール学派』*The School of Peter Abelard*（Cambridge 1969）．ジョリヴェ J. Jolivet「アベラールと14世紀の唯名論者たちの言語理論の比較」*Comparaison des théories du langage chez Abélard et chez les Nominalistes du XIVe siècle*（ルーヴァン会議報告集 *Peter Abelard,* pp. 163-178［ジョリヴェ「アベラールと14世紀唯名論」，富松保文訳，哲学書房『哲学』2号，1988］）．シュスラー U. Schüssler「ピエール・アベラールの弁証論と近代論理学との関係」*Das Verhältnis der Dialektik Peter Abaelards zur modernen Logik*（《Mittelateinische Jahrbuch》, IX, 1973）．ハント T. Hunt「アベラールの『倫理学』とベルールの『トリスタン』」*Abelardian Ethics and Beroul's Tristan*（《Romania》, XCVIII, 1977）．

関連書

エロイーズにあてた書簡のなかでアベラールは，環境が生活と行動に及ぼす影響を軽視してはならないと言い，とりわけ「物理的な」環境の重要さを指摘している．そうした文脈に立ってみるなら，ふたりの生活が営まれた場所に思いを馳せてみるのも無駄なことではないだろう．「場所」を知るためには以下のものを参照することができる．ノディエ C. Nodier，レニエ A. Régnier，シャンパン

P. Champin 共著『歴史的パリ』*Paris Historique*（Paris 1838-39, 3 voll.）．クリュニー会議でのコナン K. J. Conant の報告「尊者ピエールとピエール・アベラールが生きた町の主要な建造物」*Edifices marquant dans l'ambiance de Pierre le Vênérable et Pierre Abêlard*（報告集 *Pierre Abêlard—Pierre le Vênerable,* pp. 727-732）．また上述の移動会議報告集『アベラールとその時代』*Abêlard et son temps* に収められている，ヴィエラール＝トロワエクロフ M. Vieillard-Troiekouroff「アベラールの時代におけるパリのサント・ジュヌヴィエーヴ教会」*L'êglise Sainte-Geneviève de Paris du temps d'Abêlard*（pp. 21-78），ルロ M. Reulos「サント・ジュヌヴィエーヴ修道院のノートルダム広場でアベラールがたどった道」*Sur le pas d'Abêlard du parvis Nôtre-Dame â l'abbaye de Sainte-*Geneviève（pp. 79-82），ウィルスム J. P. Willesme の「アベラールの時代のサン・ヴィクトール界隈」*Saint-Victor au temps d'Abêlard*（pp. 95-106）．

「前後関係や背景を考慮して理解する」のがアベラールには特徴的な方法であったことを，本書でもたえず強調してきた．われわれも人物から，それをとりまく環境，背景へと目を転ずることにしよう．まずなによりも，中世という神秘的な世界へとわれわれを近づけてくれる素材が役に立つ．こうした観点からすると，助けとなる研究は山ほどあるが，ここでは次のものを紹介しておく．『ケンブリッジ中世史』*Cambridge Mediaeval History* の第5巻．ジュニコ L. Genicot の『中世の輪郭』*Les lignes de faire du Moyen Age*（イタリア語訳 *Profilo della civiltâ medievale,* Milano 1965 ［森本芳樹訳『中世の世界』創文社，1976］．ロペス R. S. Lopez の『ヨーロッパの誕生——5～14世紀』*Naissance de l'Europe 5e-14e siècle*（イタリア語訳 *La nascita dell'Europa,* Torino 1966）．ウォルフ Ph. Wolff『中世史概説』*Prêcis d'histoire au Moyen Age*（イタリア語訳 *Storia e cultura del Medioevo,* Bari 1969）．ウルマン W. Ullmann『中世における個人と社会』*The Individual and Society in the Middle Ages*（イタリア語訳 *Individuo e societâ nel Medioevo,* Bari 1969 ［鈴木利明訳，ミネルヴァ書房，1970］）．ジャック・ル＝ゴフ Jacques Le Goff の『中世（1060-1330）』*Le moyen âge（1060-1330）*（イタリア語訳 *Il Basso Medioevo,* Milano 1975），および『西欧中世の文明』*La civilisation de l'Occident mêdiêval*（イタリア語訳 *La civiltâ dell'Occidente Medievale,* Torino 1981）．

「中世を読み解くことの難しさ」については，やはり，スムトル P. Zumthor の著書に頼るしかない（『中世について語ること』*Parler du Moyen Age* イタリア語訳 *Leggere il Medioevo,* Bologna 1982）．

ヘエル J. Heers の『中世における奴隷と召使』*Esclaves et domestiques au Moyen Age*（イタリア語訳 *Il clan familiare nel Medio Evo,* Napoli 1976）も役に立つ．中世社会をさまざまな視点から浮き上がらせた研究として，次のものをあげておく．たとえばピレンヌ H. Pirenne の『中世都市』*Les villes du moyen âge*（イタリア語訳 *Le cittâ del Medioevo,* Bari 1961 ［佐々木克巳訳，創文社，1970］），ブロック M. Bloch の『封建社会』*La sociêtê fêodale*（イタリア語訳

La società feudale, Torino 1965[5]［新村猛・森岡敬一郎・大高順雄・神沢栄三訳，みすず書房，1973-76］）などは古典中の古典．パウア E. Power『中世の人々』*Medieval People*（イタリア語訳 *Vita nel Medioevo,* Torino 1966［三好洋子訳『中世に生きる人々』東京大学出版会，1969］)，ブトルシュ R. Boutruche の『領主制と封建制』*Seigneurie et féodalité au Moyen-Age*（イタリア語訳 *Signoria e feudalismo,* Bologna 1974)，ル゠ゴフ J. Le Goff の『中世の商人と銀行家』*Marchands et banquiers du moyen âge*（イタリア語訳 *Tempo della Chiesa e tempo del mercante,* Torino 1976）と『もう一つの中世のために』*Pour un autre moyen âge*（イタリア語訳 *Lo specchio del feudalesimo. Sacerdoti, guerrieri, lavoratori,* Bari 1981[2]）のほか，既述のアベラール移動会議におけるヴェルジェ J. Verger の「アベラールと彼の時代の環境」*Abēlard et les milieux de son temps* と題する発表（報告集 *Abēlard et son temps,* pp. 107-132）も，価値あるものだ．

アベラールの時代の修道生活，信仰の生活については以下のものを参照されたい．ダルボワ゠ド゠ジュバンヴィユ H. d'Arbois de Jubainville『12世紀，13世紀におけるシトー派修道院の内的世界についての考察』*Etudes sur l'état intérieur des abbayes cisterciennes au XII*ᵉ *siècle et au XIII*ᵉ *siècle*（Paris 1858)，ド゠フォンテット M. de Fontette『教会法の時代の修道女たち――修道会における女子修道院の法のしくみについての考察』*Les religieuses à l'âge du droit canonique : recherches sur les structures juridiques des branches feminines des ordres*（Paris 1967)，スギュイ J. Seguy「想像された社会の社会学――修道院制度とユートピア」*Une sociologie des sociétés imaginées : monachisme et utopie*（《Annales E. S. C》, XXVI, 1971)，リトル K. Little「知的訓練と改革に向けての姿勢」*Intellectual Training and Attitudes towards Reform*（クリュニー会議報告集 *Pierre Abélard—Pierre le Vênérable,* pp. 235-254)，モール R. Mohr「ベネディクト派会則の変容をめぐってエロイーズとアベラールが交わした対話」*Der Gedankenaustausch zwischen Heloise und Abelard über eine Modifizierung der Regula Benedicti für Frauen*（《Regulae Benedicti Studia》, V, 1976)，シャティヨン J. Chatillon「サン・ティエリのギョーム――修道制度と学校」*Guillaume de Saint-Thierry : le monachisme et les écoles*（*Saint-Thierry, une abbaye du VI*ᵉ *au XX*ᵉ *siècle,* Atti del Convegno di Saint-Thierry, 1976, Saint-Thierry 1979, pp. 375-394)．

ルクレール J. Leclercq の『学芸への愛と神の希求』*L'amour des lettres et le désire de dieu*（イタリア語訳 *Cultura umanistica e desiderio di Dio,* Firenze 1983）は説得力のある，古典的名著である．パリス M. Parisse『中世の尼僧』*Les nonnes au Moyen Age*（Paris 1983）からも，得るところは大きい．

また別の視点をとってみると，「12世紀ルネサンス」と呼ばれる時代の内側にすっぽりとはまり込んだアベラールとエロイーズの姿が浮かび上がってくる．シュヌ M. D. Chenu 著『中世文明における意識の覚醒』*L'eveil de la conscence*

dans la civilisation médiéval（イタリア語訳 *Il risveglio della coscienza nella civiltà medievale,* Milano 1981）。ハスキンズ C. H. Haskins 著『12世紀ルネサンス』*The Renaissance of the Twelfth Century*（イタリア語訳 *La rinascita del XII secolo,* Bologna 1982²［野口洋二訳，創文社，1975；別宮貞徳・朝倉文市訳，みすず書房，1989］）。

哲学はアベラールが二番目に，あるいは一番に愛したものだ。中世一般の，そしてとりわけ12世紀における哲学思想の流れを知っておくのも悪くないだろう。「世界霊魂」anima mundi は，アベラールの哲学思想の根幹をなすものであり，サンス宗教会議でも最も糾弾の対象とされたものである。これをテーマとしたグレゴリー Gregory の『世界霊魂――コンシュのギョームの哲学とシャルトル学派』*Anima Mundi. La filosofia di Guglielmo di Conches e la Scuola di Chartres*（Firenze 1955）は価値あるものだ。このほか，ジョリヴェ J. Jolivet の「中世の哲学」*La Philosophie au Moyen Age*（*Histoire de la philosophie,* ed. B. Parrain, t. I, Paris 1969），ヴァゾーリ C. Vasoli の『中世哲学』*La filosofia medievale*（Milano 1970³）や，ジルソン E. Gilson の名著『中世哲学史』*La Philosophie au Moyen Âge*（イタリア語訳 *La filosofia nel Medioevo,* Firenze 1974［渡辺秀訳，エンデルレ書店，1949］），さらには，マリオ・ダル＝プラ Mario Dal Pra 編『哲学史』*Storia della filosofia* 第５巻（Milano 1976）がある。

アベラールの思想における神学の重要性についてもふれてきた。この分野では，シュヌ M. D. Chenu の『12世紀における神学』*La théologie au XIIe siècle*（イタリア語訳 *La teologia nel XII secolo,* Milano 1972）と『中世の聖書研究』*Etudes de la Bible au Moyen Age*（イタリア語訳 *Lo studio della Bibbia nel Medioevo,* Bologna 1972）がある。これらを出発点として，さらにこのテーマに近づくにあたり，以下の研究を列挙しておこう。フランク D. K. Frank「キリストの模倣者アベラール」*Abelard as Imitator of Christ*（《Viator》, I, 1970）。ゼルビ P. Zerbi「超実体的なわれらがパンを――第10書簡における論争家にして注釈家のアベラール」*Panem nostrum supersubstantialem : Abelard polemista ed esegeta nell'Ep. X*（《Studi in memoria di S. Mochi Onori》, Milano 1972）。キアニー E. F. Kearney「聖書注解者としてピエール・アベラール――『ヘクサエメロン（六日間世界創造）注解』研究」*Peter Abelard as Biblical Comentator : A study on the Expositio in Hexaemeron*（トリアー会議報告集 *Petrus Abelardus（1049-1142）: Person, Werk und Wirkung,* pp. 199-210）は，神学者アベラールの聖書解釈をとりあげたもの。ほかに，イエーガー C. S. Jaeger の「サンス宗教会議におけるアベラールの沈黙」*Peter Abelard's Silence at the Council of Sens*（《Res Publica Litterarum》, III, 1980）がある。

アベラールにとってはきわめて自然な「住処」であった学校も，ひとつのテーマである。パレ G. Paré，トレンブレ P. Tremblay，ブルネ A. Brunet 共著『12世紀のルネサンス――学校と教育』*La Renaissance du XIIe siècle. Les écoles et*

l'enseignement (Paris-Ottawa 1933). ドゥレエ P. Delhaye「12世紀の学校制度」*L'organization scolaire au XIIe siècle* (《Traditio》, V, 1947). プール R. L. Poole「ソールズベリのジョンの時代のパリおよびシャルトルの学校教師たち」*The Masters of Schools at Paris and Chartres in John of Salisbury's times* (《English Historical Review》, XXXV, 1920). 移動会議でのシャティヨン J. Chatillon の報告「アベラールと学校」*Abélard et les écoles* (報告集 *Abélard et son temps,* pp. 133-160) は, より細かい点にまで踏み込んでいる.

中世の文学を知るためには以下のものがある. マニツィウス Manitius『中世ラテン語文学史』*Geschichte der lateinischen Literatur des Mittelalters* (München, 1911-31). クルツィウス Curtius『ヨーロッパ文学とラテン中世』*Europäische* Literatur und lateinisches Mittelalter (フランス語訳 *La littérature européenne et le moyen âge latin,* Paris 1956 [南大路振一・岸本通夫・中村善也訳, みすず書房, 1971]). ノルベルク D. Norberg『中世ラテン語ハンドブック』*Manual pratique de latin médiéval* (イタリア語訳 *Manuale di latino medievale,* Firenze 1974). チェゼラーニ R. Ceserani と デ＝フェデリチス L. De Federicis の『物質的なものと想像的なもの』*Materiale e l'immaginario* の第1・2巻 (Milano 1979) は, 入手しやすいうえに良心的に書かれた好著.

詩の領域では, たとえばファラル E. Faral の『12・13世紀の詩』*Les arts poétiques du XIIe et XIIIe siècles* (Paris 1924). 古典文学に対して教会が示した態度——あるいは拒絶しあるいは同化した——のいくつかを示す研究もある. サンディーズ J. E. Sandys『古典研究の歴史』*A History of Classical Scholarship* (Cambridge 1920[3]). あるいは, マンロウ D. C. Munro「初期中世におけるラテン古典研究に対する西欧教会の姿勢」*The Attitude of the Western Church towards the Study of the Latin Classics in the Early Middle Ages* (《Papers of the American Society of Church History》, VIII).

古典がエロイーズとアベラールに多大な影響を及ぼしたことについては, まず, ランド E. K. Rand『オウィディウスとその影響』*Ovid and his Influence* (Boston 1925) から読みはじめたい. 続いてグレゴリー T. Gregory の「アベラールとプラトン」*Abélard et Platon* (ルーヴァン会議報告集 *Peter Abelard,* pp. 38-64), ボームガートナー E. Baumgartner「リュクレースからエロイーズへ——ジャン・ド・マン『薔薇物語』のふたつの事例をめぐる考察」*De Lucrèce à Héloïse. Remarques sur deux exemples du Roman de la Rose de Jean de Meung* (《Romania》, XCV, 1974). さらに, ダンナ G. D'Anna の「アベラールとキケロ」*Abelardo e Cicerone* (《Studi Medievali》, X, 1969), フォン・モース P. von Moos「ルカヌスとアベラール」*Lucan und Abaelard* (*Hommages A. Boutemy,* Bruxelles, 1976, pp. 413-443).

音楽家アベラールという側面もあり, 当然ながらこれには少なからぬ言及がある. ユグロ M. Huglo「詩人にして音楽家のアベラール」*Abélard poète et musicien* (《Cahiers de Civilisation Médiévale》, XXII, 1979). ペヤン C. Payen

の「アベラールの思想と12世紀の物語テクスト」*La pensée d'Abélard et les textes romans du XIIe siècle*（クリュニー会議報告集 *Pierre Abélard—Pierre le Vénérabele,* pp. 513-522）は，アベラールの思想の別の背景にもふれているので見逃せない．カヴァッロ G. Cavallo の『中世の書物と読者』*Libri e lettori nel Medioevo*（Bari 1977）は，中世と当時の考え方を映し出すものであるにちがいない，書物というものが置かれた状況を示している．デュビィ G. Duby の『大聖堂の時代——中世の芸術と社会』*Le Temps des cathédrales*（イタリア語訳 *L'arte e la società medioevale,* Bari 1977［小佐井伸二訳，『ロマネスク芸術の時代』白水社，1983］）は本質的な構図を広範囲にわたって見せてくれる．

女性，愛，結婚．こうしたテーマをたどって行くと，エロイーズの姿が，ふたたびアップになって浮き上がってくる．

中世の女性にアプローチするために，まず，読んでおきたいのは，パウア E. Power『中世の女たち』*Medieval Women*（イタリア語訳 *Donne del Medioevo,* Milano 1979［中森義宗・阿部素子訳，思索社，1977］），デュビィ G. Duby『騎士・女性・司祭——封建時代フランスにおける結婚』*Le chevalier, la femme et le prêtre—Le mariage dans la France féodale*（イタリア語訳 *Il cavaliere, la donna e il prete,* Bari 1982［篠田勝英訳『中世の結婚——騎士・女性・司祭』新評論，1981），ペルヌー R. Pernoud『大聖堂の時代の女性』*Le femme au temps des cathédrales*（イタリア語訳 *La donna al tempo delle cattedrali,* Milano 1982）である．

ドロンケ P. Dronke の『中世の女性作家たち』*Women Writers of the Middle Ages*（Cambridge 1983）には，啓発される箇所が多い．女性作家たちの作品を独創的かつ魅力的な方法で読み解いており，そこに博識と，それまでだれも試みたことのない分析が加えられて，新鮮な刺激に満ちた著書となっている．テーマをしぼったものとしては，マクラフリン M. M. McLaughlin の「ピエール・アベラールと女性の尊厳——12世紀フェミニズムの理論と実践」*Peter Abelard and the Dignity of Women: Twelfth Century Feminism in Theory and Practice*（クリュニー会議報告集 *Pierre Abélard—Pierre le Vénérable,* pp. 287-334），スミス J. Smith「アリュブリスルのロベール——女性たちの代理人」*Robert of Arbrissel: Procurator mulierum*（*Medieval Women. Studies presented to Rosalind Hill,* Oxford 1978）．

愛の分析への入門書としては，スタンダールの『恋愛論』*De l'amour*（イタリア語訳 *Dell'amore,* Milano 1976［大岡昇平訳，新潮文庫］）にまさるものを思いつかない．が，ルイス C. S. Lewis のすぐれた著書『愛のアレゴリー——中世的伝統の研究』*The Alegory of Love. A Study of Medieval Tradition*（London 1936；イタリア語訳 *L'allegoria d'amore,* Torino 1969［玉泉八州男訳『愛とアレゴリー——ヨーロッパ中世文学の伝統』，筑摩叢書，1972］），新しいところではクリステヴァ J. Kristeva『愛の歴史』*Histoires d'amour*（Paris 1983［枝川昌

雄訳『初めに愛があった』，法政大学出版局，1987]）も参照されたい．

愛と女性像を，中世という図式を考慮しつつ精密に分析しているのは，以下の研究である．マネジャー L. Manager「性と抑圧——いつ，いかなる理由で」*Sesso e repressione: quando, perché?*（《Quaderni medievali》, 4 dicembre 1977）．ドロンケ P. Dronke「フランチェスカとエロイーズ」*Francesca and Heloise*（《Comparative Literature》, XXVI, 1978）．デデック J. F. Dedek「婚前の性——ペトルス・ロンバルドゥスからデュランにいたる神学論争」*Premarital Sex: The Theological Argument from Peter Lombard to Durand*（《Theological Studies》, XLI, 1980）．ルスロ P. Rousselot『中世における愛の問題によせて』*Pour l'histoire du problème de l'amour au Moyen Age*（Paris 1981^2）．デルー＝ベソン Derouet-Besson「ふたつの障害のあいだで——12世紀の世界表象のモデルにおける性の営みの場所」*Inter duos scopulos. Hypothèses sur la place de la sexualité dans les modèles de la représentation du monde au XIe siècle*（《Annales E. S. C.》, XXXIV, 1981）．ルクレール J. Leclercq『12世紀フランスの僧侶と愛』*Monks and Love in Twelfth Century France*（Oxford 1978）．

愛が行き着く先の「結婚」に関するものとしては，ドゥレエ P. Delhaye「『ヨウィアヌスを駁す』における反結婚の問題とそれが12世紀ラテン語文献に及ぼした影響」*Le dossier anti-matrimonial de l'Adversus Iovinianum et son influence sur quelques écrits latins du XIIe siècle*（《Medieval Studies》, XII, 1951）と，マクラフリン M. M. McLaughlin「教会法に反する12世紀初期の結婚禁止」*The Prohibition of Marriage against Canons in the Early XIIth Century*（《Medieval Studies》, XXXVIII, 1977）がある．

「子ども」を，ティエリのギョームは「人間の条件の予兆たる小さな哀れな生き物」と呼んだ．子どもについては，リシェ P. Riché の「12世紀修道者世界における子ども」*L'enfant dans la société monastique au XIIe siècle*（クリュニー会議報告集 *Pierre Abélard—Pierre le Vénérable,* pp, 689-702）と，アリエス P. Ariès の『アンシャン・レジーム期の子どもと家族生活』*L'Enfant et la vie familiale sous l'Ancien Régime*（イタリア語訳 *Padri e figli nell'Europa medievale e moderna,* Bari 1983［杉山光信・杉山恵美子訳『〈子供〉の誕生』，みすず書房，1987]）がある．

アベラールとエロイーズの生涯において，恐るべき存在として迫ってきたのは，だれよりも聖ベルナールであった．彼が書き残したものは，ミーニュ版『ラテン教父著作集』の第182巻および第183巻に収められている．これは，1957年から，ルクレール Leclercq，タルボ Talbot，ロシェ Rochais の監修によって校訂版の出版がすすめられている（Roma）．「アベラールを駁す書簡」は，バボラン A. Babolin がきわめて良心的にイタリア語に訳しており（*Lettre contro Abelardo,* Padova 1969），私も，多少手を加えつつではあるが，引用させてもらった．研

究書は以下のとおり．ヴァカンダール E. Vacandard『聖ベルナールの生涯』*La vie de Saint Bernard*（Paris 1910[4]）．デュビィ G. Duby『聖ベルナール――シトー派の芸術』*Saint Bernard : L'art cistercien*（イタリア語訳 *San Bernardo e l'arte cistercense,* Torino 1982）．ベルナールとアベラールの関係については，すでに挙げたクリバンスキー R. Klibansky の短い論文「ピエール・アベラールとクレルヴォーのベルナール」*Peter Abelard and Bernard of Clairvaux* のほか，ミドウズ D. Meadows の『ひとり半の聖者――アベラールとベルナールについての新解釈』*A Saint and a Half : A new Interpretation of Abelard and Bernard*（New York 1963），レナ T. J. Renna「アベラール対ベルナール――修道史におけるひとつの事件」*Abelard versus Bernard : An Event in Monastic History*（《Citeaux》, XXVII, 1976）がある．

逆に，だれよりもふたりに慰めを与えてくれたのは尊者ピエール［ペトルス・ヴェネラビリス］である．彼の書簡はコンスタブル Constable 編纂による『ペトルス・ヴェネラビリスの書簡』*The Letters of Peter the Venerable*（Cambridge, Mass. 1967）で読むことができる．彼がどれほどの貢献をしたかは，クリュニー会議報告集（*Pierre Abélard—Pierre le Vénérable*）が再確認させてくれる．ブレデロ A. Bredero「ペトルス・ヴェネラビリス――クリュニー修道院長に就任したころ」*Pierre le Vénérable : les commencements de son abbatiat à Cluny*（pp. 119-142）．フォルス R. Folz「ペトルス・ヴェネラビリスと典礼」*Pierre le Vénérable et la liturgie*（pp. 143-164）．クリツェック J. Kritzeck「イスラム世界に関する著書でピエール・アベラールがペトルス・ヴェネラビリスに及ぼした影響」*De l'influence de Pierre Abélard sur Pierre le Vénéable dans ses œuvres sur l'Islam*（pp. 205-214）．トマス R. Thomas「『哲学者，ユダヤ人，キリスト教徒の対話』およびペトルス・ヴェネラビリスとの書簡にみるピエール・アベラールの個性――矛盾あるいは一致」*Die Persönlichkeit Peter Abaelards im Dialogus inter Philosophum, Iudaeum et Christianum und in den Epistulae des Petrus Venerabilis : Widerspruch oder Übereinstimmung*（pp. 255-270）．

すでに見たとおり，シュジェールもふたりの人生において重要な役割を果たした．クリュニー会議ではグロデッキ L. Grodecki が，ふたりとこのサン・ドニ修道院長の関係を手短に検証している（「アベラールとシュジェール」*Abélard et Suger,* pp. 279-286）．

往復書簡の信憑性をめぐっては，込み入った議論がなされてきた．それを知るのに最も確実と思われるのは，ゼルビ P. Zerbi の「アベラールとエロイーズ――愛と往復書簡の問題」*Abelardo e Eloisa : il problema di un amore e di una corrispondenza*（前掲論文集 *Love and Marriage....* に所収）である．明快で分かりやすいものとしてお薦めしたい．ゼルビは，それに先立つ1977年にも，「最近の論争」についてコメントしている（*Studi di Storia e letteratura in*

onore di A. Di Pietro, Milano, pp. 3-43).

ゼルビのコメントは，クリュニーで1972年に「火付け役」となったベントン Benton が，かなりの時を経過したのちの1979年，この問題を再提出して自説を翻したのと，時期を同じくしている．ベントンの第一の著述については，前掲書 (Paris 1975) を，第二の著述については『ピエール・アベラール』*Petrus Abaelardus*（Torier 1980）を参照されたい．

ゼルビの慎重な反論も，ベントンの修正も，最終的には同じ結末に行き着いた．書簡集の信憑性に疑義をさしはさませたいくつもの黒雲は一掃されたのだ．しかし，われわれはここで，一歩あともどりしなくてはならない．

言うまでもなく，1972年以前にも，単発的にではあるが疑惑のもちあがることはあった．まず，オレッリ Orelli が，1841年刊行の自伝の前書きで書簡集が本物であるのかどうかを疑問視している．ほかに，シュマイトラー Schemeidler の「アベラールとエロイーズの往復書簡は偽物か」*Der Briefwechsel zwischen Abaelard und Heloise eine Falschung?*（《Archiv für Kulturgeschichte》XI, 1913, pp. 1-30）がある．シャリエ夫人 Charrier も前掲書において，往復書簡はすべてアベラールの手になるものではないかと彼女なりに疑っているのである．同じようにミシュ Misch も，『自伝の歴史』*Geschichte der Autobiographie* (Frankfurt 1959) において，エロイーズの第一書簡が，基本的には彼女自身によるものであろうとはしながらも，出版されるにあたって，恋人の相手方か，あるいはだれか見ず知らずの人物によって改竄されたのではないかと疑っている．

しかし，それに先立つ1938年，ジルソンは前掲書の序文において，学識と情熱に裏打ちされて手短に言い放っている，「真実でないにしては，この物語は美しすぎる」．よく吟味してみると，実に奥の深い名言である．が，フォン・モース von Moos はクリュニー会議で，この発言を批判している（報告集 *Pierre Abélard—Pierre le Vénérable,* pp. 425-468).

クリュニーでベントンがこの議題を提出したのは，その場の討議でヴァンニ＝ロヴィーギ S. Vanni-Rovighi が指摘したとおり，実証主義的な分析に基づいてのことであった．その時代の制度に関して調達できるかぎりの史料と文献を動員しての，比較研究であったのだ．しかしながら，問題となる書簡集と，アベラールの哲学書との関係，エロイーズの『問題集』との関連は考慮されていなかった．哲学書との関連性については，ヴァンニ＝ロヴィーギ自身が指摘している（「アベラールとエロイーズの書簡集の信憑性をめぐる議論」*Un dibattito sulla autenticità dell'epistolario di Abelardo e Eloisa,*《Aevum》, L, 1976, p. 357 を参照)．書簡と『問題集』との関連性をめぐっては，1979年にドロンケが，掘り下げた検証を行っている（トリアー会議報告集 *Petrus Aberardus*（*1079-1142*）: *Person, Werk und Wirkung* に所収)．ドロンケの結論は「往復書簡と『問題集』のあいだには数多くの共通点がみとめられる」というものであった（のちに前掲 *Women Writers* に拡大して再録).

クリュニーでは，アベラールの自伝について最新の注解を行っているモンフラ

ン Monfrin が，この問題にきわめてバランスのとれた検証を行い（ちなみに発表の順番はベントンよりも前であった），この問題に，意味深い終止符を打つことを提案していた．慎重にではあったが，モンフランは「ふたりの主人公のあずかり知らない人物が創造力を発揮したにせよ，それは中世のいかなる史料からも証明することはできない」と結論づけることを宣言していたのだ．

モンフランはその後も何回かこの問題に立ちもどっている（『エロイーズとアベラールの愛の書簡』*Les lettres d'amour d'Héroïse et Abélard,* Paris 1979を参照のこと）．それにしても，クリュニーでの彼の報告は，驚くべきベントン説のおかげでほとんど影の薄いものとなってしまった．ベントンは，品格を欠くことなくしかも皮肉のこもった決然たる口調で，次の仮説を示したのである．13世紀，パラクレでは修道女たちの先導に修道士たちが反発していた．その際に，ふたりか，おそらく３名の贋作者が，書簡集のうちの自伝から第８書簡まで，それと「修道規則」を，ただし本当にアベラールが書いたものに則って，捏造したのではないか．ベントンの複雑な推測は，仮に文字づらを追うだけでも認められる明らかな一貫性をわざわざ粉砕しようとするものであった．これが彼の報告の最大の弱点であることは，たちまち露呈されるのだが．「書簡の有する打ち消しがたい矛盾と時代的整合性のなさ」の辻褄を合わせるためには，次の仮説をたて，それを組合わせてみるしかない，と彼は言った．a）『姉妹たちへの勧め』*Exhortatio ad sorores* は原典として存在しない．b）『不幸の物語』はアベラールの手になるものではなく，12世紀の創作作品である．c）ふたりか，おそらくそれ以上の贋作者が，偶然，目的を一にして創作にあたった．そしてさらにつけ加えて言う．ここまで手が込んでいてしかも広く普及した贋作は中世において他に類を見ないものであり，偶然とはいえ芸術的にもきわめて高い水準に達したものである，と．

その後もベントンは何度かこのテーマを，言語の分析をしつつとりあげている（ベントンとエルコリ・プロスペレッティ Benton and Ercoli Prosperetti「『不幸の物語』の文体」*The Style of Historia Calamitatum*（《Viator》, VI, 1975, pp. 59-86）．そして，1979年，トリアー会議において，自説を取り下げることを宣言してセンセーションを巻き起こしたが，書簡集の信憑性を疑う証拠としてクリュニーで示したものを引き下げるさまも，みごとなものであった．

しかしながら，これですべてが出発点にもどったわけではない．ベントンの疑惑は，言語や修辞法の研究，制度的背景の分析など，さまざまな方面で有益な検証を誘発した．たとえばフォン・モース P. von Moos も，見識のある刺激的な研究をいくつか発表している．「パラティーノ丘の異邦人の問い」*Palatini quaestio quasi peregrini*（《Mittelateinisches Jahrbuch》, 1973），「コルネリアとエロイーズ」*Cornelia und Heloisa*（《Latomus》, 1975），大作『慰むる者』*Consolatio*（München 1974）．その一方で，前掲のイタリア語版によせられたヴァゾーリ C. Vasoli の序文，カッペッレーティ＝トルーチ Cappelleti-Truci の「書簡集の解釈をめぐるいくつかの問題」*Alcuni problemi di interpretazione nel-*

l'epistolairio di Abelardo e Eloisa（《Filosofia》, 1975, p. 257），トリアーでのラスコム Luscombe の報告（報告集 *Petrus Aberardus* （*1079-1142*）：*Person, Werk und Wirkung,* pp. 19-39）などは，「クリュニーのベントン」の評価にのみとどまったため，今ではもはや価値のないものとうつる．

「クリュニー以前」にさかのぼる研究でありながら今なお興味をそそられるものとしては，マクラフリン女史 McLaughlin の「自伝作者としてのアベラール」*Abelard as Autobiographer*（《Speclum》, 1967）とクリュニーでの彼女の発表，ヴィネー M. G. Vinay（《Giornale storico della letteratura italiana》, 1950, pp. 456-459）のコメント，サザーン R. W. Southern が『中世ヒューマニズムおよび他の研究』*Medieval Humanism and Other Studies*（Oxford, 1970，pp, 98-101）で述べたコメントである．ドロンケ P. Dronke の『中世の証言にみるアベラールとエロイーズ』*Abelard and Heloise in Medieval Testimonies*（Glasgow 1976）は，書簡集を中世という枠組みの内側にとらえ，エロイーズの感性が当時の時代精神には合わないのではないかという仮説を一掃した点で，きわめて重要な著書である．

このほか，一読に値するものは，以下のとおり．ジョリヴェ J. Jolivet「アベラールは犬か狼か」*Abēlard entre le chien et le loup*（《Cahiers de Civlisation Mēdiēvale》, 1977, pp. 307-322)．キンダーマン U. Kindermann「アベラールの愛の書簡」*Abaelards Liebsbriefe*（《Euphorion》, 1978)．イエーガー C. S. Jaeger「『不幸の物語』の発端」*The Prologue to the Historia Calamitatum*（《Euphorion》, 1980)．シルヴェストル H. Silvestre の「J・ベントンのテーゼをめぐる考察」*Le Reflexions sur la thèse de J. Benton*（《Recherches de Thēologie ancienne et mēdiēvale》, 1977)．これらはすべて，ベントンの「自説撤回」の後にあって，書簡集の信憑性を疑う立場の先鋒に位置し，おもしろいことに，心理学的なモチーフへとわれわれを立ちもどらせるのだ．

私が第14章で示したテーマ，そしてまた，哲学的と称することもできるであろうその他のテーマ，すなわちたしかにアベラールのものと認識できる著作と書簡集を奥深いところで結びつけているテーマ（そう，だから簡単に贋作などできるはずがない）に的をしぼった分析が，近々『哲学史雑誌』《Rivista di Storia della Filosofia》に載る予定である．この分析をとおして，私は，「哲学的」という，けっきょく一番ピエールらしい側面を，その他の側面と結びつけたいと思っている．『哲学史批評雑誌』《Rivista Critica di Storia della Filosofia》（IV, 1979）の拙稿429頁でも，同様の分析を試みたことがある．

不完全ではあるが，書簡集の信憑性をめぐる文献を挙げたところで，いちおうの結論（仮説の域を出ない概略的なものではあるが，研究者の大半が賛同するであろう結論）を導いて終わりにしたいと思う．a）第１書簡から第８書簡までは，おそらく，モンフランが言うところの「整理された書類」である．つまり，元のままの生の書簡ではないにせよ，書き手自身が手を加えて「公の目にさらされる書簡」とした．つまりセネカの書簡の場合と同じである．b）後からわずかに加

筆された可能性も皆無ではない．c）思考の調和の原則にたってみると，第三者介入説は受け入れがたい．作者が名も知られぬ仮想の人物ではなく，特定することができ，その人物のほかの著作もわかっていてはじめて，すべて説明をつけることができるのだ．ゼルビの，説得力ある言葉を借用しよう．「完璧なまでの芸術的統一性，それが引き金となって，奥の深いドラマ，具体的に生きられたドラマの統一性が求められることがないのかどうか，考えてみるのはもっともなことだ……．それも，アベラールとエロイーズでなければ，いったいだれによってそれが可能となろう……．中世において，あのようなことを，あのように修辞と文体の規範にあくまで完璧に則って言う水準に達していたのは，あのふたりをおいてほかに，だれがいるというのだ」

「歴史家はすべて説明するのを諦めるすべを心得ておくべきである」し，それに，語られた事柄の論理性にこだわってこじつけようとするあまり，技巧的な説明を増殖させることがあってはならないのだ．

補　遺

［本著刊行の1984年以降に出版されたもの，日本人著者によるもの，および日本語訳のある関連書で未載のものなどを以下に挙げる．］

原典

（上記文献中にない新しい批評版テクスト）

Letters IX-XIV. An Edition with an Introduction, ed. E. R. Smits, Groningen 1983.

Soliloquium, ed. C. S. F. Burnett,《Studi Medievali》, 3a Ser., XXV, 1984, pp. 857-94.

Opera theologica, t. 3 : *Theologia《Summi boni》,《Theologia Scholarium》,* ed. E. M. Buytaert-C. J. Mews, Turhhout 1987.

Carmen ad Astralabium, ed. J. M. A. Rubingh-Bosscher, Groningen 1987.

La vie et les epistre Pierres Abaelart et Heloys sa famme, avec une nouv. ed. des textes latins, d'aprēs le ms Troyes Bibl. mun. 802, ed. E. Hicks, Paris 1991.

Des intellections, ed. P. Morin, Paris 1994.

Expositio in Epistolam ad Romanos, Freiburg 2000.

邦訳

『アベラールとエロイーズ――愛と修道の手紙』，畠中尚志訳，岩波文庫，1939，1964改訳

『ポルフュリウス註釈（イングレディエンティブス）』，清水哲郎訳，「中世思想原

典集成」7,『前期スコラ学』,平凡社,1996に所収
『然りと否』,大谷啓治訳,同巻に所収
『倫理学』,大道敏子訳,同巻に所収

研究

(1984年以降に発表された主たる文献)

Allegro, G.: *La teologia di Pietro Abelardo fra letture e pregiudizi,* Palermo 1990.

——: *L'analogia nei trattati trinitari di Pietro Abelardo,* in *Knowledge and the Sciences in Medieval Philosophy,* vol. 3, Helsinki 1990, pp. 317-24.

Barrow, J.-Burnett, C.- Luscombe, D.: *A Checklist of the Manuscripts containing the Writing of Peter Abelard and Heloise and other Works closely associated with Abelard and his School,* 《Revue d'histoire des textes》, XIV/XV, 1984/85, pp. 183-302.

Blackwell, D. F.: *Non-Ontological Constructs : The Effects of Abaelard's Logical and Ethical Theories on his Theology,* Bern 1988.

Boss, G.: *Le Combat d'Abélard,* 《Cahiers de Civilisation Médiévale》, XXXI, 1988, pp. 17-27.

Burnett, C. S. F.: *《Confessio fidei ad Heloisam》: Abelard's Last Letter to Heloise? A Discussion and Critical Edition of the Latin and Medieval French Versions,* 《Revue d'histoire des textes》, XIV/XV, 1984/85, pp. 147-155.

Clanchy, M. T.: Abelard : *A Medieval Life,* London 1997.

Colish, M. L.: *Peter Lombard and Abelard : The opinio Nominalium and Divine Transcendence,* 《Vivarium》, XXX, 1992, pp. 139-156.

De Rijk, L. M.: *Peter Abelard's Semantics and his Doctrine of Being,* 《Vivarium》, XXIV, 1986, pp. 85-127.

Ernst, U.: *Ein unbeachtetes 《Carmen figuratum》 des Petrus Abaelardus,* 《Mittellatenisches Jahrbuch》, XXI, 1986, pp. 125-46.

Graboïs, A.: *Le dialogue religieux au XIIe siècle. Pierre Abélard et Jehudah Halévi,* in *Religionsgespräche im Mittelalter,* ed. B. Lewis-F. Newöhner, Wiesbaden 1992, pp. 149-67.

Howlett, D. R.: *Some Criteria for Editing Abaelard,* 《Archivum Latinitatis Medii Aevi》, LI, 1992-93, pp. 225-55.

Iwakma, Y : Twelfth-Century. Nominales : *The Postumous School of Peter Aberald,* 《Vivariur》, XXX, 1992.

Jacobi, K.: *Diskussion über unpersönliche Aussage in Peter Abaelards Kommentar zu Peri Hermeneias,* in *Medieval Semantics and Metaphysics. Studies dedicated to L. M. de Rijk, Ph. D. on the Occasion of his 60th Birthday,* Nijmegen 1985, pp. 1-63.

—— : *Peter Abelard's Investigations into the Meaning and Function of the Speech Sign "Est"*, in *The Logic of Being. Historical Studies,* ed. S. Knuuttila-J. Hintikka, Dordrecht 1986, pp. 145-80.
Jolivet, J.: *Aspects de la pensée médiévale : Abélard : Doctorines du langage,* Paris 1987.
—— : *Pierre Abélard et son école,* in *Contemporary Philosophy,* Dordrecht-Boston-London 1990, vol. 4, pt. 1, pp. 97-104.
—— : *La question de la matière chez Gilbert de Poitiers,* in *From Athens to Chartres. Neoplatonism and Medieval Thought,* ed. H. J. Westra, Leiden-New York, 1992, pp. 247-57.
—— : *Abélard ou la philosophie dans le langage,* Fribourg 1994.
—— : *La thélogie d'Abélard,* Paris 1997.
Kretzmann, N.: *The Culmination of the Old Logic in Peter Abelard,* in *Renaissance and Renewal in the Twelfth Century,* ed. R. L. Benson and G. Constable, Oxford 1982, pp. 488-511.
Luscombe, D. E.: *St. Anselm and Abelard,* 《Anselm Studies》, I, 1983, pp. 207-229.
—— : *Peter Abelard,* in *A History of Twelfth-Century Western Philosophy,* ed. P. Dronke, Cambrigde 1988, pp. 279-307.
—— : *The School of Peter Abelard Revisited,* 《Vivarium》, XXX, 1992, pp. 127-138.
—— : *Peter Abelard and the Arts of Language,* in *Media latinitas,*, ed. R. I. A. Nip, Steenbrugis 1996.
Marenbon, J.: *Abelard's Ethical Theory, Two Definitions from the Collationes,* in *From Athens to Chartres. Neoplatonism and Medieval Thought,* ed. H. J. Westra, Leiden-New York, 1992, pp. 301-14.
—— : *The Philosophy of Peter Abelard,* Cambridge, 1997.
Mauro, L.: *Tra publica damna e communis utilitas. L'aspetto sociale della morale di Abelardo e i Libri paenitentiales,* 《Medioevo》, XIII, 1987, pp. 103-22.
Mews, C.: *A Neglected Gloss on the "Isagoge" by Peter Abelard,* 《Freiburger Zeitschrift für Philosophie und Theologie》, XXXI, 1984, pp. 35-55.
—— : *On Dating the Works of Peter Abelard,* 《Archives d'histoire doctrinale et littérature du moyen âge》, LII, 1985, pp. 73-134.
—— : *Peter Abelard's Theologia Christiana and Theologia 'Scholarium' re-examinde,* 《Recherches de Théologie ancienne et médiévale》, LII, 1985, pp. 109-58.
—— : *Nominalism and Theology before Abaelard : New Light on Roscelin of Compiègne,* 《Vivarium》, XXX, 1992, pp. 4-33.

——: *Peter Abelard,* Aldershot, 1995.
Mews, C. - Jolivet, J.: *Peter Aberad and his Influence,* in *Contemporary Philosophy,* Dordrecht-Boston-London 1990, vol. 4, pt. 1, pp. 105-40.
Normore, C. G.: *Abelard and the School of the Nominales,* 《Vivarium》, XXX, 1992, pp. 80-96.
Pacheco, M. C.: *Aux sources d'une théologie comme science : St. Anselme et Abélard,* in *Knowledge and the Sciences in Medieval Philosophy,* vol. 3, Helsinki 1990, pp. 466-75.
Pinazani, R.: *Oggetto e significato nella dialettica di Abelardo,* 《Medioevo》, XVII, 1991, pp. 135-74.
Pires, C.: *Abelardo e la dialética,* 《Leopoldianum》, XIV, 1987, pp. 5-32.
Reynolds, P. L.: *The Essence, Power and Presence of Gos. Fragments to the History of an Idea, from Neophythagoreanism to Peter Abelard,* in *From Athens to Chartres. Neoplatonism and Medieval Thought,* ed. H. J. Westra, Leiden-New York, 1992, pp. 351-80.
Romero Baró, J. M.: *El condicional de Boecio visto por Abelardo,* in *Actas del I Congreso Nacional de Filosofía Medieval,* Zaragoza 1992, pp. 159-64.
Shimizu, T.: *From Vocalism to Nominalism : Progression in Abaelard's Theory of Signification,* 《Didascalia》, I, 1995, pp. 15-46.
Silverstre, H.: *Héloïse et le témoignage de Carmen ad Astrolabium,* 《Revue d'Histoire Ecclésiastique》, LXXXIII, 1988, pp. 635-60.
Waithe, M. E.: *Heloise,* in *History of Women Philosophers,* ed. M. E. Waithe, Dordrecht 1989, vol. 2, pp. 67-83.
Willocx, A.: *Abélard, Héloïse et le Paraclet,* Troyes 1996.

日本語による研究文献

今道友信「アベラールに於ける論理と言語」，今道・中山・箕輪・有働編『中世の哲学者たち——中世存在論の系譜』思索社，1980
大鹿一正「アベラールにおける知性認識の問題」，『中世思想研究』，26号，1984
大谷啓治「ペトルス・アベラルドゥス」，上智大学中世思想研究所編『中世の教育思想（上）』東洋館出版社，1985
大道敏子「罪の概念——アベラール『倫理学』の場合」，北海道大学哲学会『哲学』23号，1987
——「アベラールの倫理思想における二つの価値レヴェル：『倫理学』における行為論をめぐって」，『札幌大谷短期大学紀要』，24号，1991
加藤和哉「アベラルドゥス『倫理学』研究（1）——倫理学の位置づけ」，『山口大学哲学研究』，4巻，1995
柏木英彦『アベラール——言語と思惟』，創文社，1985
清水哲郎「唯名論の系譜——アベラールとオッカム」，『中世思想研究』，27号，

1985
——「言語と概念の存在空間を拓くこと——アベラールにおける普遍の表示作用について」,『北海道大学文学部紀要』35—２，1987
——「唯名論—論理学の視点へ——アベラール表示理論の展開」，日本哲学会『哲学』43号，1993
高田武四郎「アベラールの倫理学」，『同志社大学文化学年報』６輯，1957
永嶋哲也「アベラルドゥスにおける普遍理論とインテレクトゥス」，九州大学哲学・倫理学研究会『ディオロゴス』，６号，1993
——「アベラルドゥスにおけるいわゆる「プラトニズム」について」，『中世思想研究』37号，1995
——「普遍の存在と普遍語の諸特性—— Porphyrius の問いへの Boethius と Abaelardus の解答」，九州大学哲学会『哲学論文集』，33集，1997
——「言語と事態と intellecuts の虚実——アベラルドゥスにおける真理の問題」，『西日本哲学年報』，6号，1998
——「教養に不可欠な何かとして自己知——アベラール倫理思想を手がかりに」，九州大学文学部『哲学年報』，58集，1999
——「命題的「真偽」と項辞的「虚実」——アベラルドゥスの“dictum”再考」，日本哲学会『哲学』，51号，2000
——「自己と向き合うとはどういうことか——アベラール倫理思想における自己知と謙譲」，稲垣良典編『教養の源泉をたずねて——古典との対話』，創文社，2000
——「哲学における“如何に問うか”の重要性——アベラルドゥスにおける知と実在の乖離という問題」，九州大学大学院人文科学研究院『哲学年報』，60集，2001
新倉俊一「中世の知識人——アベラールとその後裔たち」，『思想』，1970年８月［同『ヨーロッパ中世人の世界』，筑摩書房，1983］
町田一「アベラールの『ディアレクティカ』における，すべての真なコンセクエンチアは，永遠に真である，という主張をめぐって」，三田哲學會『哲學』，101号，1997
三上朝造「ペトルス・アベラルドゥスの学芸観」，三田史学会『史学』48巻，1977
——「アベラール Dialogus の成立年代について（１）」，三田史学会『史学』50巻，1980
——「アベラールに於ける〈gentes〉——『厄難の記』の一考察」，『慶應義塾高等学校紀要』，12号，1981
——「アベラール Dialogus の一考察——執筆の動機をめぐって」，坂口昴吉編著『地中海世界と宗教』，慶應通信，1989
横山哲夫「アベラールの普遍論」，京都大学哲学会『哲学研究』457号，1958

関連書（日本語で読めるもの）

ヴェルジュ『中世の大学』，大高順雄訳，みすず書房，1979
──『入門十二世紀ルネサンス』，野口洋二訳，創文社，2001
ヴォルフ『ヨーロッパの知的覚醒』，渡邊昌美訳，白水社，2000
エンネン『西洋中世の女たち』，阿部謹也・泉眞樹子訳，人文書院，1992
グラープマン『中世哲学史』，下宮守之訳，創造社，1967
グルントマン『中世異端史』，今野國男訳，創文社，1974
コプルストン『中世哲学史』，箕輪秀二・柏木英彦訳，創文社，1970
──『中世の哲学』，箕輪秀二・柏木英彦訳，慶応通信，1968
サザーン『中世の形成』，森岡敬一郎・池上忠弘訳，みすず書房，1978
──『ヨーロッパとイスラム社会』，鈴木利章訳，岩波書店，1980
ジェラール『ヨーロッパ中世社会史事典』，池田健二訳，藤原書店，1994
『シャトレ哲学史II（中世）』，山田晶監訳，白水社，1976
ジョノー『ヨーロッパ中世の哲学』，二宮敬訳，白水社文庫クセジュ，1964
ジルソン『中世哲学の精神』（上・下），服部英次郎訳，筑摩書房，1974-75
デュビィ『ヨーロッパの中世──芸術と社会』，池田健二・杉崎泰一郎訳，藤原書店，1995
デュビィ，マンドルー『フランス文化史』全3巻，前川貞次郎・鳴岩宗三訳，人文書院，1969
デュビィ，ペロー監修『女の歴史』全5巻，杉村和子・志賀亮一監訳，藤原書店，1994
ドウソン『中世のキリスト教と文化』，野口啓祐訳，新泉社，1969
──『ヨーロッパの形成』，野口啓祐訳，創文社，1988
ノウルズ他『中世キリスト教の成立（キリスト教史3）』，『中世キリスト教の発展（キリスト教史4）』，上智大学中世思想研究所編訳・監修，講談社，1980
ハスキンズ『大学の起源』，青木靖三・三浦常司訳，社会思想社「現代教養文庫」，1977
バラクラフ『転換期の歴史』，前川貞次郎・兼岩正夫訳，社会思想社，1964
ヒルシュベルガー『西洋哲学史「（中世）』，高橋憲一訳，理想社，1970
プレティヒャ『中世への旅』全3巻，平尾浩三・関楠生訳，白水社，1982
ボズウェル『キリスト教と同性愛── 1～14世紀西欧のゲイピープル』，大越愛子・下田立行訳，国文社，1990
ボルスト『中世ヨーロッパ生活誌』（1・2），永野藤夫他訳，白水社，1985
──『中世の巷にて──環境・共同体・生活形式』（上・下），永野・井本・青木訳，平凡社，1986-87
ホイジンガ『中世の秋』，堀越孝一訳，中央公論社，1971
──『文化史の課題』，里見元一郎訳，東海大学出版会，1965
マレンボン『後期中世の哲学 1150-1350』，加藤雅人訳，勁草書房，1989
モラル『中世の刻印──西欧的伝統の基盤』，城戸毅訳，岩波新書，1974

モリス『個人の発見』，古田暁訳，日本基督教団出版局，1983
ライネルス『中世初期の普遍問題』，稲垣良典訳，創文社，1983
ラシュドール『大学の起源——ヨーロッパ大学史』，横尾荘英訳，東洋館出版社，1966-68
ラスカム『十二世紀ルネサンス』，鶴島博和・吉武憲司編訳，慶應義塾大学出版会，2000
リベラ『中世知識人の肖像』，阿部一智・永野潤訳，新評論，1994
——『中世哲学史』，阿部一智・永野潤・永野拓也訳，新評論，1999
ルゴフ『中世の知識人——アベラールからエラスムスへ』，柏木英彦・三上朝造訳，岩波新書，1977

阿部謹也『中世を旅する人々』，平凡社，1978
——『中世の窓から』，朝日出版社，1981
——『西洋中世の罪と罰』，弘文堂，1989
——『西洋中世の男と女——聖性の呪縛の下で』，筑摩書房，1991
阿部謹也・網野善彦・石井進・樺山紘一『中世の風景(上・下)』，中公新書，1981-82
石原謙『キリスト教の展開——ヨーロッパ・キリスト教史（下巻)』，岩波書店，1972
糸永寅一他編『ヨーロッパ・キリスト教史』全6巻，中央出版社，1971-72
井上泰男『西欧社会と市民の起源』，近藤出版社，1976
——『都市の語る世界の歴史』，そしえて，1978
柏木英彦『中世の春——十二世紀ルネサンス』，創文社，1976
兼岩正夫『ルネサンスとしての中世——ラテン中世の歴史と言語』，筑摩書房，1992
今野國雄『修道院』，近藤出版社，1971
——『西洋中世の社会と教会』，岩波書店，1973
——『ヨーロッパ中世の心』，日本放送出版協会，1996
——『西洋中世世界の発展』，岩波全書，1979
——『修道院』，岩波新書，1981
樺山紘一『ゴシック世界の思想像』，岩波書店，1976
——『ヨーロッパの出現』，講談社，1985
——『中世の路上から』，王国社，1986
——『中世からの光』，王国社，1989
清水孝純『祝祭空間の想像力——ヨーロッパ中世文学を読む』，講談社，1990
半田元夫・今野國雄『キリスト教史Ⅰ（宗教改革以前)』，山川出版社，1977
堀米庸三『正統と異端』，中公新書，1964
——『歴史と現在』，中央公論社，1975
——『ヨーロッパ中世世界の構造』，岩波書店，1976

――編『西洋中世世界の展開』，東京大学出版会，1973
――編『西欧精神の探究――革新の十二世紀』，日本放送出版協会，1976
増田四郎『都市』，筑摩書房，1968
山内志郎『普遍論争――近代の源流としての』，哲学書房，1992
横尾壮英『中世大学都市への旅』，朝日新聞社，1992
山中謙二『中世のキリスト教』，学生社，1979
リーゼンフーバー，クラウス『西洋古代中世哲学史』(改訂版)，放送大学教育振興会，1995；平凡社，2000
『西洋中世のキリスト教と社会』，刀水書房，1983
『中世の教育思想（上・下)』，上智大学中世思想研究所編，東洋館出版社，1985

小説

オドゥアール『エロイーズとアベラール――三つの愛の物語』，長島良三訳，角川書店，2003
ブーラン『エロイーズ　愛するたましいの記録』福井美津子訳，岩波書店，2003

《叢書・ウニベルシタス　630》
エロイーズとアベラール
2004年6月25日　　初版第1刷発行

マリアテレーザ・フマガッリ＝ベオニオ＝ブロッキエーリ
白崎容子／石岡ひろみ／伊藤博明 訳
発行所　財団法人　法政大学出版局
〒102-0073 東京都千代田区九段北3-2-7
電話03(5214)5540／振替00160-6-95814
製版，印刷　三和印刷／鈴木製本所

Printed in Japan

ISBN4-588-00630-4

《著者紹介》

マリアテレーザ・フマガッリ＝ベオニオ＝ブロッキエーリ

イタリア，ミラノ生まれ．ミラノ大学教授．専門はヨーロッパ中世哲学史．
主著：《Tre storie gotiche》『ゴシック三題』2000,《Storia del pensiero politico medievale》『中世政治思想史』2000,《Introduzione a Ildegarda di Bingen》『ビンゲンのヒルデガルト入門』2000,《Pico della Mirandola》『ピコ・デッラ・ミランドラ』1999,《Storia della filosofia medievale》『中世哲学史』1996,《L'intellettuale fra Medioevo e Rinaschmento》『中世からルネサンスにかけての知識人』(エウジェニオ・ガレンと共著) 1995,《Genoveffa e il drago》『ゲノヴェーヴァと龍』1995,《In una aria diversa, il pensiero di Ildegarda di Bingen》『もうひとつの世界のなかで──ビンゲンのヒルデガルトの思想』1993,“Eloisa e Ildegarda ── due donne medievali”「エロイーズとヒルデガルト──中世のふたりの女性」《Medioevo al femminile》『女性の中世』所収，1989,《Introduzione a Abelardo》『アベラール入門』1988,《Le bugie di Isotta》『イゾルデの嘘』1987ほか．

《訳者紹介》

白崎容子（しらさき　ようこ）

東京外国語大学修士課程修了，慶應義塾大学文学部教授．訳書：プラーツ『官能の庭』，同『ローマ百景』，ラリヴァイユ『ルネサンスの高級娼婦』，アントネッティ『フィレンツェ史』，『スイス詩集』，『スイス民話集成』(以上共訳)，ロダーリ『二度生きたランベルト』，ベンティヴォリョ編『わたしのヴェルディ』，C. ボンヴィチーニ『ルチャーノ・パヴァロッティ』，『イタリアの怪奇民話』ほか．著書に『イタリア語を学ぶ』などの語学書．

石岡ひろみ（いしおか　ひろみ）

東京大学医学部薬学科卒業．日伊協会などでイタリア語を習得．

伊藤博明（いとう　ひろあき）

北海道大学大学院文学研究科博士課程単位取得退学，埼玉大学教養学部教授．著書：『ヘルメスとシビュラのイコノロジー』，『神々の再生──ルネサンスの神秘思想』．共訳書：ピコ・デッラ・ミランドラ『人間の尊厳について』，プラーツ『官能の庭』，クリステラー『イタリア・ルネサンスの哲学者』，バロルスキー『とめどなく笑う』，カッシーラー『シンボルとスキエンティア』，ペルジーニ『哲学的建築』，プラーツ『綺想主義研究』，アルチャーティ『エンブレム集』，ヴァールブルク『サンドロ・ボッティチェッリの《ウェヌスの誕生》と《春》』ほか．(《文献目録》作成)

				(頁)
1	芸術はなぜ心要か	E.フィッシャー／河野徹訳	品切	302
2	空と夢〈運動の想像力にかんする試論〉	G.バシュラール／宇佐見英治訳		442
3	グロテスクなもの	W.カイザー／竹内豊治訳		312
4	塹壕の思想	T.E.ヒューム／長谷川鉱平訳	品切	316
5	言葉の秘密	E.ユンガー／菅谷規矩雄訳		176
6	論理哲学論考	L.ヴィトゲンシュタイン／藤本, 坂井訳		350
7	アナキズムの哲学	H.リード／大沢正道訳		318
8	ソクラテスの死	R.グアルディーニ／山村直資訳		366
9	詩学の根本概念	E.シュタイガー／高橋英夫訳		334
10	科学の科学〈科学技術時代の社会〉	M.ゴールドスミス, A.マカイ編／是永純弘訳	品切	346
11	科学の射程	C.F.ヴァイツゼカー／野田, 金子訳	品切	274
12	ガリレオをめぐって	オルテガ・イ・ガセット／マタイス, 佐々木訳		290
13	幻影と現実〈詩の源泉の研究〉	C.コードウェル／長谷川鉱平訳	品切	410
14	聖と俗〈宗教的なるものの本質について〉	M.エリアーデ／風間敏夫訳		286
15	美と弁証法	G.ルカッチ／良知, 池田, 小箕訳	品切	372
16	モラルと犯罪	K.クラウス／小松太郎訳		218
17	ハーバート・リード自伝	北條文緒訳		468
18	マルクスとヘーゲル	J.イッポリット／宇津木, 田口訳	品切	258
19	プリズム〈文化批判と社会〉	Th.W.アドルノ／竹内, 山村, 板倉訳	品切	246
20	メランコリア	R.カスナー／塚越敏訳		388
21	キリスト教の苦悶	M.de ウナムーノ／神吉, 佐々木訳		202
22	アインシュタイン ゾンマーフェルト往復書簡	A.ヘルマン編／小林, 坂口訳	品切	194
23 24	群衆と権力（上・下）	E.カネッティ／岩田行一訳		440 356
25	問いと反問〈芸術論集〉	W.ヴォリンガー／土肥美夫訳		272
26	感覚の分析	E.マッハ／須藤, 廣松訳		386
27 28	批判的モデル集（I・II）	Th.W.アドルノ／大久保健治訳	〈品切 品切〉	I 232 II 272
29	欲望の現象学	R.ジラール／古田幸男訳		370
30	芸術の内面への旅	E.ヘラー／河原, 杉浦, 渡辺訳	品切	284
31	言語起源論	ヘルダー／大阪大学ドイツ近代文学研究会訳		270
32	宗教の自然史	D.ヒューム／福鎌, 斎藤訳		144
33	プロメテウス〈ギリシア人の解した人間存在〉	K.ケレーニイ／辻村誠三訳	品切	268
34	人格とアナーキー	E.ムーニエ／山崎, 佐藤訳		292
35	哲学の根本問題	E.ブロッホ／竹内豊治訳		194
36	自然と美学〈形体・美・芸術〉	R.カイヨワ／山口三夫訳	品切	112
37 38	歴史論（I・II）	G.マン／加藤, 宮野訳	I・品切 II・品切	274 202
39	マルクスの自然概念	A.シュミット／元浜清海訳	品切	316
40	書物の本〈西欧の書物と文化の歴史. 書物の美学〉	H.プレッサー／轡田収訳		448
41 42	現代への序説（上・下）	H.ルフェーヴル／宗, 古田監訳	品切	上・220 下・296
43	約束の地を見つめて	E.フォール／古田幸男訳	品切	320
44	スペクタクルと社会	J.デュビニョー／渡辺淳訳	品切	188
45	芸術と神話	E.グラッシ／榎本久彦訳		266
46	古きものと新しきもの	M.ロベール／城山, 島, 円子訳		318
47	国家の起源	R.H.ローウィ／古賀英三郎訳	品切	204
48	人間と死	E.モラン／古田幸男訳		448
49	プルーストとシーニュ（増補版）	G.ドゥルーズ／宇波彰訳		252
50	文明の滴定〈科学技術と中国の社会〉	J.ニーダム／橋本敬造訳	品切	452
51	プスタの民	I.ジュラ／加藤二郎訳		382

叢書・ウニベルシタス

				(頁)
52 53	社会学的思考の流れ (I・II)	R.アロン／北川, 平野, 他訳		I・350 II・392
54	ベルクソンの哲学	G.ドゥルーズ／宇波彰訳		142
55	第三帝国の言語LTI〈ある言語学者のノート〉	V.クレムペラー／羽田, 藤平, 赤井, 中村訳		442
56	古代の芸術と祭祀	J.E.ハリスン／星野徹訳		222
57	ブルジョワ精神の起源	B.グレトゥイゼン／野沢協訳		394
58	カントと物自体	E.アディッケス／赤松常弘訳		300
59	哲学的素描	S.K.ランガー／塚本, 星野訳		250
60	レーモン・ルーセル	M.フーコー／豊崎光一訳		268
61	宗教とエロス	W.シューバルト／石川, 平田, 山本訳	品切	398
62	ドイツ悲劇の根源	W.ベンヤミン／川村, 三城訳		316
63	鍛えられた心〈強制収容所における心理と行動〉	B.ベテルハイム／丸山修吉訳	品切	340
64	失われた範列〈人間の自然性〉	E.モラン／古田幸男訳		308
65	キリスト教の起源	K.カウツキー／栗原佑訳		534
66	ブーバーとの対話	W.クラフト／板倉敏之訳		206
67	プロデメの変貌〈フランスのコミューン〉	E.モラン／宇波彰訳		450
68	モンテスキューとルソー	E.デュルケーム／小関, 川喜多訳	品切	312
69	芸術と文明	K.クラーク／河野徹訳		680
70	自然宗教に関する対話	D.ヒューム／福鎌, 斎藤訳	品切	196
上・71 下・72	キリスト教の中の無神論 (上・下)	E.ブロッホ／竹内, 高尾訳		上・234 下・304
73	ルカーチとハイデガー	L.ゴルドマン／川俣晃自訳	品切	308
74	断　想　1942―1948	E.カネッティ／岩田行一訳		286
75 76	文明化の過程 (上・下)	N.エリアス／吉田, 中村, 波田, 他訳		上・466 下・504
77	ロマンスとリアリズム	C.コードウェル／玉井, 深井, 山本訳		238
78	歴史と構造	A.シュミット／花崎皋平訳		192
79 80	エクリチュールと差異 (上・下)	J.デリダ／若桑, 野村, 阪上, 三好, 他訳		上・378 下・296
81	時間と空間	E.マッハ／野家啓一編訳		258
82	マルクス主義と人格の理論	L.セーヴ／大津真作訳		708
83	ジャン=ジャック・ルソー	B.グレトゥイゼン／小池健男訳		394
84	ヨーロッパ精神の危機	P.アザール／野沢協訳		772
85	カフカ〈マイナー文学のために〉	G.ドゥルーズ, F.ガタリ／宇波, 岩田訳		210
86	群衆の心理	H.ブロッホ／入野田, 小崎, 小岸訳		580
87	ミニマ・モラリア	Th.W.アドルノ／三光長治訳		430
88 89	夢と人間社会 (上・下)	R.カイヨワ, 他／三好郁郎, 他訳		上・374 下・340
90	自由の構造	C.ベイ／横越英一訳	品切	744
91	1848年〈二月革命の精神史〉	J.カスー／野沢協, 他訳		326
92	自然の統一	C.F.ヴァイツゼカー／斎藤, 河井訳	品切	560
93	現代戯曲の理論	P.ションディ／市村, 丸山訳	品切	250
94	百科全書の起源	F.ヴェントゥーリ／大津真作訳	品切	324
95	推測と反駁〈科学的知識の発展〉	K.R.ポパー／藤本, 石垣, 森訳		816
96	中世の共産主義	K.カウツキー／栗原佑訳	品切	400
97	批評の解剖	N.フライ／海老根, 中村, 出淵, 山内訳		580
98	あるユダヤ人の肖像	A.メンミ／菊地, 白井訳		396
99	分類の未開形態	E.デュルケーム／小関藤一郎訳	品切	232
100	永遠に女性的なるもの	H.ド・リュバック／山崎庸一郎訳	品切	360
101	ギリシア神話の本質	G.S.カーク／吉田, 辻村, 松田訳		390
102	精神分析における象徴界	G.ロゾラート／佐々木孝次訳		508
103	物の体系〈記号の消費〉	J.ボードリヤール／宇波彰訳		280

				(頁)
104	言語芸術作品〔第2版〕	W.カイザー／柴田斎訳	品切	688
105	同時代人の肖像	F.ブライ／池内紀訳		212
106	レオナルド・ダ・ヴィンチ〔第2版〕	K.クラーク／丸山，大河内訳		344
107	宮廷社会	N.エリアス／波田，中埜，吉田訳		480
108	生産の鏡	J.ボードリヤール／宇波，今村訳		184
109	祭祀からロマンスへ	J.L.ウェストン／丸小哲雄訳		290
110	マルクスの欲求理論	A.ヘラー／良知，小箕訳	品切	198
111	大革命前夜のフランス	A.ソブール／山崎耕一訳	品切	422
112	知覚の現象学	メルロ=ポンティ／中島盛夫訳		904
113	旅路の果てに〈アルペイオスの流れ〉	R.カイヨワ／金井裕訳		222
114	孤独の迷宮〈メキシコの文化と歴史〉	O.パス／高山，熊谷訳		320
115	暴力と聖なるもの	R.ジラール／古田幸男訳		618
116	歴史をどう書くか	P.ヴェーヌ／大津真作訳		604
117	記号の経済学批判	J.ボードリヤール／今村，宇波，桜井訳		304
118	フランス紀行〈1787, 1788&1789〉	A.ヤング／宮崎洋訳		432
119	供　犠	M.モース，H.ユベール／小関藤一郎訳		296
120	差異の目録〈歴史を変えるフーコー〉	P.ヴェーヌ／大津真作訳	品切	198
121	宗教とは何か	G.メンシング／田中，下宮訳		442
122	ドストエフスキー	R.ジラール／鈴木晶訳	品切	200
123	さまざまな場所〈死の影の都市をめぐる〉	J.アメリー／池内紀訳		210
124	生　成〈概念をこえる試み〉	M.セール／及川馥訳		272
125	アルバン・ベルク	Th.W.アドルノ／平野嘉彦訳		320
126	映画　あるいは想像上の人間	E.モラン／渡辺淳訳	品切	320
127	人間論〈時間・責任・価値〉	R.インガルデン／武井，赤松訳		294
128	カント〈その生涯と思想〉	A.グリガ／西牟田，浜田訳		464
129	同一性の寓話〈詩的神話学の研究〉	N.フライ／駒沢大学フライ研究会訳		496
130	空間の心理学	A.モル，E.ロメル／渡辺淳訳		326
131	飼いならされた人間と野性的人間	S.モスコヴィッシ／古田幸男訳		336
132	方　法　1. 自然の自然	E.モラン／大津真作訳	品切	658
133	石器時代の経済学	M.サーリンズ／山内昶訳		464
134	世の初めから隠されていること	R.ジラール／小池健男訳		760
135	群衆の時代	S.モスコヴィッシ／古田幸男訳	品切	664
136	シミュラークルとシミュレーション	J.ボードリヤール／竹原あき子訳		234
137	恐怖の権力〈アブジェクシオン〉試論	J.クリステヴァ／枝川昌雄訳		420
138	ボードレールとフロイト	L.ベルサーニ／山縣直子訳		240
139	悪しき造物主	E.M.シオラン／金井裕訳		228
140	終末論と弁証法〈マルクスの社会・政治思想〉	S.アヴィネリ／中村恒矩訳	品切	392
141	経済人類学の現在	F.プイヨン編／山内昶訳		236
142	視覚の瞬間	K.クラーク／北條文緒訳		304
143	罪と罰の彼岸	J.アメリー／池内紀訳		210
144	時間・空間・物質	B.K.ライドレー／中島龍三訳	品切	226
145	離脱の試み〈日常生活への抵抗〉	S.コーエン，N.ティラー／石黒毅訳		321
146	人間怪物論〈人間脱走の哲学の素描〉	U.ホルストマン／加藤二郎訳		206
147	カントの批判哲学	G.ドゥルーズ／中島盛夫訳		160
148	自然と社会のエコロジー	S.モスコヴィッシ／久米，原訳		440
149	壮大への渇仰	L.クローネンバーガー／岸，倉田訳		368
150	奇蹟論・迷信論・自殺論	D.ヒューム／福鎌，斎藤訳		200
151	クルティウス－ジッド往復書簡	ディークマン編／円子千代訳		376
152	離脱の寓話	M.セール／及川馥訳		178

				(頁)
153	エクスタシーの人類学	I.M.ルイス／平沼孝之訳		352
154	ヘンリー・ムア	J.ラッセル／福田真一訳		340
155	誘惑の戦略	J.ボードリヤール／宇波彰訳	品切	260
156	ユダヤ神秘主義	G.ショーレム／山下,石丸,他訳		644
157	蜂の寓話〈私悪すなわち公益〉	B.マンデヴィル／泉谷治訳	品切	412
158	アーリア神話	L.ポリアコフ／アーリア主義研究会訳	品切	544
159	ロベスピエールの影	P.ガスカール／佐藤和生訳		440
160	元型の空間	E.ゾラ／丸小哲雄訳		336
161	神秘主義の探究〈方法論的考察〉	E.スタール／宮元啓一,他訳		362
162	放浪のユダヤ人〈ロート・エッセイ集〉	J.ロート／平田,吉田訳	品切	344
163	ルフー，あるいは取壊し	J.アメリー／神崎巌訳		250
164	大世界劇場〈宮廷祝宴の時代〉	R.アレヴィン,K.ゼルツレ／円子修平訳	品切	200
165	情念の政治経済学	A.ハーシュマン／佐々木,旦訳		192
166	メモワール〈1940-44〉	レミ／築島謙三訳		520
167	ギリシア人は神話を信じたか	P.ヴェーヌ／大津真作訳	品切	340
168	ミメーシスの文学と人類学	R.ジラール／浅野敏夫訳	品切	410
169	カバラとその象徴的表現	G.ショーレム／岡部,小岸訳	品切	340
170	身代りの山羊	R.ジラール／織田,富永訳	品切	384
171	人間〈その本性および世界における位置〉	A.ゲーレン／平野具男訳		608
172	コミュニケーション〈ヘルメスI〉	M.セール／豊田,青木訳		358
173	道　化〈つまずきの現象学〉	G.v.バルレーヴェン／片岡啓治訳	品切	260
174	いま,ここで〈アウシュヴィッツとヒロシマ以後の哲学的考察〉	G.ピヒト／斎藤,浅野,大野,河井訳		600
175 176 177	真理と方法〔全三冊〕	H.-G.ガダマー／轡田,麻生,三島,他訳		I・350 II・ III・
178	時間と他者	E.レヴィナス／原田佳彦訳		140
179	構成の詩学	B.ウスペンスキイ／川崎,大石訳	品切	282
180	サン=シモン主義の歴史	S.シャルレティ／沢崎,小杉訳		528
181	歴史と文芸批評	G.デルフォ,A.ロッシュ／川中子弘訳		472
182	ミケランジェロ	H.ヒバード／中山,小野訳	品切	578
183	観念と物質〈思考・経済・社会〉	M.ゴドリエ／山内昶訳		340
184	四つ裂きの刑	E.M.シオラン／金井裕訳		234
185	キッチュの心理学	A.モル／万沢正美訳		344
186	領野の漂流	J.ヴィヤール／山下俊一訳		226
187	イデオロギーと想像力	G.C.カバト／小箕俊介訳		300
188	国家の起源と伝承〈古代インド社会史論〉	R.=ターパル／山崎,成澤訳		322
189	ベルナール師匠の秘密	P.ガスカール／佐藤和生訳		374
190	神の存在論的証明	D.ヘンリッヒ／本間,須田,座小田,他訳		456
191	アンチ・エコノミクス	J.アタリ,M.ギヨーム／斎藤,安孫子訳		322
192	クローチェ政治哲学論集	B.クローチェ／上村忠男編訳		188
193	フィヒテの根源的洞察	D.ヘンリッヒ／座小田,小松訳		184
194	哲学の起源	オルテガ・イ・ガセット／佐々木孝訳	品切	224
195	ニュートン力学の形成	ベー・エム・ゲッセン／秋間実,他訳		312
196	遊びの遊び	J.デュビニョー／渡辺淳訳	品切	160
197	技術時代の魂の危機	A.ゲーレン／平野具男訳	品切	222
198	儀礼としての相互行為	E.ゴッフマン／浅野敏夫訳		376
199	他者の記号学〈アメリカ大陸の征服〉	T.トドロフ／及川,大谷,菊地訳		370
200	カント政治哲学の講義	H.アーレント著.R.ベイナー編／浜田監訳		302
201	人類学と文化記号論	M.サーリンズ／山内昶訳	品切	354
202	ロンドン散策	F.トリスタン／小杉,浜本訳		484

No.	書名	著者／訳者		(頁)
203	秩序と無秩序	J.-P.デュピュイ／古田幸男訳		324
204	象徴の理論	T.トドロフ／及川馥, 他訳	品切	536
205	資本とその分身	M.ギヨーム／斉藤日出治訳		240
206	干　渉〈ヘルメスII〉	M.セール／豊田彰訳		276
207	自らに手をくだし〈自死について〉	J.アメリー／大河内了義訳	品切	222
208	フランス人とイギリス人	R.フェイバー／北條, 大島訳		304
209	カーニバル〈その歴史的・文化的考察〉	J.カロ・バロッハ／佐々木孝訳	品切	622
210	フッサール現象学	A.F.アグィーレ／川島, 工藤, 林訳		232
211	文明の試練	J.M.カディヒィ／塚本, 秋山, 寺西, 島訳		538
212	内なる光景	J.ポミエ／角山, 池部訳		526
213	人間の原型と現代の文化	A.ゲーレン／池井望訳		422
214	ギリシアの光と神々	K.ケレーニイ／円子修平訳	品切	178
215	初めに愛があった〈精神分析と信仰〉	J.クリステヴァ／枝川昌雄訳		146
216	バロックとロココ	W.v.ニーベルシュッツ／竹内章訳		164
217	誰がモーセを殺したか	S.A.ハンデルマン／山形和美訳		514
218	メランコリーと社会	W.レペニース／岩田, 小竹訳		380
219	意味の論理学	G.ドゥルーズ／岡田, 宇波訳		460
220	新しい文化のために	P.ニザン／木内孝訳		352
221	現代心理論集	P.ブールジェ／平岡, 伊藤訳		362
222	パラジット〈寄食者の論理〉	M.セール／及川, 米山訳		466
223	虐殺された鳩〈暴力と国家〉	H.ラボリ／川中子弘訳		240
224	具象空間の認識論〈反・解釈学〉	F.ダゴニェ／金森修訳		300
225	正常と病理	G.カンギレム／滝沢武久訳		320
226	フランス革命論	J.G.フィヒテ／桝田啓三郎訳		396
227	クロード・レヴィ=ストロース	O.パス／鼓, 木村訳		160
228	バロックの生活	P.ラーンシュタイン／波田節夫訳	品切	520
229	うわさ〈もっとも古いメディア〉増補版	J.-N.カプフェレ／古田幸男訳		394
230	後期資本制社会システム	C.オッフェ／寿福真美編訳	品切	358
231	ガリレオ研究	A.コイレ／菅谷暁訳		482
232	アメリカ	J.ボードリヤール／田中正人訳	品切	220
233	意識ある科学	E.モラン／村上光彦訳		400
234	分子革命〈欲望社会のミクロ分析〉	F.ガタリ／杉村昌昭訳		340
235	火，そして霧の中の信号―ゾラ	M.セール／寺田光徳訳		568
236	煉獄の誕生	J.ル・ゴッフ／渡辺, 内田訳		698
237	サハラの夏	E.フロマンタン／川端康夫訳		336
238	パリの悪魔	P.ガスカール／佐藤和夫訳		256
239 240	自然の人間的歴史（上・下）	S.モスコヴィッシ／大津真作訳	品切	上・494 下・390
241	ドン・キホーテ頌	P.アザール／円子千代訳	品切	348
242	ユートピアへの勇気	G.ピヒト／河井徳治訳	品切	202
243	現代社会とストレス〔原書改訂版〕	H.セリエ／杉, 田多井, 藤井, 竹宮訳		482
244	知識人の終焉	J.-F.リオタール／原田佳彦, 他訳		140
245	オマージュの試み	E.M.シオラン／金井裕訳		154
246	科学の時代における理性	H.-G.ガダマー／本間, 座小田訳		158
247	イタリア人の太古の知恵	G.ヴィーコ／上村忠男訳		190
248	ヨーロッパを考える	E.モラン／林　勝一訳		238
249	労働の現象学	J.-L.プチ／今村, 松島訳		388
250	ポール・ニザン	Y.イシャグプール／川俣晃自訳		356
251	政治的判断力	R.ベイナー／浜田義文監訳	品切	310
252	知覚の本性〈初期論文集〉	メルロ=ポンティ／加賀野井秀一訳		158

叢書・ウニベルシタス

				(頁)
253	言語の牢獄	F.ジェームソン／川口喬一訳		292
254	失望と参画の現象学	A.O.ハーシュマン／佐々木,杉田訳		204
255	はかない幸福—ルソー	T.トドロフ／及川馥訳	品切	162
256	大学制度の社会史	H.W.プラール／山本尤訳		408
257 258	ドイツ文学の社会史（上・下）	J.ベルク,他／山本,三島,保坂,鈴木訳		上・766 下・648
259	アランとルソー〈教育哲学試論〉	A.カルネック／安斎,並木訳		304
260	都市・階級・権力	M.カステル／石川淳志監訳	品切	296
261	古代ギリシア人	M.I.フィンレー／山形和美訳	品切	296
262	象徴表現と解釈	T.トドロフ／小林,及川訳		244
263	声の回復〈回想の試み〉	L.マラン／梶野吉郎訳		246
264	反射概念の形成	G.カンギレム／金森修訳		304
265	芸術の手相	G.ピコン／末永照和訳		294
266	エチュード〈初期認識論集〉	G.バシュラール／及川馥訳		166
267	邪な人々の昔の道	R.ジラール／小池健男訳		270
268	〈誠実〉と〈ほんもの〉	L.トリリング／野島秀勝訳	品切	264
269	文の抗争	J.-F.リオタール／陸井四郎,他訳		410
270	フランス革命と芸術	J.スタロバンスキー／井上尭裕訳	品切	286
271	野生人とコンピューター	J.-M.ドムナック／古田幸男訳		228
272	人間と自然界	K.トマス／山内昶,他訳		618
273	資本論をどう読むか	J.ビデ／今村仁司,他訳		450
274	中世の旅	N.オーラー／藤代幸一訳		488
275	変化の言語〈治療コミュニケーションの原理〉	P.ワツラウィック／築島謙三訳		212
276	精神の売春としての政治	T.クンナス／木戸,佐々木訳		258
277	スウィフト政治・宗教論集	J.スウィフト／中野,海保訳		490
278	現実とその分身	C.ロセ／金井裕訳		168
279	中世の高利貸	J.ル・ゴッフ／渡辺香根夫訳		170
280	カルデロンの芸術	M.コメレル／岡部仁訳		270
281	他者の言語〈デリダの日本講演〉	J.デリダ／高橋允昭編訳		406
282	ショーペンハウアー	R.ザフランスキー／山本尤訳		646
283	フロイトと人間の魂	B.ベテルハイム／藤瀬恭子訳		174
284	熱　狂〈カントの歴史批判〉	J.-F.リオタール／中島盛夫訳		210
285	カール・カウツキー 1854-1938	G.P.スティーンソン／時永,河野訳		496
286	形而上学と神の思想	W.パネンベルク／座小田,諸岡訳	品切	186
287	ドイツ零年	E.モラン／古田幸男訳		364
288	物の地獄〈ルネ・ジラールと経済の論理〉	デュムシェル，デュピュイ／織田,富永訳		320
289	ヴィーコ自叙伝	G.ヴィーコ／福鎌忠恕訳	品切	448
290	写真論〈その社会的効用〉	P.ブルデュー／山縣熙,山縣直子訳		438
291	戦争と平和	S.ボク／大沢正道訳		224
292	意味と意味の発展	R.A.ウォルドロン／築島謙三訳		294
293	生態平和とアナーキー	U.リンゼ／内田,杉村訳		270
294	小説の精神	M.クンデラ／金井,浅野訳		208
295	フィヒテ-シェリング往復書簡	W.シュルツ解説／座小田,後藤訳		220
296	出来事と危機の社会学	E.モラン／浜名,福井訳		622
297	宮廷風恋愛の技術	A.カペルラヌス／野島秀勝訳	品切	334
298	野蛮〈科学主義の独裁と文化の危機〉	M.アンリ／山形,望月訳		292
299	宿命の戦略	J.ボードリヤール／竹原あき子訳		260
300	ヨーロッパの日記	G.R.ホッケ／石丸,柴田,信岡訳		1330
301	記号と夢想〈演劇と祝祭についての考察〉	A.シモン／岩瀬孝監修．佐藤,伊藤,他訳		388
302	手と精神	J.ブラン／中村文郎訳		284

				(頁)
303	平等原理と社会主義	L.シュタイン／石川, 石塚, 柴田訳		676
304	死にゆく者の孤独	N.エリアス／中居実訳		150
305	知識人の黄昏	W.シヴェルブシュ／初見基訳		240
306	トマス・ペイン〈社会思想家の生涯〉	A.J.エイヤー／大熊昭信訳		378
307	われらのヨーロッパ	F.ヘール／杉浦健之訳		614
308	機械状無意識〈スキゾ-分析〉	F.ガタリ／高岡幸一訳		426
309	聖なる真理の破壊	H.ブルーム／山形和美訳		400
310	諸科学の機能と人間の意義	E.パーチ／上村忠男監訳		552
311	翻　訳〈ヘルメスIII〉	M.セール／豊田, 輪田訳		404
312	分　布〈ヘルメスIV〉	M.セール／豊田彰訳		440
313	外国人	J.クリステヴァ／池田和子訳		284
314	マルクス	M.アンリ／杉山, 水野訳	品切	612
315	過去からの警告	E.シャルガフ／山本, 内藤訳		308
316	面・表面・界面〈一般表層論〉	F.ダゴニェ／金森, 今野訳		338
317	アメリカのサムライ	F.G.ノートヘルファー／飛鳥井雅道訳		512
318	社会主義か野蛮か	C.カストリアディス／江口幹訳		490
319	遍　歴〈法, 形式, 出来事〉	J.-F.リオタール／小野康男訳		200
320	世界としての夢	D.ウスラー／谷　徹訳		566
321	スピノザと表現の問題	G.ドゥルーズ／工藤, 小柴, 小谷訳		460
322	裸体とはじらいの文化史	H.P.デュル／藤代, 三谷訳		572
323	五　感〈混合体の哲学〉	M.セール／米山親能訳		582
324	惑星軌道論	G.W.F.ヘーゲル／村上恭一訳		250
325	ナチズムと私の生活〈仙台からの告発〉	K.レーヴィット／秋間実訳		334
326	ベンヤミン-ショーレム往復書簡	G.ショーレム編／山本尤訳		440
327	イマヌエル・カント	O.ヘッフェ／藪木栄夫訳		374
328	北西航路〈ヘルメスV〉	M.セール／青木研二訳		260
329	聖杯と剣	R.アイスラー／野島秀勝訳		486
330	ユダヤ人国家	Th.ヘルツル／佐藤康彦訳		206
331	十七世紀イギリスの宗教と政治	C.ヒル／小野功生訳		586
332	方　法　2. 生命の生命	E.モラン／大津真作訳		838
333	ヴォルテール	A.J.エイヤー／中川, 吉岡訳		268
334	哲学の自食症候群	J.ブーヴレス／大平具彦訳		266
335	人間学批判	レペニース, ノルテ／小竹澄栄訳		214
336	自伝のかたち	W.C.スペンジマン／船倉正憲訳		384
337	ポストモダニズムの政治学	L.ハッチオン／川口喬一訳		332
338	アインシュタインと科学革命	L.S.フォイヤー／村上, 成定, 大谷訳		474
339	ニーチェ	G.ピヒト／青木隆嘉訳		562
340	科学史・科学哲学研究	G.カンギレム／金森修監訳		674
341	貨幣の暴力	アグリエッタ, オルレアン／井上, 斉藤訳		506
342	象徴としての円	M.ルルカー／竹内章訳	品切	186
343	ベルリンからエルサレムへ	G.ショーレム／岡部仁訳		226
344	批評の批評	T.トドロフ／及川, 小林訳		298
345	ソシュール講義録注解	F.de　ソシュール／前田英樹・訳注		204
346	歴史とデカダンス	P.ショーニュー／大谷尚文訳		552
347	続・いま, ここで	G.ピヒト／斎藤, 大野, 福島, 浅野訳		580
348	バフチン以後	D.ロッジ／伊藤誓訳		410
349	再生の女神セドナ	H.P.デュル／原研二訳		622
350	宗教と魔術の衰退	K.トマス／荒木正純訳		1412
351	神の思想と人間の自由	W.パネンベルク／座小田, 諸岡訳		186

				(頁)
352	倫理・政治的ディスクール	O.ヘッフェ／青木隆嘉訳		312
353	モーツァルト	N.エリアス／青木隆嘉訳		198
354	参加と距離化	N.エリアス／波田, 道籏訳		276
355	二十世紀からの脱出	E.モラン／秋枝茂夫訳		384
356	無限の二重化	W.メニングハウス／伊藤秀一訳	品切	350
357	フッサール現象学の直観理論	E.レヴィナス／佐藤, 桑野訳		506
358	始まりの現象	E.W.サイード／山形, 小林訳		684
359	サテュリコン	H.P.デュル／原研二訳		258
360	芸術と疎外	H.リード／増渕正史訳	品切	262
361	科学的理性批判	K.ヒュプナー／神野, 中才, 熊谷訳		476
362	科学と懐疑論	J.ワトキンス／中才敏郎訳		354
363	生きものの迷路	A.モール, E.ロメル／古田幸男訳		240
364	意味と力	G.バランディエ／小関藤一郎訳		406
365	十八世紀の文人科学者たち	W.レペニース／小川さくえ訳		182
366	結晶と煙のあいだ	H.アトラン／阪上脩訳		376
367	生への闘争〈闘争本能・性・意識〉	W.J.オング／高柳, 橋爪訳		326
368	レンブラントとイタリア・ルネサンス	K.クラーク／尾崎, 芳野訳		334
369	権力の批判	A.ホネット／河上倫逸監訳		476
370	失われた美学〈マルクスとアヴァンギャルド〉	M.A.ローズ／長田, 池田, 長野, 長田訳		332
371	ディオニュソス	M.ドゥティエンヌ／及川, 吉岡訳		164
372	メディアの理論	F.イングリス／伊藤, 磯山訳		380
373	生き残ること	B.ベテルハイム／高尾利数訳		646
374	バイオエシックス	F.ダゴニェ／金森, 松浦訳		316
375 376	エディプスの謎（上・下）	N.ビショッフ／藤代, 井本, 他訳		上・450 下・464
377	重大な疑問〈懐疑的省察録〉	E.シャルガフ／山形, 小野, 他訳		404
378	中世の食生活〈断食と宴〉	B.A.ヘニッシュ／藤原保明訳	品切	538
379	ポストモダン・シーン	A.クローカー, D.クック／大熊昭信訳		534
380	夢の時〈野生と文明の境界〉	H.P.デュル／岡部, 原, 須永, 荻野訳		674
381	理性よ, さらば	P.ファイヤアーベント／植木哲也訳		454
382	極限に面して	T.トドロフ／宇京賴三訳		376
383	自然の社会化	K.エーダー／寿福真美監訳		474
384	ある反時代的考察	K.レーヴィット／中村啓, 永沼更始郎訳		526
385	図書館炎上	W.シヴェルブシュ／福本義憲訳		274
386	騎士の時代	F.v.ラウマー／柳井尚子訳	品切	506
387	モンテスキュー〈その生涯と思想〉	J.スタロバンスキー／古賀英三郎, 高橋誠訳		312
388	理解の鋳型〈東西の思想経験〉	J.ニーダム／井上英明訳		510
389	風景画家レンブラント	E.ラルセン／大谷, 尾崎訳		208
390	精神分析の系譜	M.アンリ／山形頼洋, 他訳		546
391	金《かね》と魔術	H.C.ビンスヴァンガー／清水健次訳		218
392	自然誌の終焉	W.レペニース／山村直資訳		346
393	批判的解釈学	J.B.トンプソン／山本, 小川訳	品切	376
394	人間にはいくつの真理が必要か	R.ザフランスキー／山本, 藤井訳		232
395	現代芸術の出発	Y.イシャグプール／川俣晃自訳		170
396	青春　ジュール・ヴェルヌ論	M.セール／豊田彰訳		398
397	偉大な世紀のモラル	P.ベニシュー／朝倉, 羽賀訳		428
398	諸国民の時に	E.レヴィナス／合田正人訳		348
399 400	バベルの後に（上・下）	G.スタイナー／亀山健吉訳		上・482 下・
401	チュービンゲン哲学入門	E.ブロッホ／花田監修・菅谷, 今井, 三国訳		422

				(頁)
402	歴史のモラル	T.トドロフ／大谷尚文訳		386
403	不可解な秘密	E.シャルガフ／山本, 内藤訳		260
404	ルソーの世界〈あるいは近代の誕生〉	J.-L.ルセルクル／小林浩訳	品切	378
405	死者の贈り物	D.サルナーヴ／菊地, 白井訳		186
406	神もなく韻律もなく	H.P.デュル／青木隆嘉訳		292
407	外部の消失	A.コドレスク／利沢行夫訳		276
408	狂気の社会史〈狂人たちの物語〉	R.ポーター／目羅公和訳	品切	428
409	続・蜂の寓話	B.マンデヴィル／泉谷治訳		436
410	悪口を習う〈近代初期の文化論集〉	S.グリーンブラット／磯山甚一訳		354
411	危険を冒して書く〈異色作家たちのパリ・インタヴュー〉	J.ワイス／浅野敏夫訳		300
412	理論を讃えて	H.-G.ガダマー／本間, 須田訳		194
413	歴史の島々	M.サーリンズ／山本真鳥訳		306
414	ディルタイ〈精神科学の哲学者〉	R.A.マックリール／大野, 田中, 他訳		578
415	われわれのあいだで	E.レヴィナス／合田, 谷口訳		368
416	ヨーロッパ人とアメリカ人	S.ミラー／池田栄一訳		358
417	シンボルとしての樹木	M.ルルカー／林 捷 訳		276
418	秘めごとの文化史	H.P.デュル／藤代, 津山訳		662
419	眼の中の死〈古代ギリシアにおける他者の像〉	J.-P.ヴェルナン／及川, 吉岡訳		144
420	旅の思想史	E.リード／伊藤誓訳		490
421	病のうちなる治療薬	J.スタロバンスキー／小池, 川那部訳		356
422	祖国地球	E.モラン／菊地昌実訳		234
423	寓意と表象・再現	S.J.グリーンブラット編／船倉正憲訳		384
424	イギリスの大学	V.H.H.グリーン／安原, 成定訳	品切	516
425	未来批判 あるいは世界史に対する嫌悪	E.シャルガフ／山本, 伊藤訳		276
426	見えるものと見えざるもの	メルロ=ポンティ／中島盛夫監訳		618
427	女性と戦争	J.B.エルシュテイン／小林, 廣川訳		486
428	カント入門講義	H.バウムガルトナー／有福孝岳監訳		204
429	ソクラテス裁判	I.F.ストーン／永田康昭訳		470
430	忘我の告白	M.ブーバー／田口義弘訳		348
431 432	時代おくれの人間（上・下）	G.アンダース／青木隆嘉訳		上・432 下・546
433	現象学と形而上学	J.-L.マリオン他編／三上, 重永, 檜垣訳		388
434	祝福から暴力へ	M.ブロック／田辺, 秋津訳		426
435	精神分析と横断性	F.ガタリ／杉村, 毬藻訳		462
436	競争社会をこえて	A.コーン／山本, 真水訳		530
437	ダイアローグの思想	M.ホルクウィスト／伊藤誓訳	品切	370
438	社会学とは何か	N.エリアス／徳安彰訳		250
439	E.T.A.ホフマン	R.ザフランスキー／識名章喜訳		636
440	所有の歴史	J.アタリ／山内昶訳		580
441	男性同盟と母権制神話	N.ゾンバルト／田村和彦訳		516
442	ヘーゲル以後の歴史哲学	H.シュネーデルバッハ／古東哲明訳		282
443	同時代人ベンヤミン	H.マイヤー／岡部仁訳		140
444	アステカ帝国滅亡記	G.ボド, T.トドロフ編／大谷, 菊地訳		662
445	迷宮の岐路	C.カストリアディス／宇京賴三訳		404
446	意識と自然	K.K.チョウ／志水, 山本監訳		422
447	政治的正義	O.ヘッフェ／北尾, 平石, 望月訳		598
448	象徴と社会	K.バーク著, ガスフィールド編／森常治訳		580
449	神・死・時間	E.レヴィナス／合田正人訳		360
450	ローマの祭	G.デュメジル／大橋寿美子訳		446

			(頁)
451	エコロジーの新秩序	L.フェリ／加藤宏幸訳	274
452	想念が社会を創る	C.カストリアディス／江口幹訳	392
453	ウィトゲンシュタイン評伝	B.マクギネス／藤本, 今井, 宇都宮, 髙橋訳	612
454	読みの快楽	R.オールター／山形, 中田, 田中訳	346
455	理性・真理・歴史〈内在的実在論の展開〉	H.パトナム／野本和幸, 他訳	360
456	自然の諸時期	ビュフォン／菅谷暁訳	440
457	クロポトキン伝	ピルーモヴァ／左近毅訳	384
458	征服の修辞学	P.ヒューム／岩尾, 正木, 本橋訳	492
459	初期ギリシア科学	G.E.R.ロイド／山野, 山口訳	246
460	政治と精神分析	G.ドゥルーズ, F.ガタリ／杉村昌昭訳	124
461	自然契約	M.セール／及川, 米山訳	230
462	細分化された世界〈迷宮の岐路III〉	C.カストリアディス／宇京頼三訳	332
463	ユートピア的なもの	L.マラン／梶野吉郎訳	420
464	恋愛礼讃	M.ヴァレンシー／沓掛, 川端訳	496
465	転換期〈ドイツ人とドイツ〉	H.マイヤー／宇京早苗訳	466
466	テクストのぶどう畑で	I.イリイチ／岡部佳世訳	258
467	フロイトを読む	P.ゲイ／坂口, 大島訳	304
468	神々を作る機械	S.モスコヴィッシ／古田幸男訳	750
469	ロマン主義と表現主義	A.K.ウィードマン／大森淳史訳	378
470	宗教論	N.ルーマン／土方昭, 土方透訳	138
471	人格の成層論	E.ロータッカー／北村監訳・大久保, 他訳	278
472	神　罰	C.v.リンネ／小川さくえ訳	432
473	エデンの園の言語	M.オランデール／浜崎設夫訳	338
474	フランスの自伝〈自伝文学の主題と構造〉	P.ルジュンヌ／小倉孝誠訳	342
475	ハイデガーとヘブライの遺産	M.ザラデル／合田正人訳	390
476	真の存在	G.スタイナー／工藤政司訳	266
477	言語芸術・言語記号・言語の時間	R.ヤコブソン／浅川順子訳	388
478	エクリール	C.ルフォール／宇京頼三訳	420
479	シェイクスピアにおける交渉	S.J.グリーンブラット／酒井正志訳	334
480	世界・テキスト・批評家	E.W.サイード／山形和美訳	584
481	絵画を見るディドロ	J.スタロバンスキー／小西嘉幸訳	148
482	ギボン〈歴史を創る〉	R.ポーター／中野, 海保, 松原訳	272
483	欺瞞の書	E.M.シオラン／金井裕訳	252
484	マルティン・ハイデガー	H.エーベリング／青木隆嘉訳	252
485	カフカとカバラ	K.E.グレーツィンガー／清水健次訳	390
486	近代哲学の精神	H.ハイムゼート／座小田豊, 他訳	448
487	ベアトリーチェの身体	R.P.ハリスン／船倉正憲訳	304
488	技術〈クリティカル・セオリー〉	A.フィーンバーグ／藤本正文訳	510
489	認識論のメタクリティーク	Th.W.アドルノ／古賀, 細見訳	370
490	地獄の歴史	A.K.ターナー／野﨑嘉信訳	456
491	昔話と伝説〈物語文学の二つの基本形式〉	M.リューティ／高木昌史, 万里子訳	品切 362
492	スポーツと文明化〈興奮の探究〉	N.エリアス, E.ダニング／大平章訳	490
493 494	地獄のマキアヴェッリ（I・II）	S.de.グラツィア／田中治男訳	I・352 II・306
495	古代ローマの恋愛詩	P.ヴェーヌ／鎌田博夫訳	352
496	証人〈言葉と科学についての省察〉	E.シャルガフ／山本, 内藤訳	252
497	自由とはなにか	P.ショーニュ／西川, 小田桐訳	472
498	現代世界を読む	M.マフェゾリ／菊地昌実訳	186
499	時間を読む	M.ピカール／寺田光徳訳	266
500	大いなる体系	N.フライ／伊藤誓訳	478

				（頁）
501	音楽のはじめ	C.シュトゥンプ／結城錦一訳		208
502	反ニーチェ	L.フェリー他／遠藤文彦訳		348
503	マルクスの哲学	E.バリバール／杉山吉弘訳		222
504	サルトル，最後の哲学者	A.ルノー／水野浩二訳	品切	296
505	新不平等起源論	A.テスタール／山内昶訳		298
506	敗者の祈禱書	シオラン／金井裕訳		184
507	エリアス・カネッティ	Y.イシャグプール／川俣晃自訳		318
508	第三帝国下の科学	J.オルフ＝ナータン／宇京頼三訳		424
509	正も否も縦横に	H.アトラン／寺田光徳訳		644
510	ユダヤ人とドイツ	E.トラヴェルソ／宇京頼三訳		322
511	政治的風景	M.ヴァルンケ／福本義憲訳		202
512	聖句の彼方	E.レヴィナス／合田正人訳		350
513	古代憧憬と機械信仰	H.ブレーデカンプ／藤代，津山訳		230
514	旅のはじめに	D.トリリング／野島秀勝訳		602
515	ドゥルーズの哲学	M.ハート／田代，井上，浅野，暮沢訳		294
516	民族主義・植民地主義と文学	T.イーグルトン他／増渕，安藤，大友訳		198
517	個人について	P.ヴェーヌ他／大谷尚文訳		194
518	大衆の装飾	S.クラカウアー／船戸，野村訳		350
519 520	シベリアと流刑制度（I・II）	G.ケナン／左近毅訳		I・632 II・642
521	中国とキリスト教	J.ジェルネ／鎌田博夫訳		396
522	実存の発見	E.レヴィナス／佐藤真理人，他訳		480
523	哲学的認識のために	G.-G.グランジェ／植木哲也訳		342
524	ゲーテ時代の生活と日常	P.ラーンシュタイン／上西川原章訳		832
525	ノッツ nOts	M.C.テイラー／浅野敏夫訳		480
526	法の現象学	A.コジェーヴ／今村，堅田訳		768
527	始まりの喪失	B.シュトラウス／青木隆嘉訳		196
528	重　合	ベーネ，ドゥルーズ／江口修訳		170
529	イングランド18世紀の社会	R.ポーター／目羅公和訳		630
530	他者のような自己自身	P.リクール／久米博訳		558
531	鷲と蛇〈シンボルとしての動物〉	M.ルルカー／林捷訳		270
532	マルクス主義と人類学	M.ブロック／山内昶，山内彰訳		256
533	両性具有	M.セール／及川馥訳		218
534	ハイデガー〈ドイツの生んだ巨匠とその時代〉	R.ザフランスキー／山本尤訳		696
535	啓蒙思想の背任	J.-C.ギユボー／菊地，白井訳		218
536	解明　M.セールの世界	M.セール／梶野，竹中訳		334
537	語りは罠	L.マラン／鎌田博夫訳		176
538	歴史のエクリチュール	M.セルトー／佐藤和生訳		542
539	大学とは何か	J.ペリカン／田口孝夫訳		374
540	ローマ　定礎の書	M.セール／高尾謙史訳		472
541	啓示とは何か〈あらゆる啓示批判の試み〉	J.G.フィヒテ／北岡武司訳		252
542	力の場〈思想史と文化批判のあいだ〉	M.ジェイ／今井道夫，他訳		382
543	イメージの哲学	F.ダゴニェ／水野浩二訳		410
544	精神と記号	F.ガタリ／杉村昌昭訳		180
545	時間について	N.エリアス／井本，青木訳		238
546	ルクレティウスのテキストにおける物理学の誕生	M.セール／豊田彰訳		320
547	異端カタリ派の哲学	R.ネッリ／柴田和雄訳		290
548	ドイツ人論	N.エリアス／青木隆嘉訳		576
549	俳　優	J.デュヴィニョー／渡辺淳訳		346

			(頁)
550	ハイデガーと実践哲学	O.ペゲラー他,編／竹市,下村監訳	584
551	彫　像	M.セール／米山親能訳	366
552	人間的なるものの庭	C.F.v.ヴァイツゼカー／山辺建訳	852
553	思考の図像学	A.フレッチャー／伊藤誓訳	472
554	反動のレトリック	A.O.ハーシュマン／岩崎稔訳	250
555	暴力と差異	A.J.マッケナ／夏目博明訳	354
556	ルイス・キャロル	J.ガッテニョ／鈴木晶訳	462
557	タオスのロレンゾー〈D.H.ロレンス回想〉	M.D.ルーハン／野島秀勝訳	490
558	エル・シッド〈中世スペインの英雄〉	R.フレッチャー／林邦夫訳	414
559	ロゴスとことば	S.プリケット／小野功生訳	486
560 561	盗まれた稲妻〈呪術の社会学〉(上・下)	D.L.オキーフ／谷林眞理子,他訳	上・490 下・656
562	リビドー経済	J.-F.リオタール／杉山,吉谷訳	458
563	ポスト・モダニティの社会学	S.ラッシュ／田中義久監訳	462
564	狂暴なる霊長類	J.A.リヴィングストン／大平章訳	310
565	世紀末社会主義	M.ジェイ／今村,大谷訳	334
566	両性平等論	F.P.de ラ・バール／佐藤和夫,他訳	330
567	暴虐と忘却	R.ボイヤーズ／田部井孝次・世志子訳	524
568	異端の思想	G.アンダース／青木隆嘉訳	518
569	秘密と公開	S.ボク／大沢正道訳	470
570 571	大航海時代の東南アジア(I・II)	A.リード／平野, 田中訳	I・430 II・598
572	批判理論の系譜学	N.ボルツ／山本,大貫訳	332
573	メルヘンへの誘い	M.リューティ／高木昌史訳	200
574	性と暴力の文化史	H.P.デュル／藤代,津山訳	768
575	歴史の不測	E.レヴィナス／合田,谷口訳	316
576	理論の意味作用	T.イーグルトン／山形和美訳	196
577	小集団の時代〈大衆社会における個人主義の衰退〉	M.マフェゾリ／古田幸男訳	334
578 579	愛の文化史(上・下)	S.カーン／青木,斎藤訳	上・334 下・384
580	文化の擁護〈1935年パリ国際作家大会〉	ジッド他／相磯,五十嵐,石黒,高橋編訳	752
581	生きられる哲学〈生活世界の現象学と批判理論の思考形式〉	F.フェルマン／堀栄造訳	282
582	十七世紀イギリスの急進主義と文学	C.ヒル／小野, 圓月訳	444
583	このようなことが起こり始めたら…	R.ジラール／小池,住谷訳	226
584	記号学の基礎理論	J.ディーリー／大熊昭信訳	286
585	真理と美	S.チャンドラセカール／豊田彰訳	328
586	シオラン対談集	E.M.シオラン／金井裕訳	336
587	時間と社会理論	B.アダム／伊藤,磯山訳	338
588	懐疑的省察ABC〈続・重大な疑問〉	E.シャルガフ／山本,伊藤訳	244
589	第三の知恵	M.セール／及川馥訳	250
590 591	絵画における真理(上・下)	J.デリダ／高橋,阿部訳	上・322 下・390
592	ウィトゲンシュタインと宗教	N.マルカム／黒崎宏訳	256
593	シオラン〈あるいは最後の人間〉	S.ジョドー／金井裕訳	212
594	フランスの悲劇	T.トドロフ／大谷尚文訳	304
595	人間の生の遺産	E.シャルガフ／清水健次,他訳	392
596	聖なる快楽〈性,神話,身体の政治〉	R.アイスラー／浅野敏夫訳	876
597	原子と爆弾とエスキモーキス	C.G.セグレー／野島秀勝訳	408
598	海からの花嫁〈ギリシア神話研究の手引き〉	J.シャーウッドスミス／吉田,佐藤訳	234
599	神に代わる人間	L.フェリー／菊地,白井訳	220
600	パンと競技場〈ギリシア・ローマ時代の政治と都市の社会学的歴史〉	P.ヴェーヌ／鎌田博夫訳	1032

			(頁)
601	ギリシア文学概説	J.ド・ロミイ／細井,秋山訳	486
602	パロールの奪取	M.セルトー／佐藤和生訳	200
603	68年の思想	L.フェリー他／小野潮訳	348
604	ロマン主義のレトリック	P.ド・マン／山形,岩坪訳	470
605	探偵小説あるいはモデルニテ	J.デュボア／鈴木智之訳	380
606 607 608	近代の正統性〔全三冊〕	H.ブルーメンベルク／斎藤,忽那 佐藤,村井訳	I・328 II・390 III・318
609	危険社会〈新しい近代への道〉	U.ベック／東,伊藤訳	502
610	エコロジーの道	E.ゴールドスミス／大熊昭信訳	654
611	人間の領域〈迷宮の岐路II〉	C.カストリアディス／米山親能訳	626
612	戸外で朝食を	H.P.デュル／藤代幸一訳	190
613	世界なき人間	G.アンダース／青木隆嘉訳	366
614	唯物論シェイクスピア	F.ジェイムソン／川口喬一訳	402
615	核時代のヘーゲル哲学	H.クロンバッハ／植木哲也訳	380
616	詩におけるルネ・シャール	P.ヴェーヌ／西永良成訳	832
617	近世の形而上学	H.ハイムゼート／北岡武司訳	506
618	フロベールのエジプト	G.フロベール／斎藤昌三訳	344
619	シンボル・技術・言語	E.カッシーラー／篠木,高野訳	352
620	十七世紀イギリスの民衆と思想	C.ヒル／小野,圓月,箭川訳	520
621	ドイツ政治哲学史	H.リュッベ／今井道夫訳	312
622	最終解決〈民族移動とヨーロッパのユダヤ人殺害〉	G.アリー／山本,三島訳	470
623	中世の人間	J.ル・ゴフ他／鎌田博夫訳	478
624	食べられる言葉	L.マラン／梶野吉郎訳	284
625	ヘーゲル伝〈哲学の英雄時代〉	H.アルトハウス／山本尤訳	690
626	E.モラン自伝	E.モラン／菊地,高砂訳	368
627	見えないものを見る	M.アンリ／青木研二訳	248
628	マーラー〈音楽観相学〉	Th.W.アドルノ／龍村あや子訳	286
629	共同生活	T.トドロフ／大谷尚文訳	236
630	エロイーズとアベラール	M.F.B.ブロッチェリ／白崎容子訳	
631	意味を見失った時代〈迷宮の岐路IV〉	C.カストリアディス／江口幹訳	338
632	火と文明化	J.ハウツブロム／大平章訳	356
633	ダーウィン,マルクス,ヴァーグナー	J.バーザン／野島秀勝訳	526
634	地位と羞恥	S.ネッケル／岡原正幸訳	434
635	無垢の誘惑	P.ブリュックネール／小倉,下澤訳	350
636	ラカンの思想	M.ボルク=ヤコブセン／池田清訳	500
637	羨望の炎〈シェイクスピアと欲望の劇場〉	R.ジラール／小林,田口訳	698
638	暁のフクロウ〈続・精神の現象学〉	A.カトロッフェロ／寿福真美訳	354
639	アーレント=マッカーシー往復書簡	C.ブライトマン編／佐藤佐智子訳	710
640	崇高とは何か	M.ドゥギー他／梅木達郎訳	416
641	世界という実験〈問い,取り出しの諸カテゴリー,実践〉	E.ブロッホ／小田智敏訳	400
642	悪　あるいは自由のドラマ	R.ザフランスキー／山本尤訳	322
643	世俗の聖典〈ロマンスの構造〉	N.フライ／中村,真野訳	252
644	歴史と記憶	J.ル・ゴフ／立川孝一訳	400
645	自我の記号論	N.ワイリー／船倉正憲訳	468
646	ニュー・ミメーシス〈シェイクスピアと現実描写〉	A.D.ナトール／山形,山下訳	430
647	歴史家の歩み〈アリエス　1943-1983〉	Ph.アリエス／成瀬,伊藤訳	428
648	啓蒙の民主制理論〈カントとのつながりで〉	I.マウス／浜田,牧野監訳	400
649	仮象小史〈古代からコンピューター時代まで〉	N.ボルツ／山本尤訳	200

			(頁)
650	知の全体史	C.V.ドーレン／石塚浩司訳	766
651	法の力	J.デリダ／堅田研一訳	220
652 653	男たちの妄想（I・II）	K.テーヴェライト／田村和彦訳	I・816 II
654	十七世紀イギリスの文書と革命	C.ヒル／小野, 圓月, 箭川訳	592
655	パウル・ツェラーンの場所	H.ベッティガー／鈴木美紀訳	176
656	絵画を破壊する	L.マラン／尾形, 梶野訳	272
657	グーテンベルク銀河系の終焉	N.ボルツ／識名, 足立訳	330
658	批評の地勢図	J.ヒリス・ミラー／森田孟訳	550
659	政治的なものの変貌	M.マフェゾリ／古田幸男訳	290
660	神話の真理	K.ヒュプナー／神野, 中才, 他訳	736
661	廃墟のなかの大学	B.リーディングズ／青木, 斎藤訳	354
662	後期ギリシア科学	G.E.R.ロイド／山野, 山口, 金山訳	320
663	ベンヤミンの現在	N.ボルツ, W.レイイェン／岡部仁訳	180
664	異教入門〈中心なき周辺を求めて〉	J.-F.リオタール／山縣, 小野, 他訳	242
665	ル・ゴフ自伝〈歴史家の生活〉	J.ル・ゴフ／鎌田博夫訳	290
666	方　法　3. 認識の認識	E.モラン／大津真作訳	398
667	遊びとしての読書	M.ピカール／及川, 内藤訳	478
668	身体の哲学と現象学	M.アンリ／中敬夫訳	404
669	ホモ・エステティクス	L.フェリー／小野康男, 他訳	496
670	イスラームにおける女性とジェンダー	L.アハメド／林正雄, 他訳	422
671	ロマン派の手紙	K.H.ボーラー／髙木葉子訳	382
672	精霊と芸術	M.マール／津山拓也訳	474
673	言葉への情熱	G.スタイナー／伊藤誓訳	612
674	贈与の謎	M.ゴドリエ／山内昶訳	362
675	諸個人の社会	N.エリアス／宇京早苗訳	308
676	労働社会の終焉	D.メーダ／若森章孝, 他訳	394
677	概念・時間・言説	A.コジェーヴ／三宅, 根田, 安川訳	448
678	史的唯物論の再構成	U.ハーバーマス／清水多吉訳	438
679	カオスとシミュレーション	N.ボルツ／山本尤訳	218
680	実質的現象学	M.アンリ／中, 野村, 吉永訳	268
681	生殖と世代継承	R.フォックス／平野秀秋訳	408
682	反抗する文学	M.エドマンドソン／浅野敏夫訳	406
683	哲学を讃えて	M.セール／米山親能, 他訳	312
684	人間・文化・社会	H.シャピロ編／塚本利明, 他訳	206
685	遍歴時代〈精神の自伝〉	J.アメリー／富重純子訳	206
686	ノーを言う難しさ〈宗教哲学的エッセイ〉	K.ハインリッヒ／小林敏明訳	200
687	シンボルのメッセージ	M.ルルカー／林捷, 林田鶴子訳	590
688	神は狂信的か	J.ダニエル／菊地昌実訳	218
689	セルバンテス	J.カナヴァジオ／円子千代訳	502
690	マイスター・エックハルト	B.ヴェルテ／大津留直訳	320
691	マックス・プランクの生涯	J.L.ハイルブロン／村岡晋一訳	300
692	68年－86年　個人の道程	L.フェリー, A.ルノー／小野潮訳	168
693	イダルゴとサムライ	J.ヒル／平山篤子訳	704
694	〈教育〉の社会学理論	B.バーンスティン／久冨善之, 他訳	420
695	ベルリンの文化戦争	W.シヴェルブシュ／福本義憲訳	380
696	知識と権力〈クーン, ハイデガー, フーコー〉	J.ラウズ／成定, 網谷, 阿曽沼訳	410
697	読むことの倫理	J.ヒリス・ミラー／伊藤, 大島訳	230
698	ロンドン・スパイ	N.ウォード／渡辺孔二監訳	506
699	イタリア史〈1700－1860〉	S.ウールフ／鈴木邦夫訳	1000

			（頁）
700	マリア〈処女・母親・女主人〉	K.シュライナー／内藤道雄訳	678
701	マルセル・デュシャン〈絵画唯名論〉	T.ド・デューヴ／鎌田博夫訳	350
702	サハラ〈ジル・ドゥルーズの美学〉	M.ビュイダン／阿部宏慈訳	260
703	ギュスターヴ・フロベール	A.チボーデ／戸田吉信訳	470
704	報酬主義をこえて	A.コーン／田中英史訳	604
705	ファシズム時代のシオニズム	L.ブレンナー／芝健介訳	480
706	方　法　4．観念	E.モラン／大津真作訳	446
707	われわれと他者	T.トドロフ／小野,江口訳	658
708	モラルと超モラル	A.ゲーレン／秋澤雅男訳	
709	肉食タブーの世界史	F.J.シムーンズ／山内昶監訳	682
710	三つの文化〈仏・英・独の比較文化学〉	W.レペニース／松家,吉村,森訳	548
711	他性と超越	E.レヴィナス／合田,松丸訳	200
712	詩と対話	H.-G.ガダマー／巻田悦郎訳	302
713	共産主義から資本主義へ	M.アンリ／野村直正訳	242
714	ミハイル・バフチン 対話の原理	T.トドロフ／大谷尚文訳	408
715	肖像と回想	P.ガスカール／佐藤和生訳	232
716	恥〈社会関係の精神分析〉	S.ティスロン／大谷,津島訳	286
717	庭園の牧神	P.バルロスキー／尾崎彰宏訳	270
718	パンドラの匣	D.&E.パノフスキー／尾崎彰宏,他訳	294
719	言説の諸ジャンル	T.トドロフ／小林文生訳	466
720	文学との離別	R.バウムガルト／清水健次・威能子訳	406
721	フレーゲの哲学	A.ケニー／野本和幸,他訳	308
722	ビバ リベルタ！〈オペラの中の政治〉	A.アーブラスター／田中,西崎訳	478
723	ユリシーズ グラモフォン	J.デリダ／合田,中 訳	210
724	ニーチェ〈その思考の伝記〉	R.ザフランスキー／山本尤訳	440
725	古代悪魔学〈サタンと闘争神話〉	N.フォーサイス／野呂有子監訳	844
726	力に満ちた言葉	N.フライ／山形和美訳	466
727	産業資本主義の法と政治	I.マウス／河上倫逸監訳	496
728	ヴァーグナーとインドの精神世界	C.スネソン／吉水千鶴子訳	270
729	民間伝承と創作文学	M.リューティ／高木昌史訳	430
730	マキアヴェッリ〈転換期の危機分析〉	R.ケーニヒ／小川,片岡訳	382
731	近代とは何か〈その隠されたアジェンダ〉	S.トゥールミン／藤村,新井訳	398
732	深い謎〈ヘーゲル,ニーチェとユダヤ人〉	Y.ヨベル／青木隆嘉訳	360
733	挑発する肉体	H.P.デュル／藤代,津山訳	702
734	フーコーと狂気	F.グロ／菊地昌実訳	164
735	生命の認識	G.カンギレム／杉山吉弘訳	330
736	転倒させる快楽〈バフチン,文化批評,映画〉	R.スタム／浅野敏夫訳	494
737	カール・シュミットとユダヤ人	R.グロス／山本尤訳	486
738	個人の時代	A.ルノー／水野浩二訳	438
739	導入としての現象学	H.F.フルダ／久保,高山訳	470
740	認識の分析	E.マッハ／廣松渉編訳	182
741	脱構築とプラグマティズム	C.ムフ編／青木隆嘉訳	186
742	人類学の挑戦	R.フォックス／南塚隆夫訳	698
743	宗教の社会学	B.ウィルソン／中野,栗原訳	270
744	非人間的なもの	J.-F.リオタール／篠原,上村,平芳訳	286
745	異端者シオラン	P.ボロン／金井裕訳	334
746	歴史と日常〈ポール・ヴェーヌ自伝〉	P.ヴェーヌ／鎌田博夫訳	268
747	天使の伝説	M.セール／及川馥訳	262
748	近代政治哲学入門	A.バルッツィ／池上,岩倉訳	348

			(頁)
749	王の肖像	L.マラン／渡辺香根夫訳	454
750	ヘルマン・ブロッホの生涯	P.M.リュツェラー／入野田真右訳	572
751	ラブレーの宗教	L.フェーヴル／高橋薫訳	942
752	有限責任会社	J.デリダ／高橋, 増田, 宮崎訳	352
753	ハイデッガーとデリダ	H.ラパポート／港道隆, 他訳	388
754	未完の菜園	T.トドロフ／内藤雅文訳	414
755	小説の黄金時代	G.スカルペッタ／本多文彦訳	392
756	トリックスター	L.ハイド／伊藤誓訳	
757	ヨーロッパの形成	R.バルトレット／伊藤, 磯山訳	720
758	幾何学の起源	M.セール／豊田彰訳	444
759	犠牲と羨望	J.-P.デュピュイ／米山, 泉谷訳	518
760	歴史と精神分析	M.セルトー／内藤雅文訳	252
761 762 763	コペルニクス的宇宙の生成〔全三冊〕	H.ブルーメンベルク／後藤, 小熊, 座小田訳	Ⅰ・412 Ⅱ・ Ⅲ・
764	自然・人間・科学	E.シャルガフ／山本, 伊藤訳	230
765	歴史の天使	S.モーゼス／合田正人訳	306
766	近代の観察	N.ルーマン／馬場靖雄訳	234
767 768	社会の法（1・2）	N.ルーマン／馬場, 上村, 江口訳	1・430 2・446
769	場所を消費する	J.アーリ／吉原直樹, 大澤善信監訳	450
770	承認をめぐる闘争	A.ホネット／山本, 直江訳	302
771 772	哲学の余白（上・下）	J.デリダ／高橋, 藤本訳	上・ 下・
773	空虚の時代	G.リポヴェツキー／大谷, 佐藤訳	288
774	人間はどこまでグローバル化に耐えられるか	R.ザフランスキー／山本尤訳	134
775	人間の美的教育について	F.v.シラー／小栗孝則訳	196
776	政治的検閲〈19世紀ヨーロッパにおける〉	R.J.ゴールドスティーン／城戸, 村山訳	356
777	シェイクスピアとカーニヴァル	R.ノウルズ／岩崎, 加藤, 小西訳	382
778	文化の場所	H.K.バーバ／本橋哲也, 他訳	
779	貨幣の哲学	E.レヴィナス／合田, 三浦訳	230
780	バンジャマン・コンスタン〈民主主義への情熱〉	T.トドロフ／小野潮訳	244
781	シェイクスピアとエデンの喪失	C.ベルシー／高桑陽子訳	310
782	十八世紀の恐怖	ベールシュトルド, ポレ編／飯野, 田所, 中島訳	456
783	ハイデガーと解釈学的哲学	O.ペゲラー／伊藤徹監訳	418
784	神話とメタファー	N.フライ／高柳俊一訳	578
785	合理性とシニシズム	J.ブーヴレス／岡部, 本郷訳	284
786	生の嘆き〈ショーペンハウアー倫理学入門〉	M.ハウスケラー／峠尚武訳	182
787	フィレンツェのサッカー	H.ブレーデカンプ／原研二訳	222
788	方法としての自己破壊	A.O.ハーシュマン／田中秀夫訳	358
789	ペルー旅行記〈1833-1834〉	F.トリスタン／小杉隆芳訳	482
790	ポール・ド・マン	C.ノリス／時実早苗訳	
791	シラーの生涯〈その生活と日常と創作〉	P.ラーンシュタイン／上西川原章訳	730
792	古典期アテナイ民衆の宗教	J.D.マイケルソン／箕浦恵了訳	
793	正義の他者〈実践哲学論集〉	A.ホネット／日暮雅夫, 加藤泰史, 他訳	
794	虚構と想像力	W.イーザー／日中, 木下, 越谷, 市川訳	
795	世界の尺度〈中世における空間の表象〉	P.ズムトール／鎌田博夫訳	